遗珍

YI ZHEN

——福州馆藏文物背后的故事

吴聿建 陈滨峰 主编

福州市文物局 福州日报社 编

海峡出版发行集团 THE STRAITS PUBLISHING & DISTRIBUTING GROUP | 福建人民出版社 FUJIAN PEOPLE'S PUBLISHING HOUSE

前　言

福州是一座国家历史文化名城，拥有7000多年的历史文化积淀和2200多年的建城史。悠久历史塑造文明古邑，六次拓城成就闽都繁荣，文化底蕴深厚，“三山两塔一条街”文化标识可辨，海滨邹鲁文风兴盛，港口勃兴促进中外文化交流。

福州派江吻海，向海而生，独特的自然地理环境和人文条件孕育了绚丽多彩的文化遗产。截至2024年6月，福州市共有39家国有文物收藏单位（不含省级单位），收藏可移动文物24923件（套），其中一级文物23件（套），二级文物101件（套）。福州市可移动文物类别涵盖陶瓷器、寿山石雕、字画、青铜器、丝织品、玉器、漆器、古家具、古木雕等，类别丰富、样式精美，体现了劳动人民的勤劳与智慧，其中以寿山石雕、漆器、字画、丝织品和沉船出水文物最具地方特色。

为保护这些珍贵的可移动文物，1962年，福州市文物管理委员会成立后，文物工作者就利用有限的经费开始研究、征集文物，为福州市的文物保护利用打下良好的基础。20世纪80年代后，随着林则徐纪念馆、福州市博物馆等专业文博单位的相继成立，以及各县（市）区博物馆的建设，福州市可移动文物征集、保护、研究、展示等工作进入新阶段，可移动文物数量、品类等不断增加。尤其是1991年6月福州市文物考古工作队成立后，配合基础建设等开展一系列的考古勘探和发掘工作，出土（水）了大批文物，大大充实了馆藏品；加上社会热心人士、海外侨胞持续不断的捐赠，进一步增加了福州市可移动文物的数量和类别，推动文物等级不断提升。

2020年末，福州市文物局联合福州日报社展开了大规模的、细致的可移动文物调查、采访。从福州市博物馆、福州市林则徐纪念馆到各县（市）区博物馆，梳理出数量可观的馆藏文物，记者们与省内外文博、工艺美术、书法字画等领域的专家一起，解密众多“镇馆之宝”的前世今生，撰写了大量可读性强、利于广泛传播的报道。从2020年12月18日至2024年5月17日，福州市文物局在《福州晚报》开设专栏“市博探秘 · 镇馆之宝”“榕博探秘 · 镇馆之宝”“文物在我身边”“文物背后的故事”，将对这些文物的研究成果分享给大众。一件文物一篇报道，从记者角度看文物，从专家角度解读文物，让文物说话，讲述福州7000多年人类文明史与2200多年城市发展史，通过报纸和新媒体的广泛传播，引起社会的关注，产生了广泛的社会影响力。

《遗珍——福州馆藏文物背后的故事》精选其中60篇报道文稿，共15万余字和200多张精美的图片，整理成书出版，以飨读者。仔细翻阅，我们可以看到其中有与城市变迁、人文发展相关的重磅文物，如福州2200多年建城史的早期见证者汉代弦纹双系灰陶匏壶、“天下四大碑”之一的闽王祠碑刻、佐证千年“候官”之辨的林春泽墓买地券、民族英雄郑成功麾下部队的“国姓府”铜铳；有彰显海丝文化、中外交流的“碗礁一号”青花瓷、日本茶道重器“唐物茶入”宋酱釉薄胎陶罐、出使琉球的清代状元林鸿年的对联；有展现地域文化的手工艺登峰之作，如反映中国古代雕漆高超技艺的南宋剔犀葵形盒、国石寿山石雕刻的扛鼎之作“夜游赤壁图”薄意田黄石山子和“梅鹊争春”田黄薄意章、堪与长沙马王堆素纱禅衣相媲美的宋纱罗对襟女上衣、900多年前的“中国颜色”闽清义窑青白瓷执壶；更有体现近现代“中国力量”的代表性文物和红色文物，如见证中国近代史开端的虎门炮台陶火药缸、记录船政造舰成就的“通济”舰舵轮、邓拓主编的最早的《毛泽东选集》；还有满载海外乡亲爱国情怀的融籍侨领林绍良的劳斯莱斯银刺Ⅱ型轿车……

习近平总书记说，要让文物说话，让历史说话，让文化说话。相信这本书的出版，能够让更多人，尤其是青少年朋友更加直观地感受福州这座名城厚重而又灿烂的历史文化，认识并认同中华文明，做“中华文化的热烈拥护者、忠实学习者”，更自觉地去传承文明，增强作为中国人的志气、骨气和底气。

编者

2024年7月

目录

01 巧蕴雕书

003 宋寿山石人物招手戏俑
榕城大宋王朝娱乐圈的门面“担当”

009 清魏汝奋雕寿山牛角冻罗汉坐像
见证清代福州寿山石雕之鼎盛

015 林清卿“梅鹊争春”田黄薄意章
寿山石的“门派”与工艺之美

019 林寿煁薄意雕“夜游赤壁图”田黄石山子
精美的石头会唱歌

023 清夹纻胎漆器达摩坐像
福州与脱胎漆器的故事

029 民国脱胎金漆渔夫、樵夫立像
结合木雕与金箔的闽都特艺

033 清柯世荣龙眼木弥勒佛雕像
探寻“中国四大木雕”之龙眼木雕

039 清青花雨淋墙端砚石 清蕉白鱼脑冻端砚石
嘉庆双古砚 文房宝中宝

02 桴海沉舟

047 清康熙青花黄釉葫芦瓶
沉睡三百多年的海底宝藏

051 清康熙青花雏菊纹菱口盘
消逝于洋流的“高级定制”

057 清康熙青花冰梅纹盖罐
梅花香自海底来

063 清康熙青花釉里红山水人物纹盘
“红蓝CP”不易得

069 “碗礁一号”微缩瓷器
指尖上的青花瓷

03 笔墨春秋

077 元佚名绢本《婴戏图》斗方
重现古代童趣的收藏"宠儿"

083 明谢肇淛草书轴
闽都"三谢"的文脉传承

089 清陈宝琛、王仁堪合作楷书纨扇面
帝师与天子门生的"珠联璧合"

095 清林鸿年对联
清朝状元与琉球志士的忘年交

101 严复行书四条屏
严复，被埋没了的书法家

107 徐悲鸿《伯乐相马图》
徐悲鸿的闽都缘分

113 陈子奋《春光月月遍人间》
"白描祭酒"世无双

119 唐代、清代砚台
古砚里的文化意趣

04 船政往事

127 1867年制船政插床
辗转归来的"工业遗产"

133 清"同治拾年"船政车床
它的一生，映射船政百年风云

139 "通济"舰舵轮
中国近代海军摇篮舰的百年印记

145 船政后学堂驾驶班第八届黄季良执照
一张140多年前的毕业证

151 船政版海图
向海图强的船政探索

157 民国初期海军少将肩章
中国海军军服的审美演变

163 “甲申、甲午两役合祀马江昭忠祠记”石碑
不朽的海军精神纪念碑
169 白釉带流单把壶和白铜墨盒
近代海军将领叶祖珪的日常小物
175 陈绍宽床榻
归隐难隐海军梦

05 左海襟怀

183 虎门炮台陶火药缸
它，见证中国近代史开端
189 清青花竹菊纹瓷灯
林则徐传家宝“一灯在壁”的故事
195 林则徐《析产阄书》
林则徐留给子女哪些家产

06 镌石流芳

203 阅王祠碑刻
这里藏着“天下四大碑”之一
209 “重修福州孔庙崇圣殿记”碑
萨镇冰重修崇圣殿往事
215 林素园“黄花岗中学碑”
爱国情怀与赤子之心

07 吉金华彩

223 商代兽面纹双兽耳衔环青铜方罍
三千多年前的宝物“意外落户”

229 唐飞鸟菱花铜镜
映照大唐盛世之美

235 明万历释迦牟尼铜立像
造像艺术的经典之作

241 明嘉靖双耳三足铜炉
存世极少的明代青铜珍品

245 明代福州府儒学文庙祭器
文庙祭祀用什么大有讲究

251 “国姓府”铜铳
郑成功水军的兵器故事

08 饶玉继美

257 汉弦纹双系灰陶匏壶
收藏与捐赠，一个温暖的福州故事

263 晋青釉双耳鸡首壶
小小一把壶，寄托吉祥与和平

269 南朝青釉瓷唾壶
1500多年前，福州人的文明生活

273 南朝青釉瓷博山炉
福州古人的熏香文化

277 南朝青釉陶舟形灶
“以舟为车”的濒海习俗文化

283 唐青釉虎形瓷枕
虎枕中的古人智慧与匠心

289 宋酱釉薄胎陶罐
日本茶道重器竟产自福州

295 宋青釉褐斑带盖多嘴瓷壶
“多嘴”，多子多福的祈愿

301 宋青白瓷执壶
900多年前的“中国颜色”

09 茶园精品

309 南宋纱罗对襟女上衣
跨越八百年的旷世绝恋

315 南宋包金边牛角梳
距今约八百年的定情信物?

321 南宋剔犀如意云纹三层葵形盒
台北故宫博物院的稀罕“贵客”

10 文物荟萃

329 宋蓝料菊瓣纹扣银小碟
宋朝料器的登峰之作

335 明万历林春泽墓买地券
借一石，晓千年“候官”之辨

341 清代皇帝诏书
他和家人被两位皇帝嘉奖

347 1944年版《毛泽东选集》
最早的《毛泽东选集》与福州人邓拓

353 朱德彭德怀题词
见证海外乡亲的爱国情怀

359 劳斯莱斯银刺Ⅱ型轿车
融籍侨领林绍良的桑梓情

巧蕴雕书

榕城大宋王朝娱乐圈的门面『担当』

宋寿山石人物招手戏俑

与大部分人印象里阵容威武、神态严肃的古代墓葬文武俑不同，福州市博物馆里珍藏着一对诙谐滑稽、独具个性的宋寿山石人物招手戏俑。从它们身上你似乎可以感受到浓厚的人情味和烟火气。沉睡了近千年的招手戏俑，无疑是当时福州娱乐圈的门面『担当』。透过它们或许能窥见宋代榕城行业百态或者娱乐生活的一角。

捕捉瞬间　惟妙惟肖

随葬俑，是中国古代使用极为普遍的一种随葬明器。它是古人丧葬观念的产物，直接反映着当时的丧葬制度和丧葬礼仪。

这对收藏于福州市博物馆的宋寿山石人物招手戏俑，坐高分别为6.1厘米、6.5厘米，刻工简朴，刀法洗练。两戏俑均身着圆领裳并系腰带，头戴冠，盘膝而坐。其中一人头微低，眉目清晰，面部表情生动，左手高举，指微张，倚于冠，右手自然平放于右腿，左腿架于右腿之上。另一人右手高举，指尖合拢微屈，似在舞动，左手置于盘起的双腿之中，手腕没于盘腿处不可见。雕刻者捕捉到了优伶表演时的瞬间姿态，其作品形象逼真、栩栩如生，是寿山石雕人俑造像中的精品，即使现在看来依然生动有趣。

福州市博物馆原馆长张振玉介绍，从南朝无名氏以几道粗陋简单的线条刻画寿山石猪，到清康熙年间杨璇、周彬等寿山石雕一代宗师的出现，再到近现代福州“东门”“西门”两大流派的形成与发展，福州寿山石雕刻工艺的历史已超过1500年。在宋代，寿山石已被大量开采。从福州地区考古发掘出的宋代墓葬中的寿山石俑可以看出，宋代福州寿山石雕工艺在很大程度上得益于唐、五代的陶塑工艺，表现技法与唐宋壁画相似，朴素多姿，颇具写实风格，已发展到成熟阶段。

寿山石俑反映福州地域文化特色

福州在五代时期就出现了随葬俑群，至南宋，俑类明器在随葬品中所占的比例愈来愈高，种类也愈来愈多，并形成了完善的神煞明器制度。这与宋代用俑随葬的整体状况可谓背道而驰。两宋时期出台了一系列规定禁止厚葬之风；加之不断受到北方少数民族的侵扰，国家动荡，厚葬之风也难以延续。受到薄葬风气的影响，当时的丧葬明器发生了改变，人们用纸质明器代替传统的实物，在下葬时焚烧于墓前。而在这种社会背景下，福州却出现了数量众多、形态多姿的随葬石俑，显然是异乎寻常的。

其实，这与寿山石的大量开采密切相关。“石为文多招斧凿”（出自南宋理学家黄榦诗作）是对当时寿山石开采状况的真实写照。这是民间用寿山石俑随葬蔚然成风的重要条件。新中国成立后，福州以及周边地区发现了带有寿山石雕随葬品的两宋墓葬数十座，仅俑类寿山石雕便出土了多达上千件。从全国范围内的考古发现来看，南方其他地区南宋时期的随葬俑有陶俑、瓷俑、木俑，而福州地区几乎是寿山石俑的“专区”，这反映了福州地域文化的一大特色。

清代高兆《观石录》中记载：“宋时故有坑，官取造器，居民苦之，辇致巨石塞其坑，乃罢贡。”由此可知宋朝时福州已有官设的寿山石雕作坊。其出品精美者作为贡品发运汴梁，大件者为达官贵人陈列于几案，小件者则作为文人雅士手中的玩赏品。这在南宋淳熙年间梁克家编撰的《三山志》中也有记载。从目前出土的文物可以看出，宋代的福州寿山石雕风格严谨、形象生动、刀法简练、题材广泛，说明此时寿山石雕在技艺上已发展到了成熟阶段。

“芸芸众生”中的戏俑

随葬用的寿山石绝大部分是老岭石和猴柴礵石，此类寿山石不透明或微微透明，质地稍微松软，易于雕刻，色彩多为灰绿色，纹理较为细密。同时这类石材多产于矿脉的表层，资源丰富，容易开采，价格并不昂贵。故而五代两宋随葬俑虽多出自勋贵士族之墓，但是一般的平民墓中亦有出现，说明宋朝福州地区随葬寿山石俑已成为相对普遍的现象。

宋代寿山石俑种类繁多，根据随葬俑的形象，大致可分为人物俑、动物俑、神异俑。人物俑是宋代寿山石雕刻品中最普遍的题材，形式各样，生动地塑造了当时社会各阶层的不同人物，有男女侍仆俑、文吏俑、武士俑、僧人俑、舞俑、戏剧俑等。这些人物俑的衣着、动作、表情、姿态不尽相同，有的端正严肃，有的幽默诙谐，或胖或瘦，或高或矮。这些人物以普通民众为原型，所以匠师在制作的时候往往不拘手法，刻画得生动有趣，形象和装束千姿百态，这正是大千世界芸芸众生的真实反映。

事死如事生，权贵们生前喜好玩赏寿山石，死后也以寿山石制成的俑器随葬品，以此来彰显墓主的地位和身份。而寿山石雕戏俑不仅体现了墓主生前对戏曲的热爱，也反映出戏曲文化在宋代十分盛行。宋代是中国戏曲发展史上重要的阶段，初步形成了中国戏曲最早的成熟形式——宋杂剧。宋杂剧是由滑稽表演、歌舞和杂戏组合而成的一种综合性戏曲。宋杂剧的发展丰富了人们的娱乐生活。人们对戏曲艺术的热爱，自然也反映在了随葬的戏俑、戏台上。这从1974年福建省三明市莘口宋墓发现的5件陶制戏俑中亦能得到印证。陪葬戏俑，是为了让死者在另一个世界继续听戏看戏。

总之，每件随葬俑都是那个时代的匠师悉心观察社会生活，精细雕刻所得。它们根植于民间的土壤，是我们了解中国古代社会生活的一个切入口。

□专家品宝

简单质朴而又生动有趣

这对寿山石雕十分生动、有趣。与同时代大量生产的寿山石俑为方便生产多切割为菱形后再行雕刻不同，这对坐式招手戏俑明显已经具有寿山石人物圆雕的雏形，更接近元朝的风格；石质方面，也和大部分的老岭石、猴柴碑石相异，它们质地更加细润，微微透明；雕工方面，虽然总体简单质朴，但是已经能看出人物的服饰细节和动作姿态，明显是一件艺术品。

这对宋寿山石人物随葬品是福州寿山石雕刻历史上值得被关注和研究的作品。从功能上来说，它们是随葬品，但和同时代的寿山石俑比较起来，不像是俑，更像是墓主生前喜爱的寿山石雕把玩件。把墓主生前喜爱的寿山石雕作为陪葬品，有着“事死如事生”的寓意。

方宗珪（寿山石理论专家、中国寿山石文化发展研究中心顾问）

清魏汝奋雕寿山牛角冻罗汉坐像

见证清代福州寿山石雕之鼎盛

产自福州市晋安区寿山乡的寿山石被誉为『天遣瑰宝』『石中之王』，寿山石的雕刻工艺更是发端、绵延、臻于成熟在此方水土，成为我国雕刻艺术百花园中的一朵奇葩，为福州这座历史文化名城更添光彩。一件见证了清代福州寿山石雕鼎盛时期的文物，珍藏于福州市博物馆——它就是清魏汝奋雕寿山牛角冻罗汉坐像。

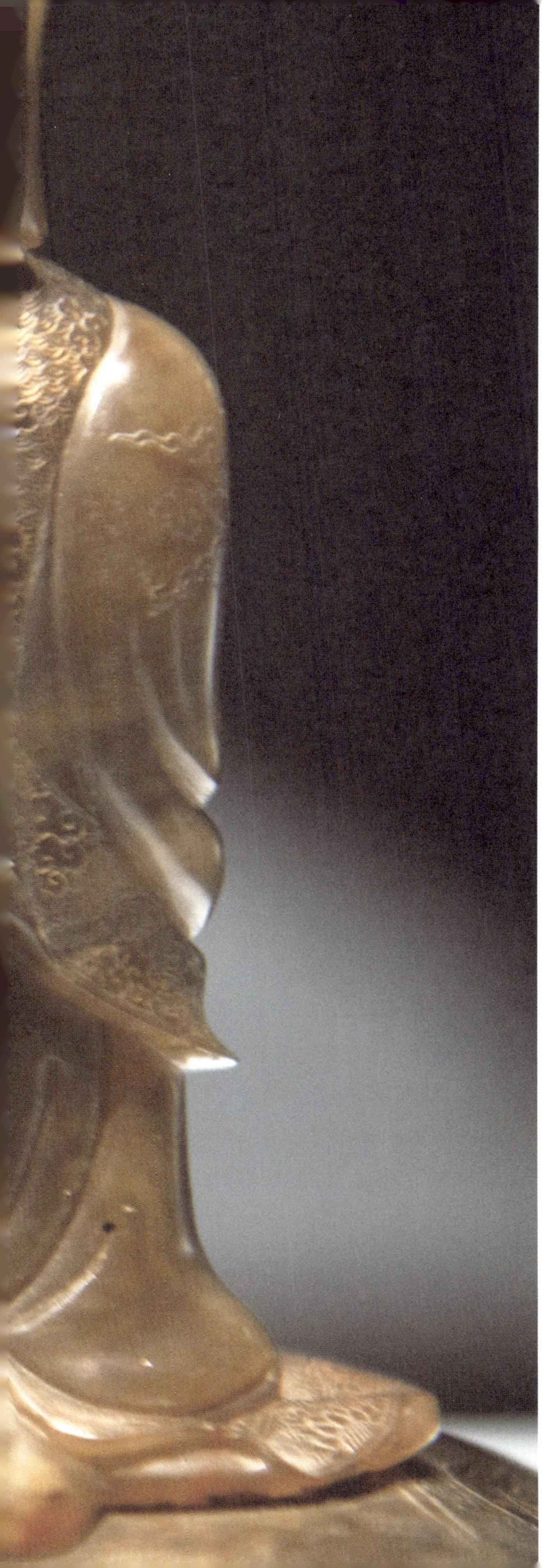

清代寿山石圆雕精品

清魏汝奋雕寿山牛角冻罗汉坐像，高9厘米，上宽2.1厘米，下宽8.2厘米，厚3.6厘米，有座，座高1.5厘米，座长10.8厘米。

它是用寿山石名品牛角冻雕刻而成的，石质晶莹滋润，呈半透明状，赭褐色。罗汉高额长耳，方脸，面带微笑，神态安详；肩披帔，着广袖长袍，胸袒露，胸前刻有一佛像；左手按地，右手握一串佛珠靠在膝上；右腿弯曲，左腿盘卧于股下作坐姿。仔细一看，披肩、衣袍皆线刻缠枝莲花纹花边。雕像底座刻有四条夔龙，衬以缠枝卷草纹、海水纹；背面刻一圈缠枝莲花纹；座底部署隶书款“魏汝奋制”。这件罗汉造型优美自然，刻工极其精细，为清代寿山石圆雕精品。

福州市博物馆原馆长张振玉介绍，这件作品坐像与底座连成一体，人体比例准确，坐势自然舒展，神态悠然自得，表情异常生动；衣纹用刀流畅，富有动感。不论从作品前部看，还是从背部看，都十分和谐自然。魏汝奋还巧妙运用巧色技法，用石材的浅色部分雕刻外披的袈裟，深色部分雕刻罗汉肌体，使作品层次分明，立体感强。

魏汝奋擅刻人物，尤其是佛像，是清雍乾时期御用的寿山石雕名家。除福州市博物馆之外，中国国家博物馆、上海博物馆等也收藏了他雕刻的罗汉像。这些作品形神兼备，刀法娴熟，刻画细腻，造型写实传神，艺术水平很高。

牛角冻——寿山石水坑石之翘楚

田黄石是寿山石所有品种中最为稀罕珍贵的，属于田坑石。田黄石产于坑头占至结门潭长约8公里，面积不足1平方公里的寿山溪溪床与两岸田地砂石中。寿山溪亦因出产田黄石而被誉为“宝石溪”。而这条“宝石溪”的上游源于坑头占，是寿山村东南面的一座山峰，峰下清幽的小山坳是水坑石的产区，称为“坑头谷”。

《寿山石歌》诗云：“入山先访坑头洞，坑头独得天水沐。下有水坑养冻石，冰肌玉骨不忍触。”山谷虽窄，但“风水宝穴”出产的水坑石在寿山石之中却举足轻重。清魏汝奋所雕的寿山石罗汉坐像采用的牛角冻石正是水坑石之翘楚。

据了解，水坑石矿床特殊，矿脉多夹于围岩中沉淀晶化，长期受含酸性水浸润酸化，凝结紧密，石质凝腻，特别晶莹，多呈透明状，富有光泽，品名亦多与

晶冻有关。水坑石脉层薄，且时断时续，蕴量甚少。其中质地纯洁凝腻者称坑头冻石，质地晶莹者称坑头晶石。水坑石以“水冻”最富特色，因而依其质地、色泽命名取号，如坑头牛角冻石、坑头鱼脑冻石等。

坑头牛角冻石多出于坑头洞，质地明澈通透，色如茶色玻璃，黑中泛赭，温雅而富有光泽。浓者如水牛角，淡者似犀牛角。肌理隐约有棉絮状流纹，时有金属细砂及粉白色点。陈子奋之《寿山印石小志》云：“牛角冻，温雅可爱，色黑如牛角，明激而有光泽，稍淡者酷似犀角，中隐萝卜纹，向空视之，现暗黄色，此其佳品。”

福州寿山石雕发展脉络

说起福州寿山石雕的发展，在福州市博物馆里，有几只看起来平平无奇的寿山石猪很值得注意。1954年，在福州仓山桃花山师范学院工地，考古发掘了一座南朝墓葬，出土了一件“石刻猪”。同年，在福州仓山乐群路速成中学工地的一座南朝墓葬中，也出土了一件“石刻猪”。1965年，福州北郊二凤山工地，发掘了一座墓砖标有“元嘉二十二年乙酉”（即445年，元嘉是南朝刘宋的年号）的贵族墓，再次出土“石刻猪”一对。这些石猪呈扁平形，伏卧状，造型古朴，形态逼真，材质均为寿山石中的老岭石。这些考古发掘出的实物可以证明，早在1500多年前，寿山石雕已经在福州出现了。

到了唐五代时期，佛教在福建进一步传播，寿山石逐渐被运用到佛像、香炉及念珠的制作上。延续至宋代，寿山石开始大量被开采，并且出现了官设的寿山石雕作坊。宋梁克家编撰的《三山志》就曾记载，宋时福州已大量开采寿山石用于雕刻，精美者作为贡品发运汴梁，成为宫廷藏品；大件者为达官贵人陈列于几案，小件者则成为文人雅士手中的玩赏品。

1965年在福州东郊登云水库工地，发掘了宋宣和五年（1123）的一座砖墓，其中就有寿山石俑；1966年，金鸡山一座宋墓里出土了寿山石俑达100多件；1972年8月在西园村兴利山基建时发现的宋绍兴二十七年（1157）砖墓里也发现了人物、玄武、蛟龙等一批寿山石雕小品。这些寿山石雕风格严谨、形象生动、刀法简练、题材广泛，也说明了宋代寿山石雕已发展到成熟阶段。

元明之际，寿山石雕的创作较前代有了长足的发展，体现在取料更精、雕刻工艺更为精湛上，而寿山石章也逐渐成为引人注目的品类。明末，作为寿山石雕独特艺术表现手法的薄意雕出现在印章上。北京故宫博物院珍藏的“皇帝之宝”“大明皇帝之宝”等寿山石印玺是现存最早的以寿山石制成的皇帝御玺，足以证明寿山石雕在这一时期得到了宫廷的认可和喜爱。福州市博物馆收藏的元寿山石雕人首蛇身动物、明半山芙蓉梅纽薄意人物石章也是这一时期的寿山石雕代表文物。

到了清代，寿山石雕进入鼎盛时期，一大批雕刻大师横空出世，如清初的杨玉璇、周尚均、魏汝奋、魏开通、董沧门等，传承发展形成两大代表流派，即“西门派”和“东门派”。清朝、民国乃至新中国成立后的寿山石文物珍品在福州市博物馆皆有收藏，林寿煁薄意雕“夜游赤壁图”田黄石山子和林清卿的“梅雀争春”田黄薄意章便是其中翘楚。

2006年，福州寿山石雕被列入第一批国家非物质文化遗产名录；福州市获评“中国寿山石之都”特色区域荣誉称号；《福州市寿山石雕刻技艺保护规定》2022年3月1日起实施……挖掘寿山石文化优势，做好寿山石文章，推进寿山石产业发展一直是福州历届市委、市政府重点推进的工作。对这一非物质文化遗产的保护传承和活化利用，也将助力福州继续打响闽都文化国际品牌。

□专家品宝

古意沉雄　魏汉遗风

魏汝奋擅长佛像人物雕刻，中国国家博物馆、上海博物馆、福州市博物馆均收藏有魏汝奋雕刻的寿山石罗汉作品。有人说魏汝奋是清雍乾时期御用的寿山石雕刻名家，所以他的作品在民间流传甚少。

福州市博物馆所藏镇馆之宝清魏汝奋雕寿山石牛角冻罗汉坐像，造型稳重坚实，目光凝注，尤重传神。其着广袖长袍，衣褶流畅精简，袒胸露出胸前刻的佛像，寓心中有佛之理念，生动地表现出内在的精神气质，呈现出一种禅意的朴素。这件作品风格简而精、朴而茂，沉雄的古意秉承杨玉璇、周尚均之法，展现了清雍乾时期寿山石圆雕佛像精湛的技艺。

王一帆（海峡寿山石文化研究院副院长）

林清卿「梅鹊争春」田黄薄意章

寿山石的「门派」与工艺之美

金庸在小说《笑傲江湖》的开头曾写到福州府的西门大街，这或许是福州与武侠世界发生过的仅有联系。但是在福州，确实存在鼎鼎大名的「西门派」与「东门派」。只是这两大「门派」与武侠江湖并无瓜葛，它们是福州最负盛名的寿山石工艺美术流派。而福州市博物馆馆藏的田黄石雕刻珍品，也呈现着寿山石雕的「门派」「宗师」以及工艺之美。

寿山石雕刻的历史源远流长，早在1500多年前，寿山石雕就已问世。福州市博物馆中收藏着不少考古出土的实物便是佐证。到了清代，寿山石雕步入鼎盛时期，雕刻的题材更为广泛，刻工匠人在这一时期人才辈出，有许多珍品为宫廷收藏，其中最广为人知的，大概是被末代皇帝溥仪缝入棉衣带出宫去的田黄三连章。

在清同治、光绪年间，寿山石雕刻在艺术风格上形成了“西门派”和“东门派”两个流派。

“西门派”来自福州西门外凤尾村一带，这里是寿山石雕匠人集中的地方。据福州市博物馆原馆长张振玉介绍，这一派主要以刻制印章为主。印章的钮头雕刻纯朴浑厚，非常传神；修光皆用弧刀，不留棱角；其薄意雕布局清雅，富有画意，因材施艺，巧掩瑕疵。所谓薄意雕，是指比浅浮雕更“浅”的一种寿山石雕法，因雕刻层薄，且富有画意，所以称“薄意”。它比浮

雕更有画意，比图画更富有“雕”的立体感，介于绘画与雕刻之间。“西门派”的作品因意韵传神，极受文人学士和金石书画家的珍视。

该流派的鼻祖为潘玉茂，后有陈可应、林文宝、陈可观等人承其技法，各有所长。而薄意雕中林清卿的技法最佳，有“西门清”之雅号。

福州市博物馆就有这么一件林清卿创作于民国时期的田黄石薄意雕作品——“梅鹊争春”方形章。这一田黄章高6.6厘米，长、宽各3厘米，印柄四面均有薄意雕，展开来恰好是一幅梅鹊争春图：梅树老干，曲折向上，一对喜鹊一仰一俯、一上一下立于梅枝上，呼应对鸣，妙趣横生。最妙处还在于林清卿依照这块田黄的天然纹理色泽因势造型，将有红瑕处刻作石头。于是梅树老干由石中生长，老干前后刻竹叶两丛相衬，极富中国画用笔韵味，构图连接非常完美。

林清卿（1876—1948），被后世誉为薄意艺术的一代宗师。他幼年生活在福州寿山石雕“西门派”发祥地凤尾村，年少时拜“西门派”主将陈可应为师学习薄意雕。但年少时他过于拘泥某些固定的图式，刀法僵硬，因此在初有成就之时，林清卿毅然选择放下刻刀转攻绘画。五年后他学成归来，把所学的构图画理等知识应用于薄意雕中，以刀代笔，在寿山石上展现画境，从而开创出别具一格的新薄意石雕艺术。林清卿对于中国寿山石雕刻，尤其是薄意雕有着深远的影响。

在成书于1933年的《寿山石谱》中，作者龚纶称赞林清卿的薄意雕“精巧绝伦，真能用刀如笔”。大画家陈子奋更是在《颐谖楼印话》中有这样的高度评价：“花卉之妩媚生动，虽写生家罕能及。山水竹木，亦静穆浑厚。难得在利用石之病，而反见天然。”

□专家品宝

以刀代笔的无墨之画

林清卿的作品用刀以圆刀为主，作品画面非常干净，画意十足，是真正以刀代笔的无墨之画，讲究的是构图和画理，景物之间的连接过渡自然，拓片出来非常有水墨之味。

王永福（中国寿山石馆馆长）

精美的石头会唱歌

林寿煁薄意雕『夜游赤壁图』田黄石山子

『西门派』与『东门派』是福州最负盛名的寿山石工艺美术流派。福州市博物馆珍藏着一件『东门派』田黄珍品，即林寿煁的薄意雕『夜游赤壁图』山子。它有着怎样独特的魅力？又是如何走进福州市博物馆的呢？

寿山石雕的“东门派”，来自福州东门外后屿村以及毗邻的樟林、寿岭、横屿各村。这里是福州另一个寿山石雕名家荟萃之地。

“东门派”的作品题材广泛，除钮章外，多作人物、动物圆雕。这一派的技法表现为用刀考究，修光都用尖刀法。祖师爷为林谦培，高足为林元珠，后世“东门派”的代表人物是周宝庭和林寿煁。

林寿煁（1920—1986）是“东门派”的正宗传人，自幼受祖父林元珠、父亲林友清的言传身教，热爱寿山石雕。1932年，林寿煁随父学艺，1940年出师，在一家图章店当技工，当时就已有出类拔萃的表现。1954年，林寿煁、郭功森等人在后屿成立“寿山石雕合作小组”，他用虎岗石雕刻“鹅燕薄意笔筒”，春柳叶绿、群燕飞逐，八鹅戏水，生动活泼，后被选送赴苏联巡回展览，并为莫斯科普希金造型艺术博物馆收藏。

福州市博物馆收藏的林寿煁作品是薄

意雕“夜游赤壁图”田黄石山子，高12.3厘米，最长7.6厘米，最宽4.1厘米。专家们认为，这件应是他早期出手不凡的杰作。在“夜游赤壁图”画中，两岸峰峦高耸，树木茂盛，一叶小舟泛行江上，船头围坐三人，指点风景，船尾艄公撑篙；带状云彩缭绕之中，一轮圆月高挂，石背有阳刻款“寿煁庚申”四字。林寿煁结合石料纹路、色泽精心安排布局，随形而雕，繁而不乱；刀法灵隽讲究，作品玲珑精巧。方寸之间，出神入化，容千里美景，其巧妙的构思与高超的雕刻技艺令人拍案叫绝。

值得一提的是，现在田黄石已濒临殆尽，一般重量够25克即算成材，而这块田黄石重达501.48克，又是名家力作，更显珍贵。

这件薄意雕田黄石山子入藏福州市博物馆的经历则是工艺之美外的另一个故事，反映了政府对文博事业的关注与支持。

20世纪80年代，这件作品曾被放在华侨大厦对外的工艺品部售卖，而当时田黄属于国有资产，它因此被工商部门罚没，存放银行保管箱多年。福州市博物馆建成后，馆内具备了恒温恒湿的展陈条件。知道这件宝贝仍尘封深柜的福州市博物馆原馆长张振玉，以市博物馆的名义向市政府打报告，希望将其永久收藏。21世纪初，薄意雕“夜游赤壁图”田黄石山子终于成为博物馆中的公众财富。

如果博物馆是一本记载历史与文明的厚书，那么每一件文物都是索引，引领人们踏进时间之河，去溯源洄流。

寿山石是怎样从山中走到城市，又从城市走到皇宫？它有怎样独特的魅力，曾在历史中扮演怎样的角色？在现代，它又因为蕴含怎样的文化价值而成为“国石”之一？‘精美的石头会唱歌”，寿山石无疑将让更多人聆听。

□专家品宝

浓厚的工笔气息

林寿煁的作品以尖刀为主，画面层次多，繁而不乱，景中套景，景物相连，不同物象间的界限分明，写意中透着浓厚的工笔气息。

王永福（中国寿山石馆馆长）

清夹纻胎漆器达摩坐像

福州与脱胎漆器的故事

福州是中国脱胎漆器之都，是中国近代漆艺的发源地。福州脱胎漆器是中国非物质文化遗产、国家地理标志保护产品，是闽都文化的重要组成部分。它与北京景泰蓝、景德镇瓷器并称为中国工艺『三宝』。这件清代夹纻胎漆器达摩坐像收藏在福州市博物馆，为我们讲述了福州与脱胎漆器的故事。

与世无争　禅宗风度

福州市博物馆收藏的这尊清代夹纻胎漆器达摩坐像，通高28厘米，达摩的前额隆起，眉毛浓密，面容清癯，蓄络腮胡，双目微闭作沉思状，颈部及前胸袒露，现出嶙峋瘦骨；右腿屈起，双手搭于右膝处，端坐于蒲团之上，生动地表现出一个苦行圣僧的形象。

达摩身穿宽袖长衣，上面装饰着金色大团花纹，领口、袖口有金色花边，衣服的褶纹自然流畅；头披红色头巾，头巾自然下垂搭在两肩。这尊达摩坐像表面涂漆，光泽如镜，平滑无瑕，给人一种厚重的感觉。

达摩是印度僧人，相传他于中国南北朝时期来中国修行，后来成为中国佛教禅宗的始祖。禅宗是佛教宗派之一，晚唐之后成为佛教的主流。福建曾是禅宗最为流行的地

区之一，而福州则是传法中心，因而许多古代的达摩坐像流传至今。

禅宗以“超俗脱尘，恬淡无为”为要旨，提倡保持精神清净。这尊达摩坐像双目微闭，潜心修佛，表现出与世无争的气度，这正是禅宗文化的体现。

举之一羽轻　视之九鼎兀

这尊夹纻胎漆器达摩坐像，不仅反映了福州地区禅宗文化的发展，其典雅的造型也使它成为福州脱胎漆器的代表。

中国是世界上最早使用天然漆器的国家。早在7000多年前，中国古人就开始制作漆器。所谓夹纻胎，即今天所说的脱胎。这种漆器的工艺特点是先在泥塑器物的胎模上裱以夏布（苎麻布）或绸布等织物。涂抹大漆和瓦灰调成的漆灰，这一过程要多次重复，以达到所需的厚度；之后去除胎模，只留下坚固的漆布外壳，以此为基底打磨、上漆、髹饰。夹纻工艺最早出现在战国时期，汉代非常盛行。随着佛教在中国的兴起，它被广泛应用于佛教造像。南北朝至隋唐时期，夹纻佛像比较常见，但宋代以后，夹纻工艺就渐渐失传了。那么，这尊夹纻胎漆器

达摩坐像又是如何塑造出来的？

这与一名叫沈绍安的福州漆匠有关。清乾隆年间，因为一次偶然的机会，沈绍安在修理匾额的时候发现，匾额久经风霜，里面的木头都已经朽坏，但外面裱的漆灰麻布却依然牢固，并没有腐蚀剥落。沈绍安从中受到启发，经过反复试验、改进，终于还原并改进了夹纻技法。后来人们将以这种技法制作的漆器称为脱胎漆器，具有碰不坏、摔不破、不掉漆、不褪色等特点，而且因为脱去了胎，只剩下外壳，因此很轻巧。郭沫若曾高度评价福州脱胎漆器："举之一羽轻，视之九鼎兀。……天下谅无双，人间疑独绝。"

非遗文化　声名远扬

据原福州市漆艺研究所高级工艺美术师陈健介绍，沈绍安脱胎漆器对中国漆器有两大重要贡献：一是恢复了脱胎夹纻技法，使漆器工艺品呈现轻巧美观、装饰上千变万化的特点；二是发明了"薄料髹涂"手法，对于颜料制作和上色技法有所创新，使漆器的颜色变得非常鲜艳，有了更强的表现力。

沈绍安和家族的漆艺传承者将金银箔配以桐油，研磨成细腻的金泥、银泥，和入漆料，然后在器物的表面拍上薄薄的一层，再辅以其他色漆，使漆器含金蕴银，更加富丽堂皇。这尊脱胎漆达摩坐像的衣饰就采用了此种工艺。

在清代，福州脱胎漆器被选为贡品，一度是福建省最大宗的出口商品之一，随着出口量增多而声名远播，并屡获国际博览会金奖。

新中国成立后，随着李芝卿、高秀泉等著名漆艺家得到重用，福州脱胎漆器更加闻名遐迩，受到毛泽东、朱德、周恩来等国家领导人的高度赞扬。北京人民大会堂国宴厅、福建厅、台湾厅的壁画、屏风、花瓶等，都采用福州脱胎漆器进行装饰，并多次作为国家领导人赠送外国元首的国宾礼品。2006年，福州脱胎漆技艺经国务院批准，列入第一批国家级非物质文化遗产名录。

□专家品宝

难得的清代漆器佳作

这尊清脱胎漆器达摩坐像是一件非常珍贵的文物，在沈绍安脱胎漆器中也是比较罕见的。它集薄、轻、巧、精于一身，是难得的清代漆器佳作。它结构轻巧坚固，漆面晶莹透亮，不仅充分体现出沈绍安脱胎漆器的工艺特色，也成为专家研究禅宗文化重要的实物例证。

陈健（原福州市漆艺研究所高级工艺美术师）

民国脱胎金漆渔夫、樵夫立像

结合木雕与金箔的闽都特艺

福州市博物馆珍藏着两尊民国时期的脱胎漆器精品——金漆渔夫立像、金漆樵夫立像，其作者、出处不详，均为木质脱胎器。所谓木质脱胎器，指以楠木、樟木、榉木等坚硬木材为坯，不经过脱胎，直接髹漆而成的漆器。但木胎同样要裱以织物，并上漆灰、打磨，因而工序与布坯脱胎漆器相差无几。

馆藏脱胎金漆人物立像

这两尊民国脱胎金漆人物立像均为老者，盘发、长眉，张口似言语状；身着窄袖袍，腰束巾，下穿至膝；赤足，左脚向前、右脚后；通体金色，立于雕空木支座上。

两尊人物立像虽大体相同，但由于身份不同，在人物的神态举止上也有着明显的特征差异。

金漆渔夫立像高16厘米，渔夫右手握拳，左手掌心朝上掂起手指，仿佛在拉扯刚钓上来的肥美渔获，一副乐呵呵的模样。

金漆樵夫立像高14.7厘米，樵夫右肩用棍子扛一束柴薪，右手握扭棍，左手手心朝上轻握，仿佛刚从山中打柴而归，满脸悠然自得的神态。

福州市政协文史委研究员、闽都文化研究会特聘专家张斌介绍，这两尊金漆人物立像选用福州传统木雕三大流派之一的雁塔木雕原坯，表面借助金箔施以髹漆工艺，历经百年仍光彩如初。福州木雕与金箔工艺存续千年，均为福建省非物质文化遗产，它们或各自远销海内外，或为福州漆艺采用结合，成为享誉古今的闽都特艺。

以金入漆　弥足珍贵

福州脱胎漆器不仅造型古朴大方、色泽鲜艳、图案精致，还具有耐摔耐碰、不掉漆、不褪色等优点。其质地轻巧而器身坚固，装饰技法丰富多变，具有独特的风格和浓郁的地方特色，与寿山石雕、软木画并称“闽都工艺三宝”。

福州漆器中最为珍贵的当数金漆作品，这不仅仅是因其用料昂贵，更多的是由于以金入漆工艺的不断创新，无论是泥金、用金粉浑晕成地，还是描金等，都使作品具有极强的艺术表现力。

清代髹漆名匠沈绍安是福州脱胎漆器的鼻祖，在以金入漆的工艺上，沈绍安家族也颇有创新突破。他们将金箔、银箔研成金泥、银泥，调入漆和色料，漆液不用刷子涂，而以手掌、手指拍打，而后以薄刃刷光。用这种“薄料髹涂”技法制作出来的漆器作品，漆面呈现出华丽明亮的色彩，既有金属质感，又显得稳重深沉。沈绍安第五代传人沈正镐较早开始使用“沈绍安金漆”这一概念。英国客商1914年印发了一本介绍沈正镐漆器的英文宣传册，名字就叫《中国福州著名的沈绍安金漆》。

1931年4月，传教士托马斯在《福州漆器》一文指出：“金漆是许多人所不熟悉的，西方人都假想是用金粉或金箔撒在漆上，但事实上，金箔是碾碎为金粉掺和在漆里的。它在最后一遍的髹饰上，产生富丽、高贵的效果，被人们称为是漆器中最有魅力的。”这篇文章还引用了传教士佩利奥劳格的看法：“福州漆器从外表上看来是最有魅力的，从实质上来说是最纯净的。它的髹漆涂层甚至是完美无瑕的。它的色泽或色彩变化的深度，金底色和彩绘的协调，都是令人赞赏的。”

福州漆匠一直致力于脱胎漆艺与雕塑艺术、金箔工艺的结合和创新，使金漆人物造像形成了鲜明的地方特色，以工艺精湛、造型严谨、人物刻画细腻生动著称。福州市博物馆珍藏的脱胎金漆渔夫立像、樵夫立像更是其中精品。

□专家品宝

福州地方特色手工艺的非遗光彩

历史上不少书画与民间工艺品都以“耕、读、渔、樵”为创作题材，其中蕴含着中国数千年农耕社会积淀的人文关怀，因而深受大众喜爱。其中，“渔樵”更是形成固定组合。福州市博物馆收藏的这两尊民国脱胎金漆渔夫、樵夫立像，具有鲜明的中国传统文化特色，更散发出福州地方特色手工艺的非遗光彩。

张斌（福州市政协文史委研究员、闽都文化研究会特聘专家）

探寻『中国四大木雕』之龙眼木雕

清柯世荣龙眼木弥勒佛雕像

龙眼木雕是福州木雕工艺品中很有代表性的品种，与潮州金漆木雕、东阳木雕、乐清黄杨木雕并称为『中国四大木雕』。在福州市闽侯县博物馆里，有一件不可多得的国家二级文物——清代龙眼木弥勒佛雕像。

福州龙眼木雕珍品

这尊龙眼木弥勒佛雕像收藏于闽侯县博物馆，高60.5厘米，垫荷叶形龙眼木座，呈现龙眼木自然的红棕色。弥勒佛坐在五谷袋上，右手靠于右膝，小手指钩垂拂尘，左手内收按放在袋上；双足赤裸，右足曲提，踏在五谷袋上，左足后跟着地。五谷袋上阴刻“光绪甲午春，华严精舍造，象工柯世荣”楷书铭文。佛像身着宽袖长衫、长裤，袒胸露腹，洒脱不羁，笑容可掬。舒展的眉宇以及合不拢的嘴，使人联想起那副耐人寻味的联句“开口便笑，笑世上可笑之人；大肚能容，容天下难容之事”。

五谷袋上的铭文为我们了解这尊雕像的年代、用途、雕工提供了明确的线索。“象工柯世荣”中的“象工”，即象园木雕工匠。清代，福州龙眼木雕技艺分象园、大坂、

雁塔三大主要流派。象园为源，以“柯派”为主。柯世荣当为象园“柯派”的代表名匠。这尊弥勒佛像造型高雅古拙，刀法娴熟多变，人物细腻传神，肌肉感强，衣褶贴体，线条圆润柔和，精细自然，显示出工匠高超的雕刻技艺，是一件很有价值的龙眼木雕艺术珍品，对于研究福州木雕的工艺、流派特点以及佛教信仰在福州的演变等都很有帮助。

从铭文中的信息又可得知，此物原为华严精舍定造之物。华严精舍，即华严寺，位于福州市仓山区螺洲镇。《螺江志》载：“华严寺在洲后阡陌间，万历二十二年里人吴汝诚议创立之。”“华严寺重葺，陈弢庵太傅之力居多，并另筑田声簃于西侧。”由此说明，华严寺始建于1594年，由乡贤吴汝诚倡举，到了清代，帝师陈宝琛曾出力重修过。

三大流派各有所长，传承有序

龙眼木雕，顾名思义，取材于福建盛产的龙眼树。福州龙眼木雕始于唐宋，盛于明清，以土生土长、质地坚硬、纤维细密、色呈赭红的龙眼木为原料，因材施艺，依势凿斧。

唐宋时期，龙眼木多用于寺庙建筑装饰和神像雕塑，明清之际，供人赏玩的小型雕刻悄然兴起。福州龙眼木雕在清代迎来鼎盛期。前面说过，象园为诸派之源。清嘉庆年间，福州象园乡从事木雕工艺者已达30余人，被称为“木雕乡”。象园“柯派”名匠有柯传钟、柯世仁、柯庆元等，他们以塑造人物见长，特色在于刀法上慢雕细刻，人物刻画注重神韵，精于景物布局。大坂派以陈天赐为代表，创作上以人物尤其仙佛见长，亦擅花鸟。该流派刀工洗练，刻画传神，风格古朴，不事精雕细琢却无碍作品的生动传神。雁塔派以王清清为代表，精于刀艺，发展了镂雕、浮雕等技艺并与漆器结合，故又称“漆器派”。这三个流派传承有序、绵延不绝，为此后福州木雕的发展打下了深厚的基础。

在福建工艺美术界流传着一个较为主流的观点，那就是查遍象园派木雕工匠名录，都没有发现有关这尊龙眼木弥勒佛雕像作者柯世荣的记载，而这尊佛像的雕刻风格与象园派名匠柯世仁的作品可谓形神无二。因福州话“仁”“荣”发音相似，故推测是口耳相传的过程中出现了讹误，即柯世荣应当就是象园派木雕名匠柯世仁。

据《福建美术家传略》记载：柯世仁，“福州人，精刻木。人物立像，神情意态，惟妙惟肖。擅作射猎图及普贤洗象、达摩、观音、铁拐子诸像”。柯世仁生于清咸丰年间，福州象园人，擅长黄杨木、龙眼木圆雕，作品人物动态灵活，个性鲜明，极富神韵。在业界，他与温州的朱子常、福州的陈子锡和兴化的廖熙并称“四大家”，以“俊迈豪宕，气势雄健”的艺术风格著称。

龙眼木雕因其色泽古朴稳重，仿古雕刻较多，具有“古董”之美，因而世人也用“古董”一词来代表龙眼木雕。清末民初时龙眼木雕备受追捧，远销日本和东南亚一带。龙眼木雕也被誉为中国的“四大木雕”之一。2006年，福州象园木雕工艺被列入福建省第二批非物质文化遗产代表作项目名录。

螺洲华严寺二三事

这尊龙眼木雕像原为华严精舍即华严寺定造之物。华严寺，位于福州市仓山

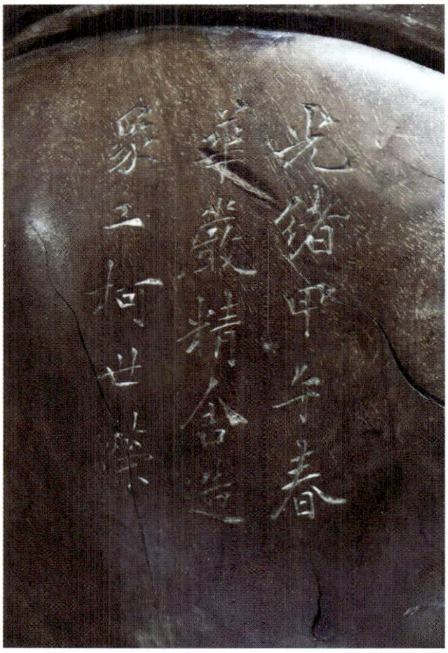

区螺洲镇店前村经堂里。这里远山近水，风景如画。华严寺由大门、天王殿、钟鼓楼、大雄宝殿、张圣真君楼等组成，殿阁齐全，布局合理。

螺洲华严寺大门上方嵌白梨石横匾，上书篆体“华严精舍”四字，系清代著名书法家吴大澂所书，上下款分别为“愙斋吴大澂”“光绪戊子夏六月”。由此可知，该匾刻于清光绪戊子年（1888）。吴大澂（1835—1902），江苏吴县（今苏州）人，清代官员、书法家、金石学家。

华严寺正殿塑像为释迦牟尼佛，佛额镶嵌宝石；左右两厢是十八罗汉像，神态各殊，惟妙惟肖。柱子上有一副对联：“四海访名蓝，回向还思初地好；一灯翻内典，浮生能得几时闲。”另一副对联是著名书法家何子京手迹：“四大皆空，古有此堂何敢废；一江无际，人谁待岸得先登。”在寺的前厅还有两尊佛像，一尊是面对释迦牟尼佛的护法神韦驮，另一尊便是现藏于闽侯县博物馆的龙眼木弥勒佛雕像。两旁另有一副陈宝琛所撰对联：“人世大难开口笑；肚皮终不合时宜。”如前所述，华严寺重修时，陈宝琛出力甚多，他也时常前来参拜，留有《元日过华严精舍》《华严精舍》等诗。科举废止后，陈宝琛还曾在华严寺创办“螺洲两等小学堂”。

□专家品宝

研究福州木雕工艺流派的实物见证

龙眼木弥勒佛坐像造型高雅古拙，布局合理，结构优美，刀法上既有粗犷有力的斧劈刀凿感，又有浑圆细腻娴熟的刻画，人物表情细腻传神，衣褶贴体，肌肉感强，线条圆润柔和，精细自然，色泽古朴稳重，把象园木雕工艺的“依形就势”发挥得淋漓尽致。

雕像材质为闽侯当地常见的龙眼木，雕工为清光绪象园名家柯世荣，藏品出自当年闽县螺洲华严精舍旧藏。20世纪60年代，螺洲为闽侯县县城所在地，当地群众将龙眼木弥勒佛雕像捐献给闽侯县博物馆，可谓传承有序。该藏品是研究福州木雕的工艺流派、闽侯区域变迁的重要实物见证。

周丕铧（福州市闽侯县博物馆馆长）

青花雨淋墙
水洞妙品
烏石山房藏研
第六

清青花雨淋墙端砚石　清蕉白鱼脑冻端砚石

嘉庆双古砚　文房宝中宝

砚为文房四宝之一，石质致密坚实、幼嫩细腻、温润如玉的端砚位居中国『四大名砚』之首，又因其独特而丰富多彩的石品花纹以及巧夺天工的雕刻工艺而闻名于世。福州市博物馆珍藏着两方端砚，为清嘉庆二十四年（1819）的青花雨淋墙端砚石、蕉白鱼脑冻端砚石。

端砚——中国“四大名砚”之首

端砚产于端州（今广东省肇庆市）东郊羚羊峡斧柯山的端溪，自唐朝初年开始出产，迄今已有1300多年的历史，与甘肃洮河砚、安徽歙砚、山西澄泥砚并称中国“四大名砚”。

因石质幼嫩、纯净细腻、坚实致密，端砚被历代文人墨客及鉴赏收藏人士誉为“文房宝中宝”“天下第一砚”，居中国“四大名砚”之首。清人陈介亭称端砚有“八德”，即“历寒不冰、贮水不耗、研墨无泡、发墨无声、停墨浮艳、护毫加秀、起墨不滞、经久不乏”。民间传说唐代某年科考，长安冰天雪地，许多考生研的墨水都结冰了，只有一位来自广东肇庆的考生照常书写不辍。监考人大为吃惊，由此发现端砚的奇异。皇帝得知后，将端砚列为贡品。“历寒不冰”的佳话就此传开，端砚也因而扬名。

初唐时期，端砚只是文人墨客书写的实用工具，形制简单，亦无饰纹。但到了中唐之后，端砚开始演变为实用与欣赏相结合的工艺品，石质、石品花纹、砚形、雕刻工艺开始变得更为丰富，也流传下来很多赞美端砚的诗歌和砚铭。如中唐时期刘禹锡的“端州石砚人间重”，李贺“端州石工巧如神，踏天磨刀割紫云”更是咏端砚的名句；晚唐皮日休赞端石“微润将融紫玉英”；唐末徐夤云有“远向端溪得，皆因郢匠成”之句。端砚虽然产地地僻岭外，但已渐成中原文人士大夫争求之物。使用端砚，仿佛便能灵感顿生、笔下生花。

到了宋代，举国上下文风兴盛，端砚的发展进入鼎盛时期，不少政治家、文学家和书画大家都对端砚如痴如醉，如欧阳修、米芾、苏东坡、蔡襄等。

到了清代，不得不提的是乾隆皇帝。这位被当代人戏称为“盖章狂魔”“题字狂魔”的收藏大腕收藏了大量精品端砚，据《西清砚谱》记载有62方，每方端砚都有刻铭，可见乾隆皇帝对端砚之喜爱。

《西清砚谱》云：“古今佳砚，因质美工良，而鉴赏品题，因人增贵。”砚台在制作过程中，不断融入各个时代的艺术风尚和审美情趣，与文学、绘画、金石和雕刻融会贯通，不仅有实用功能，还有欣赏价值，文人雅士钟情于此也就不足为怪了。

一双端砚　“两美必合”

福州市博物馆藏有两方古砚，一为清嘉庆二十四年（1819）青花雨淋墙端砚石，一为同年的蕉白鱼脑冻端砚石，皆为国家二级文物。

青花雨淋墙端砚长16.5厘米，宽10.2厘米，高2.1厘米。素砚，无刻纹饰，眉上侧有龚易图的款识。砚的正面青花白者为鱼脑，有鸲鹆青花小眼于砚面右上角，旁边有采石时留下的小斜面，约4厘米长。

“鱼脑冻”石质地特别细腻、幼嫩、滋润，像凝结的鱼脑，汪汪有灵动感，是难得的石品花纹，刻工将鱼脑冻完整地保留在了墨堂之中。

鸲鹆青花小眼则高洁细润，晶莹有光。鸲鹆眼俗称八哥眼，有些石眼有瞳仁，周围有数重晕圈，栩栩如生，称为活眼。雨淋墙端砚就有活眼。

砚右侧有篆字“两神清风满，一行作吏来。如得玉界尺，文苑待衡裁”，行书“介峰何惠群”款，双联篆书“介”“丰”图章。左侧篆书“是鱼脑冻白，乃鸲眼青花。翰墨缘契合，蔚为国之华”，行书刻款“嘉庆廿四年，岁在上章，口徐夏五”。

砚外配紫檀木盒，盖面上方镶嵌白玉心形镂雕龙纹玉牌，外围嵌银丝锦云蝠纹。盒盖下半刻隶书四行：“绿豆起青花，原为天下甲。名重雨淋墙，产自溪中峡。”行书刻款两行：“已卯仲冬月，耕石题。”

第二方为清嘉庆二十四年（1819）蕉白鱼脑冻端砚，石长16.46厘米，宽10.5厘米，厚2.3厘米。素砚，无纹饰，眉上侧亦有龚易图的款识。砚为紫端水洞所制，有白色斑纹石理，文人称之为“蕉白鱼脑”。端砚以色紫为贵，水洞出的子石更因发墨莹润而被尊为上品；蕉叶白，即砚石上带有一堆堆一团团形如初展的蕉叶，一般成片出现，其色白娇嫩，略带绿色并有微量黄色渗透。

双侧行书刻款为记：“此二砚顾耕石同年视学岭南时所购。一名鱼冻，一名雨淋墙青花。暇日于试院九曜池北出以见示，乃把玩不释，谓其两美必合，比之价重连城，珍逾拱璧，不是过也。爰即席命予赋二截句以赞之。介峰。”

砚外配紫檀木盒，盒盖四侧嵌银丝，不断回文，盖面上方镶嵌白玉心形缕雕龙纹玉牌，外围嵌银丝锦云蝠纹。盒盖下半部刻隶书四行：“脑满方成冻，晶莹当贵重。位置列文房，中书期大用。”行书刻款二行：“嘉庆廿四年顾元熙铭。”

嘉庆双古砚背后的故事

从砚铭可以看出，这两方砚台被视为一双，即“谓其两美必合”。这一双砚台的背后也牵扯出了三个历史人物，即顾元熙、何惠群和龚易图。

顾元熙，号耕石，江苏长洲（今苏州）人。嘉庆十四年（1809）进士，后历官翰林院侍读学士，嘉庆二十四年外放任广东学政。

何惠群，号介峰，嘉庆九年（1804）广东乡试解元，嘉庆十四年进士，授浙江新昌知县，因不忍催科逼粮，托病辞归，长居广州讲学，兼擅象棋，时称国手。

顾元熙与何惠群是同年进士，此时可谓他乡遇故知，想必往来甚多。得此二砚后，顾元熙兴冲冲地“显摆”给何惠群，并让好友帮他写“点评”，因此才有了何惠群留下的砚铭：“此二砚顾耕石同年视学岭南时所购……爰即席命予赋二截句以赞之。”

据记载，顾元熙在得砚后数年即去世，年仅41岁，鱼冻、雨淋墙后来流落江湖，辗转被爱好收藏的福州人龚易图淘得，视为至宝，因而砚眉均留有其款识。

龚易图进士出身，著名藏书家，累官至江苏、广东按察使，湖南布政使。晚年龚易图还在家乡营建园林，城里有四处：双骖园在乌石山西南隅，旧名荔枝园；武陵园和芙蓉别岛均在花园弄，园内怪石嶙峋；西湖东边（今西湖宾馆所在位置）的三山旧馆原是龚氏祖居，曾出典他姓，龚易图赎回后，兴建环碧轩，立龚氏宗祠，植树种花，凿池垒石，水木清幽。

龚易图精书法，善绘画，喜作诗，著有《乌石山房诗存》传世。他更是与帝师陈宝琛齐名的福州大藏书家，所收藏图书达数万册，其中有不少善本珍品。如今这些图书大部分收藏在台湾大学图书馆的古籍库中；中华人民共和国成立后，剩余部分由其后代捐献给福建省图书馆。

□专家品宝

端砚名品中的精品

砚是文房四宝之一，是一种久负盛名的中国传统工艺品。广东省肇庆市特产、中国国家地理标志产品端砚，被誉为“群砚之首”，其形状色泽之神奇，是其他诸砚所不能比的，不但“体重而轻，质刚而柔，摩之寂寂无纤响，按之如小儿肌肤，温软嫩而不滑”，且“秀而多姿，呵气研墨，发墨不损笔毫”。

福州市博物馆珍藏的两方清青花雨淋墙和蕉白鱼脑冻砚石，均为端砚名品中的精品，石质细腻莹润。如青花雨淋墙砚台，沉入水中可以清晰地看到如波面微尘，似轻纱，像水藻，隐泻在紫石上面，印证了《砚史》“青花以微尘为上”的记载。此两方端砚堪称福州市博物馆所藏砚石类文物中的“镇砚之宝”。

张振玉（福州市博物馆原馆长、文博研究馆员）

桴海沉舟

清康熙青花黄釉葫芦瓶

沉睡三百多年的海底宝藏

福州市博物馆有一个特别的实景呈现区：碧蓝的海底静卧着一艘沉船，残破的船舱与海底礁滩相连处，大量青花瓷器从沙泥中显露出来。水下音效牵引着观展者进入一个在海洋中沉睡三百多年的宝藏传奇。人们眼前的这一幕，也是21世纪初，最令中国水下考古人员兴奋的一幕。黄釉青花莲花蕉叶纹瓷葫芦瓶，正出水自这艘沉船『碗礁一号』。

沉默了三百多年的“碗礁一号”

直到今天，博物馆的专家讲到2005年“碗礁一号”的发现，仍掩不住兴奋之情。因为，这是一份大海为今天的人们保管了三百多年的考古大礼，出水的瓷器数量之多、品质之精美，是中国水下考古中少见的。

“碗礁一号”，是国家文物局在批准对平潭碗礁附近的这艘沉船进行抢救性发掘时为它定的名称。

这艘沉船位于福建省东海海域的平潭碗礁附近。它所在位置之所以被称为碗礁，是因为渔民在此海域捕鱼，时常捞起瓷碗等器物。后来专家推断，在古代，这里曾是一条商船往来频繁的航道。但因为暗礁众多、海流变幻莫测，一些商船沉没于此，“碗礁一号”便是其中之一。

福州市博物馆的专家回忆道，“碗礁一号”的发现是个挺偶然的过程，峰回路转，颇为曲折。早先渔民在此海域捞起过几只碗，几块瓷片，但并没有太在意；后来出水的瓷碗越来越多，开始引发关注。当地文化馆的工作人员因为对历史文化遗存有点认识，猜想碗礁附近可能有沉船，就向文物部门报告这个情况。但是，2005年6月底送去鉴定的碗和残片并没有什么价值，因此碗礁依旧保持着沉默。

而另一边，文物贩子已经闻风而至，盗捞瓷器的状况引发了有关部门的再度关注。7月1日下午，福州市考古队派人赶到平潭屿头岛上的边防派出所。他们一看到缴获的青花瓷器，立刻向上级做了汇报。当天，国家文物局就下文，要求制止盗捞。同时，考古人员到达相关海域开始作业。

“中为洋用”观念的产物

在历时约半年的抢救性考古发掘之后，清康熙景德镇窑黄釉青花莲花蕉叶纹瓷葫芦瓶就在这批文物中登场亮相了。专家认为它非常鲜明地体现了中西文化的交融，是“中为洋用”观念的产物。

葫芦寓意福禄，是中国人非常熟悉的器物形制。葫芦瓶在清康熙时期成为受欢迎的外销品种后，西方人在这个造型的基础上，植入了一些他们的审美观念，如设计了三节、四节的样式，并在釉色上有所创新，形成与传统品种迥然不同的格调。“它与传统的葫芦瓶不一样。我们传统的瓶口不可能这么窄长。基本上还是像葫芦，但它加长的直口有伊斯兰风格，装饰上也更复杂：上面是黄釉的口，中间是青花，接下来有开片，再下来又是黄釉。这明显是根据西方人的需求而设计的。”专家介绍道。

这种样式的葫芦瓶除在“碗礁一号”沉船上发现外，荷兰国立博物馆、英国的维多利亚及阿尔伯特博物馆等处都有收藏，可见在当时的欧洲非常受欢迎。鲜明地将中西文化融于一身的葫芦瓶，能帮助人们更好地理解“碗礁一号”出水文物的珍贵。

文物部门曾对2005年“碗礁一号”沉船遗址考古发掘做了如下总结：出水17000余件船货，绝大部分为清代康熙年间的景德镇民窑瓷器。这些瓷器质量上乘、胎质坚硬、釉色莹润、器型多样、纹饰丰富，代表了清早期中国民窑瓷器的最高水平，具有相当高的历史、科学、文化和艺术价值，是海上丝绸之路繁荣发展的重要见证。

□专家品宝

中西文化合璧的绚丽火花

在中国传统文化中，葫芦寓意福禄，古人认为它可以驱灾辟邪，祈求幸福，人丁兴旺，加之造型优美，给人以喜气祥和的感觉，在生活中有着广泛的应用。后来道教、佛教将其纳入宗教体系，赋予了更为丰富的内涵。

清代康熙中期开始，中国的海外贸易经过清初短暂的停歇之后，又蓬勃发展起来，大量定制或仿制的异域风情的中国陶瓷器出现在外销市场。葫芦瓶就是其中最为典型的一种，在中国传统的器形、釉色和纹饰的基础上，融入西方审美观念，形成看似“违和”，实则和谐的风格。可以说，这是吉祥神秘的东方文化与热情奔放的西方文化相遇，激荡出的绚丽火花。

羊泽林（福建博物院文物考古研究所副所长）

清康熙青花雏菊纹菱口盘

消逝于洋流的『高级定制』

一艘满载中国瓷器的商船，在考古研究中却与众多『洋』名词发生了关联。『巴达维亚的棕色』『克拉克瓷』……这些名词承载了西方对东方怎样的向往？如果没有发生意外，三百多年前的『碗礁一号』将驶往何处？在目的地等待这些青花瓷器的『高定』买家会是些什么人？从葫芦瓶到雏菊纹菱口瓷盘，『碗礁一号』的文化秘密渐次浮出水面……

世界之瓷，以吾华为最

《陶雅》记载："世界之瓷，以吾华为最。吾华之瓷，以康雍为最。"专业人士在评价康熙年间的青花瓷时，往往会用到一个词——登峰造极。

福州市博物馆的专家特地详细讲解了"碗礁一号"的历史背景："在'康雍盛世'，青花瓷的制作分工非常细致，画画的人画画，做坯的人做坯，很讲究。所以，这一时期瓷器的画工水准突出，能完美表现出远山近水、亭台楼阁、花草湖泊。"

专家还提到了一个特别的名词"翠毛蓝"。"翠毛蓝"是指青花瓷的一种发色，它只出现在康熙青花瓷器上。与其他时期的青料发色不同，"翠毛蓝"有一种神奇的，接近于国画中墨色在宣纸上渲染的效果：蓝色呈现出多个色阶，可以将绘画中的皴法表现得淋漓尽致。

福州市博物馆的"碗礁一号"展区，陈列着众多被收藏家称为"神品"，可遇不可求的"翠毛蓝"青花瓷。

当年如此数量的"神级"青花瓷集中出水，怎能不让考古人员为之兴奋？

另一个特别之处是，在目前中国所有的水下沉船考古中，不论是广东阳江的"南海一号"，西沙的"华光礁一号"，还是连江的"白礁一号"等，船上的瓷器都不止出自一个窑口，有景德镇的，也有德化的。一船的货物往往收自多个地

方，这也是通常的状况。唯有“碗礁一号”不同寻常。专家测算后认为，这艘船上应该有不少于六万件瓷器，它们竟全都出自一个窑口！并且，这是一个出品水准非同一般的民窑。

“官搭民烧”的精品

可以推断，这是三百多年前一单来自海外、数量庞大、标准明确的“高级定制”。

“碗礁一号”所搭载的瓷器虽然经鉴别并非出自官窑，但它们的品质并不逊于官窑。专家认为它们的高品质得益于“官搭民烧”这种特殊的生产模式。

何谓“官搭民烧”？为何会出现“官搭民烧”？说来这并不是在康熙年间才出现的，明嘉靖以后，为完成朝廷派下来的任务，御窑厂往往将御用瓷品烧造任务（或烧制工序）分派给有实力的民窑。这一做法在清代逐渐形成固定制度，也在一定程度上促进了民窑的技术提升和发展繁荣。

美国作家、历史地理学家亨德里克·威廉·房龙曾在作品中描绘当时欧洲狂热的中国风潮：贵族们模仿中国口音交谈，按中式规矩喝茶，来自中国的瓷器更成为欧洲上层社会竞相追逐的时尚奢侈品。于是“官搭民烧”的窑口也就成了海外客户竞逐的热门渠道。它们执行与官窑相同的烧造标准，拥有与官窑相同的技术优势，甚至使用与官窑同样的瓷土，自然能满足来自西方的“高级定制”需求。

神秘买家的“高定”内容

如果没有因意外而沉没，载着六万多件精美瓷器的“碗礁一号”最终会驶向何方？这或许是这艘沉船身上的最大谜题。

青花雏菊纹菱口瓷盘，以及上一篇中讲到的黄釉青花莲花蕉叶纹瓷葫芦瓶，其实都隐藏着三百多年前“高定”买家的地理线索。

葫芦瓶上的酱色釉，在西方有一个特定称谓——“巴达维亚的棕色”。巴达维亚是今天印尼首都雅加达在荷兰殖民统治时期的名字。可见当时有很多同样色彩的瓷器，经由东南亚最后到了欧洲。

而青花雏菊纹菱口瓷盘在考古研究中也与“克拉克瓷”这个名称紧密关联。欧洲王公贵族口中的“克拉克瓷”以青花瓷为多，特点是宽边，在盘、碗的口沿绘有分格或圆形开光的山水、人物、花卉、果实等。

福州市博物馆收藏的这件瓷盘就具备“克拉克瓷”的典型特征。它直径21.7厘米，口沿分成了16个菱花形格，每个格子中与盘中央都绘有雏菊，这在当时是地中海沿岸常见的花卉。它们迥异于中国传统的审美趣味，却出现在青花瓷图案中，原因只有一个——那就是买家给出了瓷器花样的设计图纸，中国工匠依样绘就。

海上丝路的绚丽“见证者”

像这样中西合璧的设计，在“碗礁一号”瓷器中普遍存在。“有雏菊，也有冰梅纹，有传统的蕉叶，又有酱色釉。延续了中国传统的题材，又融入西方理念。所有瓷器基本上都体现了中西结合，很少有一件是完全的、传统的中式样式。”专家说。

对于东方和西方来说，它们都同样地富有异域风情。比如高足盖杯，定制者显然嫁接了中式茶盏和西式的高脚杯；又比如带盖的花觚，花觚在中国传统中是花器或陈设器，无盖，只有外销瓷中才出现这样的加盖设计，其功用虽然令人费解，却是定制者情有独钟的产物。

所以，尽管“高定”买家的具体身份已被洋流冲刷成谜，但这些东西元素和谐共生的瓷器，却为他们勾勒了清晰的画像。他们是钟情中国文化的古早“粉丝”，既迷恋中国样式，又希望这些日用器物、陈设能融合自己的使用习惯与审美趣味。

“碗礁一号”出水文物反映了海上丝绸之路深远的文化影响力，其考古出水地点则从学术层面佐证了福州曾作为海丝重要枢纽城市的历史地位。这些海上丝路的见证者，今天仍以绚丽的样貌在博物馆中讲述着三百多年前中国向外文化输出，传递我们审美理念的故事。

□专家品宝

东西方文明互鉴的例证

“克拉克瓷”是全球大航海时代以来16至17世纪中国最重要的外销瓷。它是在中国传统瓷器的基础上，通过“来样定制”的方式，在中国窑场生产的国际市场上最为流行和畅销的商品。它既融合了东西方的器物样式，又同时受中外传统文化的影响。

青花雏菊纹菱口瓷盘以它独特的器形和纹饰风格令人耳目一新。在器形上它有着符合欧洲顾客需求的实用性与美观性的统一，在装饰上则将中国的传统纹饰菊花图案完美地融入伊斯兰式纹样布局，满而不密，繁而不乱。这种全新的组合标志着世界陶瓷艺术和工艺发展史进入一个多元文化交流碰撞的时代，也是东西方文明互鉴的最好例证。

羊泽林（福建博物院文物考古研究所副所长）

梅花香自海底来

清康熙青花冰梅纹盖罐

这件青花冰梅纹盖罐通高24.5厘米，罐口径9.1厘米、足径12厘米，盖高4.7厘米、直径11.6厘米。罐口与盖以子母口扣合。罐敛口，弧肩，鼓腹，腹下部渐收，平底略凹；盖平沿，直腹，平顶。罐口、颈部刮釉露胎，罐身和罐盖满绘冰梅纹，底足署青花双圈款。它同样出自『碗礁一号』沉船。

宝物沉睡福建海域三百多年

“碗礁一号”沉船遗址位于福建省平潭屿头岛海域五洲群礁的碗礁附近。几百年前，这片海域是一条商船往来频繁的航道。但因为暗礁众多、海流变幻莫测，一些商船沉没于此。

2005年6月，由于当地渔民在碗礁一带拖网捕鱼时，经常会捞到一些青花瓷器，于是有人开始雇用专业潜水员公开盗捞，随捞随卖。此举引起了文物部门的高度重视。

2005年7月至10月，经国家文物局批准，由中国国家博物馆水下考古研究中心组织，抽调全国30多名水下考古队员，集结碗礁，组成了当时规模最大的一支队伍——“碗礁一号”水下考古队。

沉船遗址所在海域水深13米至15米，海底为含沙淤泥土质。“碗礁一号”为康熙中期的一条中型海船，残长13.5米，残宽3米，残高1米，由此可推测此船原长18米至20米，宽5米。此船残存16个舱位，但多数隔舱板已损坏。

经过水下考古工作者120多天的抢救性发掘，共打捞出产自江西景德镇、清康熙年间的瓷器17000多件。这批瓷器以青花器为主，兼有少量的青花釉里红、青花色釉、仿哥釉瓷和五彩器等。器形主要有将军罐、盖罐、凤尾尊、筒瓶、筒花觚、炉、盘、碟、碗、盏、杯、高足杯、小瓶、葫芦瓶、粉盒等。文物部门认

为“碗礁一号”沉船遗址考古发掘的文物代表了清早期中国民窑瓷器的最高水平，具有相当高的历史、科学、文化和艺术价值，是海上丝绸之路繁荣发展的重要见证。

在这些沉睡福建海域300多年的宝贝中，包含了这件青花冰梅纹盖罐。如今，我们洗去沉积其上的历史泥沙，观赏这件独特的历史遗珍，既可以领略古代瓷器的艺术之美，又仿佛能窥见当时人们拥抱大海、扬帆远航的辉煌壮举。

感受冰梅纹的艺术魅力

这件康熙青花冰梅纹盖罐是典型的冰梅纹作品，其通体以青花浓料画冰裂片纹，以青花淡料略加晕染，其间勾画白色梅花，蓝白相映，寒梅吐艳尤显芬芳。

冰裂纹的灵感源于早期瓷器烧制过程中常见的技术问题——釉裂。后来人们发现釉层的裂纹有种别样的美，于是把它变成了一种特别的装饰。宋代名窑哥窑所烧造瓷器最大的特点，便是其表面布满了不规则的裂纹。

冰梅纹创烧于清代康熙时期，又称“冰裂梅花纹”，是以仿宋官窑冰裂片纹为地，在其釉面绘朵梅或枝梅，将冰裂纹釉面的肌理与梅花纹结合的一种装饰纹样。梅花因其吐芳于岁末，顶寒风凌雪展枝、盛开的高洁品质而被人们称颂。冰梅纹也就成了人们托物言志的一种方式，同时也有辞旧迎新之意。因此这种纹样备受民众青睐。清代许之衡的《饮流斋说瓷》中“说瓶罐第七”说的就是冰梅纹罐，可见冰梅纹瓷器在当时的地位。在2022年北京冬奥会上，主办方设计的奖牌图案中所运用的冰雪纹，灵感就来自冰梅纹，只是将梅花修改成了雪花。

景德镇窑绘冰梅纹多以青花或五彩作画，尤以青花作画者最见格调，多饰于瓶、罐、盘等器物上。据说皇帝常常会把这种冰梅纹瓷器赏赐给大臣，意思是告诉他们要为官清廉、洁身自好。

□专家品宝

康熙冰梅纹瓷器中的精品之作

“梅须逊雪三分白，雪却输梅一段香。”冰裂中迎风而立、傲骨绽放、似梅似雪的梅花，其别样的韵味让人回味无穷。

福州市博物馆馆藏的这件清康熙青花冰梅纹盖罐品相完好、造型别致、画工精美、空灵幽雅，是康熙冰梅纹瓷器中的精品之作。它以“翠毛蓝”的青花为地，通体作冰裂状，以青花浓料画冰裂片纹，错落有致的纹路再加以略淡的青花料进行晕染；其间勾画白色梅花，蓝白相映，将点与面、曲与直的形状变化，蓝与白、明与暗的色彩变化，集与散、密与疏的构图变化发挥到极致，形成既和谐有序又充满节奏变化的视觉效果，蕴含着古代先辈们对制瓷工艺的精工细作和匠心独运。

张春兰（福州市博物馆副馆长）

清康熙青花釉里红山水人物纹盘

『红蓝CP』不易得

『十窑九不成』『百里挑一』『火中凤凰』『瓷中贵族』——这些都是青花釉里红的『专属标签』，形容它的烧制难度和传世稀少。2005年，水下考古队员在平潭碗礁附近的清康熙中期的古沉船『碗礁一号』上发掘并出水了17000多件景德镇产瓷器，而当中仅有3件青花釉里红山水人物纹盘，实属珍贵，现收藏于福州市博物馆。

百里挑一　瓷中贵族

青花釉里红是瓷器釉下彩品种之一，是青花、釉里红两色同施于一器的装饰方法，始现于元代，流行于明初，明中期后便逐渐消失，直至清康熙年间复烧成功，呈色较为稳定，而普遍认为雍乾时期的作品最为杰出。

青花是以钴为着色剂，呈现出蓝色；釉里红则以铜为着色剂，呈现出红色。二者性质不同，烧成温度以及对窑温的要求也有差异。青花的烧成温度在1300℃左右，而釉里红的烧制要求更加苛刻，窑温必须控制在1250℃到1280℃以内，温度过高则釉里红易发散，过低则易发黑，这也是为什么青花常见，而釉里红不常见的原因。而两者施于一器，烧制难度更高，称得上可遇而不可求，如此费尽千辛万苦得来的“红蓝CP（英语couple的缩写，意为一对儿）”当然备受推崇。

马未都在他的《醉文明》一书中曾提到釉里红的烧造特点：“中国人尚红，红色对我们来说是一个吉祥之色，生命之色。烧造红釉是非常难的事情，唐代的时候偶然在长沙窑烧造出近似红色的颜色。宋代也是偶然出现了红色的瓷器，而且数量非常少。元代以后才能烧造出真正意义的红釉，明清两朝就烧得游刃有余。”即使到了今天，哪怕有现代手段作为辅助，烧造出呈色鲜艳的釉里红依旧不是件容易的事。所以陶瓷匠人间流传着一句玩笑话：“如果想让谁破产，就让他烧釉里红!”

明清两代是青花釉里红瓷器的盛世，主要是因为受到了皇家的青睐与推崇。明代尚赤，洪武年间，朱元璋曾下令大量烧制釉里红瓷。到了康乾盛世，只有像景德镇御窑厂这样的皇家瓷厂才会不惜工本地烧制，所以产量历来不足的青花釉里红主要藏于宫廷、名门，或者作为礼物赏赐藩属国，因而它有“瓷中贵族”的美誉。

残缺亦珍品

“自古红蓝出CP”，红蓝这两个对比色联袂出场时，会给人强烈的视觉冲击，在脑海中留下深刻印象。早在几百年前，中国人就读懂了这种精妙的配色，并将其运用在瓷器上，烧制出了这种优雅别致、亮眼吸睛的青花釉里红瓷。

从“碗礁一号”沉船上出水的这三件青花釉里红瓷盘，口径15.6厘米，足径8厘米，高2.4厘米，圆唇、撇口、斜弧腹、阔平底，矮圈足，内口沿青花单圈弦

纹，内地绘青花釉里红山水人物图。虽然三件瓷盘皆有残缺，但由于烧制难度高，成品率低，发色纯正，山水人物清晰，且为景德镇“官搭民烧”的窑口出品，因而仍不失为稀世珍宝。

青花釉里红不仅在工艺上难度很高，还有着深厚的人文底蕴。青花颜料和釉里红颜料在高温烧制后能形成丰富的颜色变化，为文人画拓宽了艺术表现形式。这不但是主观意识的创作，也是窑火的神奇助攻。

这三件清康熙青花釉里红山水人物纹盘烧制于清康熙中期，当时青花瓷烧制技艺炉火纯青，已经可以做到中国画特有的“墨（青）分五色”（即头浓、正浓、二浓、正淡、影淡），而釉里红的红色则因画在坯体上的彩料厚薄和窑温而呈现有所不同。这样的红蓝碰撞，多了无数种色彩可能，让青花釉里红瓷器上的文人画或浓妆淡抹或写实写意，素雅与艳丽和谐统一，意境深远，因而历经数百年一直为人们所钟爱。

器成天下走

“景德产佳瓷，产瓷不产手。工匠四方来，器成天下走”。明清时期，景德镇的产品通过海上丝绸之路大量行销海外。据福州市博物馆原馆长张振玉介绍，

“碗礁一号”沉没于闽江口以南的近岸海域，从地理位置上看，福建北部与江西接壤，闽江水系的上游与属于长江流域的信江水系邻近，自信江经过一段较短的陆路转入闽江，顺流而下至闽江入海口，是通往华南沿海和东南亚距离最短的通道。这也是一条传统的景德镇陶瓷器外销路线。

“碗礁一号”所载的景德镇瓷器中还包含有巴达维亚瓷、雏菊纹瓷盘、微缩瓷器、高足盖杯等融入异域元素的外销瓷，从中可以一窥清代海上丝绸之路的繁盛气象。

□专家品宝

万“绿”丛中一点红

青花瓷在我国瓷器发展史上有着不可动摇的重要地位，而同属于高温釉下彩的“釉里红”更是有着瓷中贵族的美誉。细品该件文物，不愧为精品。一是珍稀之品。现今存世的青花釉里红佳品凤毛麟角，而在沉船出水的瓷器中更是大海捞针。在平潭“碗礁一号”沉船出水的17000多件青花瓷器中仅出水3件青花釉里红，且是康熙时期的作品，珍贵！珍稀！二是艺湛之技。青花釉里红是被公认为古代瓷器中最难烧制的品种之一，成品率极低。在古代没有温度监测仪器的情况下，全凭烧窑工的经验把控，要烧制出青花釉里红精品，可遇而不可求。三是品致之韵。除工艺难度外，青花釉里红最吸引人的还是美。该文物釉面肥润，颜色浓烈而娴静，浓丽而沉着，在视觉上给人一种晕散而流动的“万‘绿’丛中一点红，动人春色不须多”的意境感，且有一种水墨画般的气质。

张振玉（福州市博物馆原馆长、文博研究馆员）

指尖上的青花瓷

『碗礁一号』微缩瓷器

波澜壮阔的大海既孕育了辉煌灿烂的海洋文明，也无情吞噬了无数劈风斩浪的航海者。『碗礁一号』是众多沉没于茫茫大海的贸易船只之一，它被永远定格在300多年前康熙盛世的中国。考古工作者从『碗礁一号』沉船上打捞出17000多件景德镇瓷器，其中的精品以『至宝通洋外——「碗礁一号」沉船出水瓷器展』的形式呈现在福州市博物馆里，一批又一批观众被吸引而来，试图探究这些出水瓷器里隐藏的历史密码。

无论是在福州市博物馆，还是在『碗礁一号』出水文物展出过的全国20多个城市，有一组宝贝总是吸引着最多观众拍摄，那就是——微缩瓷器。

指尖上的青花瓷

这组微缩瓷器为清康熙中期最具代表性的青花瓷质地，总共有12件，以各式瓶为主，尺寸最高的8.9厘米，最矮的仅有5.4厘米，器形小巧，胎体极薄，轻盈剔透，釉面温润如玉，发色浓郁，是清康熙民窑青花的精品之作。

“麻雀虽小，五脏俱全”是这组微型瓷器的真实写照。其上不仅有各式花卉纹，还有人物纹、山水人物纹、博古纹。器形虽以瓶为主，但造型各不相同，有凤尾瓶、柳叶瓶、象腿瓶、观音瓶，还有“碗礁一号”出水瓷器中最具代表性的葫芦瓶。

和我们常见的生活日用器或观赏瓷器相比，这组微缩瓷器仅有指尖大小，那么问题来了：这些指尖上的青花瓷到底是用来做什么的？我们知道，“碗礁一号”上的瓷器是清康熙时期景德镇出口欧洲的外销瓷，那么这些微缩瓷器是不是海外订货的“来样加工”产品？

福州市博物馆原馆长张振玉揭开了谜底：近两万件瓷器中仅发现十几件微缩瓷器，堪称万里挑一。它们可能是为“娃娃屋”配备的陈设品。17世纪晚期，荷兰的贵妇中流行用微缩的家具、织物和瓷器来装饰房屋模型，但这类娃娃屋并不是孩子们的玩具，而是贵族们用来向亲友宾客炫耀的昂贵的展示品。

17世纪荷兰的“中国热”

据记载，第一件娃娃屋出现于1557年的德国巴伐利亚地区，是一位贵族王子请工匠制作的送给女儿的礼物。后来娃娃屋逐渐在王公贵族间兴起，1670年随着贵族之间的通婚而传入荷兰，并在荷兰发展出有门的橱柜式娃娃屋。18世纪娃娃屋又传入了英国。

进入19世纪，娃娃屋进入了大众的生活，从此大放异彩，形成一种新兴艺术，范围更是无所不包，从展示一般家庭起居至商店、工厂，到带有童话色彩的娃娃屋；娃娃屋里所陈设物品的逼真和精致程度也都令人大开眼界。可以说，这是今天备受追捧的乐高、芭比之家的鼻祖了。

“碗礁一号”出水瓷器被生产出来的清康熙中期正是17世纪，当时荷兰是海上霸主，通过远洋贸易带来东方的瓷器、香料，获取巨额财富的同时，也迎来了艺术上的辉煌。也许正是阿姆斯特丹的贵妇为了装点自己的娃娃屋，专程从遥远的东方瓷都下单定制了这些微缩青花瓷。

美国波士顿美术馆收藏着一件非常经典的17世纪荷兰定制娃娃屋，或许可以作为这一猜想的佐证。整栋娃娃屋被分为九个隔间，其中五个房间都有青花瓷的身影，包括花瓶、展示盘、大型筒瓶等。这些微缩青花瓷十分精致，品质不输正常尺寸的青花瓷。要知道这些微缩青花瓷尺寸太小，对拉坯和雕琢工艺要求极高，足见珍贵非凡。

这个娃娃屋里的微缩青花瓷被认为是康熙时期的产品。康熙青花的人物，尤其是仕女有着鲜明的特点：身材纤细，头却很大，韵味十足。正是因为拥有了这些微缩青花瓷，荷兰娃娃屋才能成为欧洲众多娃娃屋的翘楚，而这样的娃娃屋也生动诠释了17世纪荷兰社会的“中国热”。

“碗礁一号”的海丝路

今天，我们都知道“碗礁一号”是一艘从中国沿海出发，满载着景德镇外销瓷器，踏上海上丝绸之路的远洋大船。之所以能得出这一结论，关键在于考古人员在这批出水瓷器中找到了许多“来样加工”品，如带盖的高脚杯、“开光”样式的“克拉克瓷”等。而为“娃娃屋”配备的陈设微缩瓷器，也同样佐证了“碗礁一号”的外销船身份。

毫无疑问，为“碗礁一号”运载的这批瓷器货物买单的是欧洲市场。“碗礁一号”沉船出水的瓷器，为研究福州作为海上丝绸之路的重要港口提供了第一手实物证据。它也在悄悄地告诉研究陶瓷史、对外贸易史、海上丝绸之路的专家学者，海底蕴藏着无数的宝藏和谜团，等待着有志之士去探寻。

□专家品宝

浓缩即精华

这组出水于平潭“碗礁一号”沉船的青花小瓷瓶，胎质匀净润泽、釉质纯净莹润、青花浓艳苍翠、器形精巧雅致，可谓浓缩就是精华：一是小而精，淘泥精、拉坯精、画艺精；二是小而巧，构思巧、设计巧、理念巧；三是小而特，造型特、观感特、用途特。精致、精髓、精品，它们把康熙年间青花瓷的特点、特色、特质表现得淋漓尽致。通过这组青花小瓶，不仅可以感受到中国古代工匠的精湛工艺，更能体味康熙青花的独特韵味。

张振玉（福州市博物馆原馆长、文博研究馆员）

笔墨春秋

元佚名绢本《婴戏图》斗方

重现古代童趣的收藏「宠儿」

小龙船、打马图、闹竹竿、鹁鸽铃、风幡、绢孩儿、大扁鼓……这些你是不是很多都没有听过？它们是中国古代儿童喜爱的玩具。在没有电子产品的时代，孩子们与大自然亲密接触，靠着能工巧匠做出的手工玩具，度过了多姿多彩的童年。从这幅元佚名绢本《婴戏图》斗方里，可以一探中国古代儿童都拥有什么玩具。

从《婴戏图》看古代儿童生活

画面上方，一棵巨大的柏树掩在太湖石后，近前地上的婴孩身形圆润，轻纱薄衣，手中执蓝色纨扇，伏于扁鼓上，仰首前望，神情陶醉，天真可爱，鼓柄随意叠置，身后有一四联的拨浪鼓。这幅《婴戏图》斗方在绢本上绘画，却设色艳丽，孩童活灵活现，画风与中国古代婴戏图的代表画家、宋代苏汉臣的画作相似。据考证，该画创作于宋末元初，具有极高的艺术价值，为国家一级文物。

婴戏图是描绘儿童游戏时场景的画作，又称“戏婴图”，是中国人物画的一种。中国很早就有绘画婴孩的传统。从晋代开始，儿童就被画家纳入绘画题材中，到了唐宋时期技巧渐趋成熟，宋代更是婴戏图的黄金时期，成为极受大众欢迎的绘画题材。

宋人“尚真”，宋代的婴戏图题材多样，侧重于对日常生活的描绘，作品给人一种平淡、祥和、亲切的感觉，富有浓郁的生活气息。我们可以从画师的笔下看到多姿多彩的古代儿童生活与各种各样的儿童玩具。以苏汉臣为例，在他的《长春百子图》中，孩童们玩着各种游戏和玩具，如小陀螺、木马、拉板车、象棋……尽显热闹气氛。

《东京梦华录》记载，北宋时，东京（今开封）城里，常有“乐人动鼓乐于空闲，就坊巷引小儿、妇女观看，散糖果子之类，谓之‘把街’”，又有走街串

巷的小商贩“博卖冠梳、领抹、头面、衣着、动使、铜铁器、衣箱、磁器之类”。其中所谓“动使”，就包括各种玩具。

中国古代的玩具市场到公元10世纪时的宋朝真正形成，生产和销售规模是空前的，还出现了“玩具专卖店”“玩具一条街”，十分繁荣。制售玩具已成为宋朝手工艺人的谋生手段和发财之道。

曾有人仔细翻阅宋朝的《武林旧事》《梦粱录》《西湖老人繁胜录》，发现其中记录了近百种玩具，如选官图、檐前乐、风幡、绢孩儿、符袋儿、弹弓、箭翎、鹁鸽铃、风筝、象棋、竹猫儿……我们可以从这些品类齐全的玩具中窥见古代儿童多姿多彩的童年。

世界各大博物馆收藏的婴戏图

婴戏图在中国古代绘画史上占据重要地位，为中国儿童史研究提供了重要的史料，其憨态可掬的形象和生动活泼的场景，更是人见人爱。因此在今天世界各大博物馆里，婴戏图都是收藏的“宠儿”。

美国大都会美术馆收藏着唐代周昉的《戏婴图》和元佚名《婴戏图》。唐代《戏婴图》中画了五个女子与七名幼儿嬉戏，为幼儿洗浴、穿衣的生活场景。元代《婴戏图》则描绘着一群小朋友在庭院里玩耍，有的在滑滑梯，有的在骑竹马，有的凑在一起讲故事，有的在敲小鼓……气氛欢乐融洽，仿佛今天幼儿园里的场景。

东京国立博物馆里收藏着苏汉臣的代表画作之一《侲童傀儡图》。宋朝流行木偶戏，宋人称之为“傀儡戏”。本来用于表演的傀儡，也被制成了供儿童玩耍的玩具。画面上三个儿童，一个坐在小戏棚后，手拿两个杖头傀儡舞刀弄枪地厮杀，一个击鼓伴奏，另一个全神贯注地观看，生动形象地体现出儿童喜好模仿的特性。此类绘画也有驱鬼辟邪的寓意。

同类题材的画作，还有南宋李嵩的《骷髅幻戏图》和南宋刘松年的《傀儡婴戏图》，分别被北京故宫博物院和台北故宫博物院收藏。

在古代，人们的休闲活动通常与春、夏、秋、冬的季节变化紧密相关，儿童的游戏也不例外。收藏于北京故宫博物院的清佚名《婴戏图册之斗草图》，收藏在台北故宫博物院的宋苏汉臣《长春百子图》、其子苏焯的《端阳戏婴图》、宋佚名《冬日婴戏图》，题材都与时令密切相关。

□专家品宝

宋末元初婴戏图经典之作

婴戏这个绘画题材始于唐代，盛行于宋代。此幅绢本作品虽然只描绘了一个孩童嬉戏的场面，但画面的弦外之音呼之欲出。

画家对孩童衣饰、玩具及庭院配景等细节极尽精工之能事，且着力于人物眼神、动态的精微刻画，让人产生许多画外联想。作品技法娴熟，笔法灵动，设色明丽，气息典雅，呈现出一派充满生机活力、欢快祥和的太平景象，不失为宋末元初婴戏图的经典之作！

郭东健（福建省画院原院长、民盟中央美术院副院长）

明謝在杭先生墨迹

羲耕敬題

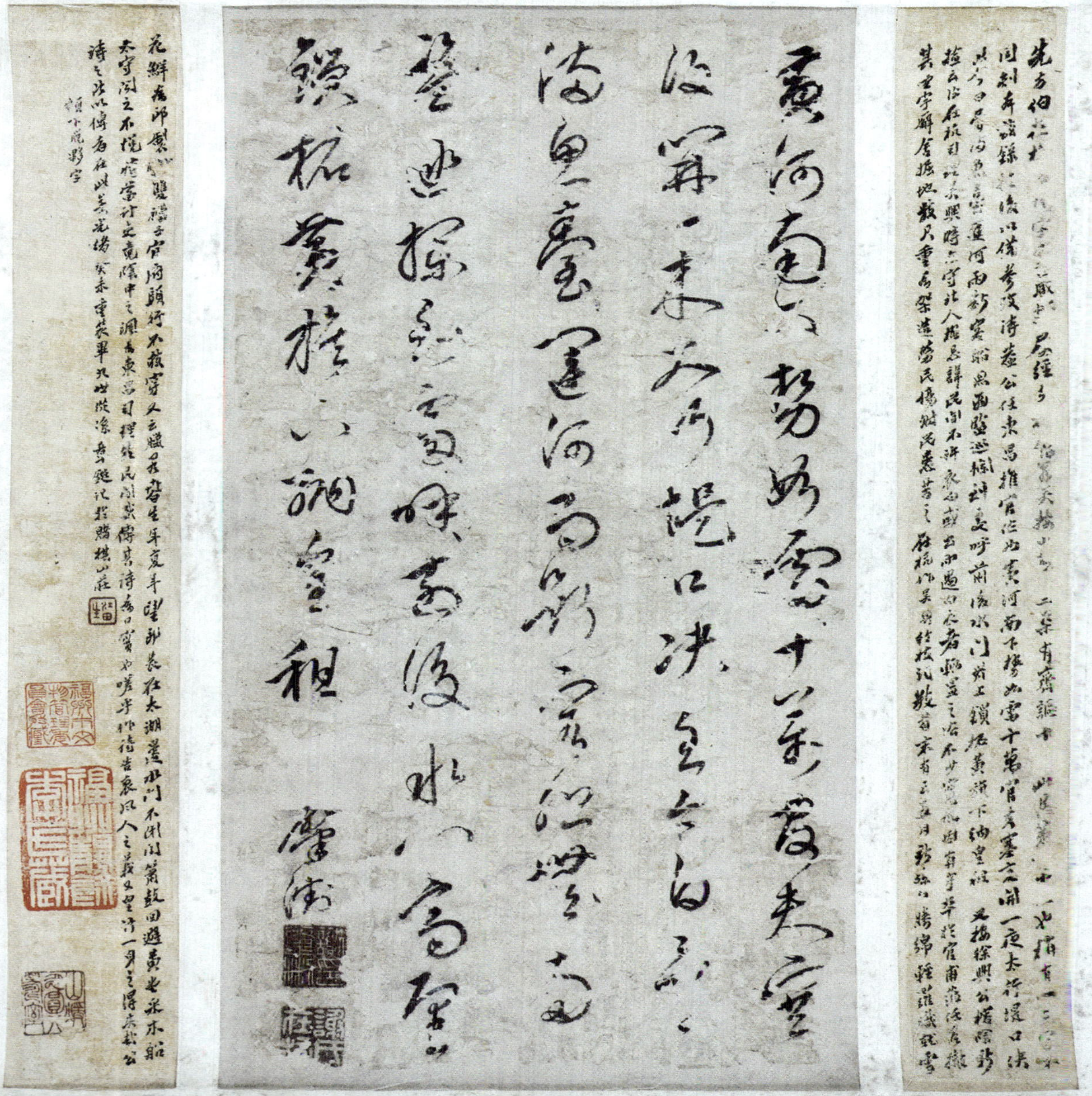

闽都“三谢”的文脉传承

明谢肇淛草书轴

在福州市博物馆里，珍藏着一幅名为『明谢肇淛草书轴』的书法文物精品。展开这幅草书轴，可以看到上面留下了明朝谢肇淛、清代谢章铤、近现代谢义耕三位福州文化名人的历史痕迹。三位谢姓名人之间究竟有着怎样的关联？

揭示谢肇淛为民请命受嘉奖的历史

这件文物为纸质立轴，共五行，落款署名“肇淛”。图章二方，一曰“谢肇淛”，一曰“谢氏在杭”，皆白文印。

草书内容为二首绝句：“黄河南下势如雷，十万官夫塞复开。一夜太行堤口决，至今白骨满鱼台。”“运河雨断客船无，两监巡栏到处呼。前后水门齐上锁，柘黄旗下纳皇租。”

左右有谢章铤光绪癸未（1883）为该墨迹重新装池而书写的题记，图章二方，一曰“江田生”，一曰“山暖月圆人寿室”。另外，立轴上方有谢义耕题写的“明谢在杭先生墨迹”，并有钤印二方。

谢肇淛（1567—1624），字在杭，号武林、小草斋主人，晚号山水劳人，长乐江田人，明代博物学家、藏书家、诗人、学者。因父亲谢汝韶曾任浙江钱塘（今杭州）教谕、安仁知县，谢肇淛生于浙江钱塘，故其名、字、号皆与浙江、杭州有关联。

谢肇淛自幼聪颖，稍长即博览群书，擅长诗文。万历二十年（1592）谢肇淛考中进士，此后历任湖州、东昌推官，南京刑部主事、兵部郎中，北京工部员外郎、郎中。天启元年（1621），谢肇淛任广西按察使，累官至广西左布政使。

谢肇淛的这两首绝句显然是他督理北河时的有感而发。万历三十九年（1611），谢肇淛任工部都水司郎中，督理北河。第二年，天大旱，宦官污吏向百姓摊派苛捐杂税，谢肇淛不顾个人得失，上疏为民请命，指责宦官搜刮民脂民膏，指出国家诸多浪费弊端，语气恳切。神宗感其诚，传旨嘉奖，但不能用其言。不久，他奉命巡视河道，治理河流。谢肇淛仅用一年时间，就完成督办疏浚河道的任务，并在之后写成《北河纪》，详载河流原委及治河利弊，颇为后人撰此类书籍所取法。

天启四年（1624）谢肇淛病逝于江西萍乡，后葬于长乐下洋村大象山麓。

值得一提的是，今天鼓山上有一处五贤祠遗址，那里原本是咸丰五年（1855）盐商魏杰在鼓山所建的桃岩精舍，内祀五位贤人，即曹学佺、徐𤏡、徐𤊹、林弘衍、谢肇淛。

谢肇淛——晚明福建文坛的代表人物

谢肇淛博学能诗文，是明代晚期福建文坛的代表人物之一。他入仕后，历游川、陕、两湖、两广、江、浙等地名山大川，所至皆有吟咏，雄迈苍凉，写实抒情。

万历三十四年（1606），其父谢汝韶去世，谢肇淛回闽守孝三年，加上考中进士前的十余年，谢肇淛对故乡的历史人文和风土人情有了更深的了解。在闽期间，谢肇淛编修了多部福建地方志，如《万历永福县志》五卷、《方广岩志》四卷、《晋安艺文志》三卷、《鼓山志》十二卷等。而最为人津津乐道的，是他与徐𤊹重刻的淳熙《三山志》。谢肇淛主张方志应“取材于陈编，定体于往哲，宁质无华，宁核无舛”，其方志学观点在今天看来仍有着重要的借鉴意义。

谢肇淛博学多才，勤于著述，他最出名的著作是笔记体《五杂俎》，其中记录他的读书心得和对事理的分析，还记载政局时事、风土人情，是一部包罗万象的博物学著作，甚至流传到日本，在那里多次刊刻。

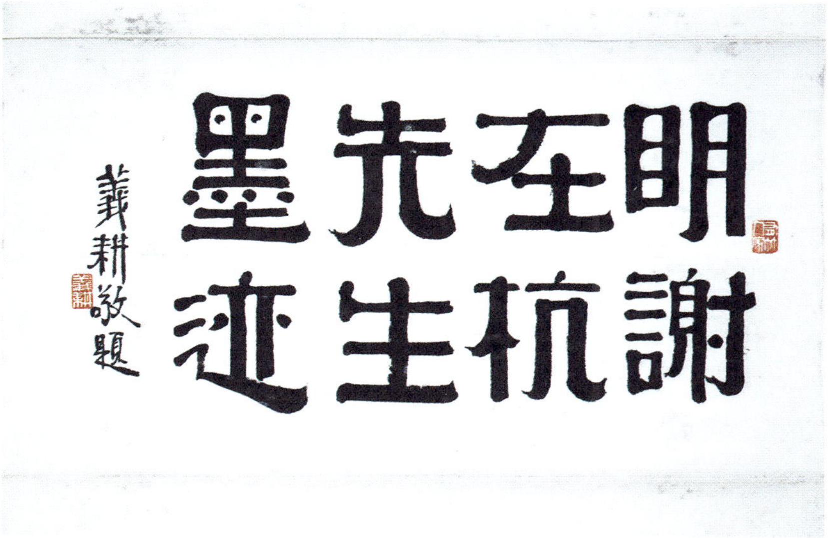

谢肇淛的后人谢章铤曾说："先方伯公在杭著述极富，载家谱者二十余种，《滇略》《北河纪》等悉登《四库》。《五杂俎》一书，作家尤多征引。近沪上重刻《文海披沙》，则来自海舶云。"

谢肇淛交游甚广，在福州期间，他与徐熥、徐𤊹、曹学佺等人结社吟诗、作词，留下不少诗作。谢肇淛还是当时著名的藏书家，对古籍刻本很有研究，其一生搜集的宋人文集颇富，秘本甚多，还有不少是亲手抄录的，即"小草斋钞本"。谢肇淛病逝后藏书陆续散出，后世甚至流传至日本静嘉堂文库、美国国会图书馆等处。

谢章铤——致用书院山长

作为谢肇淛后人的谢章铤，也是闽都文化史上的重磅人物。

谢章铤（1821—1903），字枚如，因本支宗祠在长乐江田，故号江田生，晚年号药阶退叟。谢肇淛是他的十四支祖（另说九世族祖）。同治三年（1864），谢章铤乡试中举后，到各地游历、讲学。光绪三年（1877）考取进士，官内阁中书。但他不思仕进，不久离京南归。光绪十年，应陈宝琛之邀，到庐山白鹿洞书院主持讲席。光绪十三年，受聘福州致用书院山长，培养了众多门生，同光体"闽派"代表诗人陈衍、何振岱，整理、刊刻《闽都别记》的董执谊，著名翻译家林纾等皆出其门下。与先人谢肇淛一样，谢章铤也以文名显扬。他著有《赌棋山庄集》传世，在词学理论方面颇有建树。

谢章铤也爱藏书，所居赌棋山庄亦为藏书楼，在今于山东麓。“赌棋”之名，缘于谢氏先祖谢安与其侄谢玄于淝水之战前夕“围棋赌墅”的故事。谢章铤视谢安为谢氏家族的骄傲，心折于谢安临敌镇定、从容的风度，故其文集、山庄均以“赌棋”命名。谢章铤藏书甚丰，其中多有名家抄校本、稿本。后来这些藏书几经转手，大部分为陈宝琛所购得。

谢章铤的晚年跟致用书院紧密联系在一起。他任致用书院山长长达16年，直到离世。致用书院虽小，且仅存在32年，但小而精，以研究经史为目的，本着“通经致用”的宗旨，为社会培育了大量优秀人才，对福建近代的文化与学术颇有影响。

说回谢肇淛草书轴，其上方有谢义耕题写的“明谢在杭先生墨迹”，并有钤印二方。谢义耕（1911—1986），生前是福建省文史研究馆馆员，福州画院画师。虽无从考证他是否和谢肇淛、谢章铤同出东岚谢氏，但他在诗、书、画、印诸方面均有很深的造诣，尤其是精隶书、工篆刻。他的题签与两位谢氏先辈的墨宝遥相呼应，愈益彰显了闽都文脉传承。

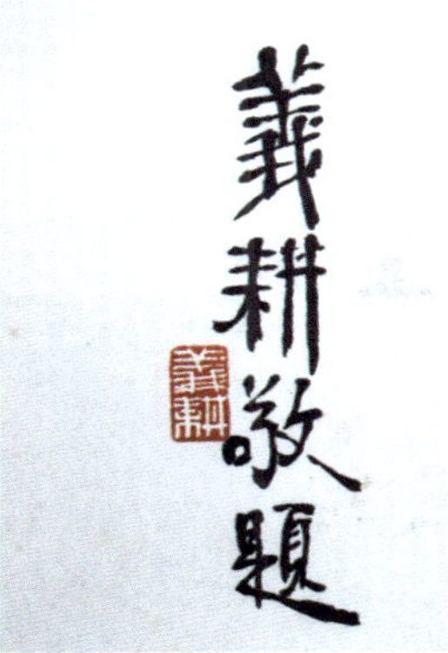

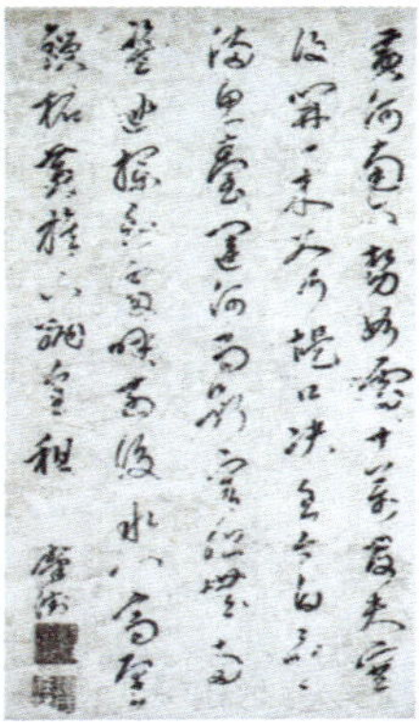

□专家品宝

丰赡妍美 雅怀清韵

谢肇淛一生为官，黾勉政事，治绩甚显，而公务余暇博极载籍，于学无所不窥，自六经子史，以至地志方言、稗官虞初、农圃医卜之书，靡不漱其芳润，淹通融贯；且勤于著述，故发为诗文，宏畅丰赡。善行草书，结藻清英，超脱蹊町，与其文章相表里。小字宗晋唐，应规入矩，却不为绳约，深得王羲之《黄庭经》、颜真卿《小字本麻姑仙坛记》遗绪。落笔精妙凝练，含筋抱骨，虽细比毫发，亦无孱弱之相。笔势往来，起是轻捷，收则从容，灵活秀润，风流蕴藉，通篇洋溢着文质彬彬、潇洒自如的君子之风。

卢为峰（福建省民间文艺家协会副主席）

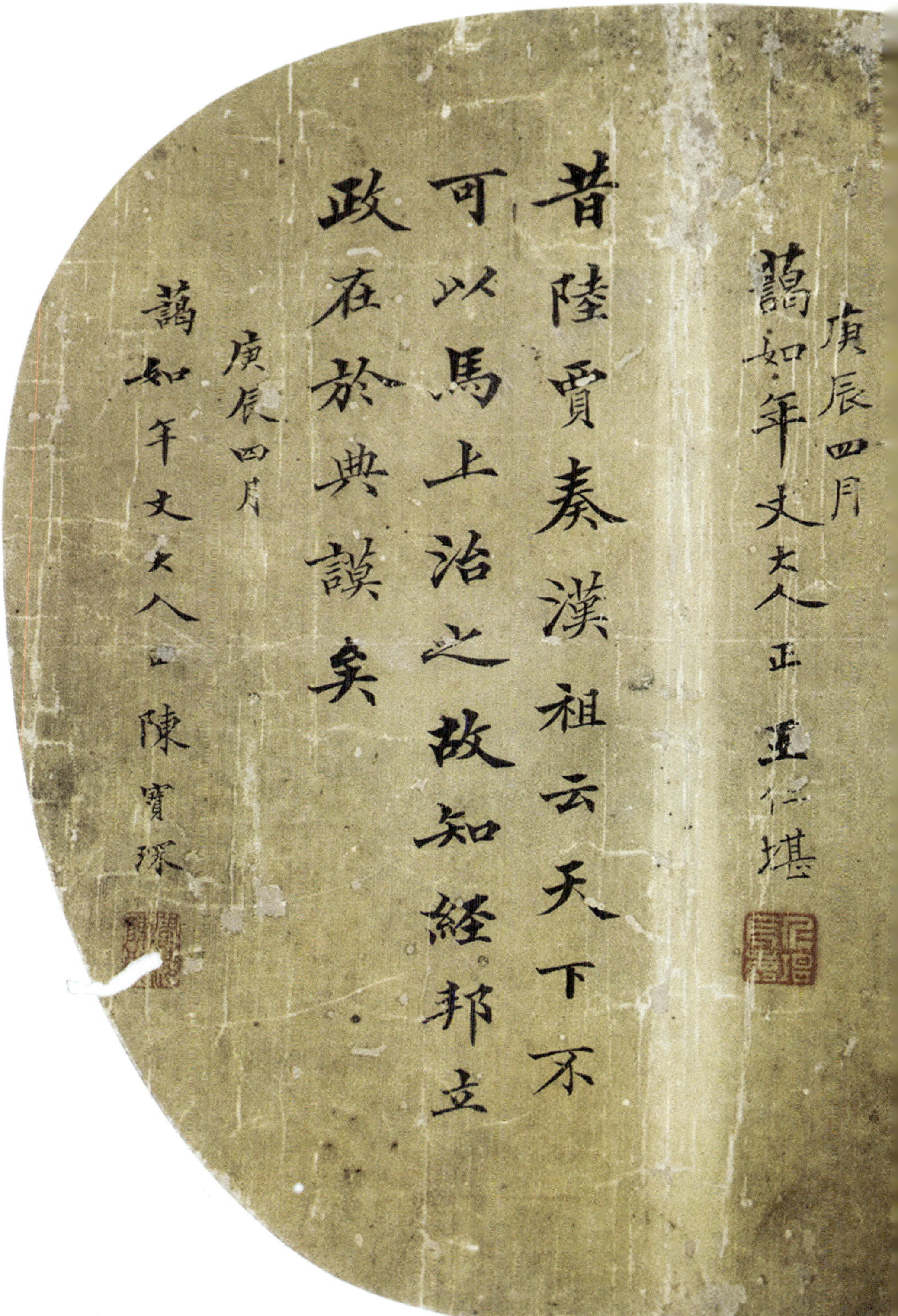

庚辰四月
藹如年丈大人正 王仁堪
昔陸賈奏漢祖云天下不可以馬上治之故知經邦立政在於典謨矣
庚辰四月
藹如年丈大人正 陳寶琛

清陈宝琛、王仁堪合作楷书纨扇面

帝师与天子门生的『珠联璧合』

清陈宝琛、王仁堪合作楷书纨扇面珍藏于福州市博物馆。『末代帝师』陈宝琛对于读者来说并不陌生，那王仁堪何许人也？二者之间又有着怎样的关联？

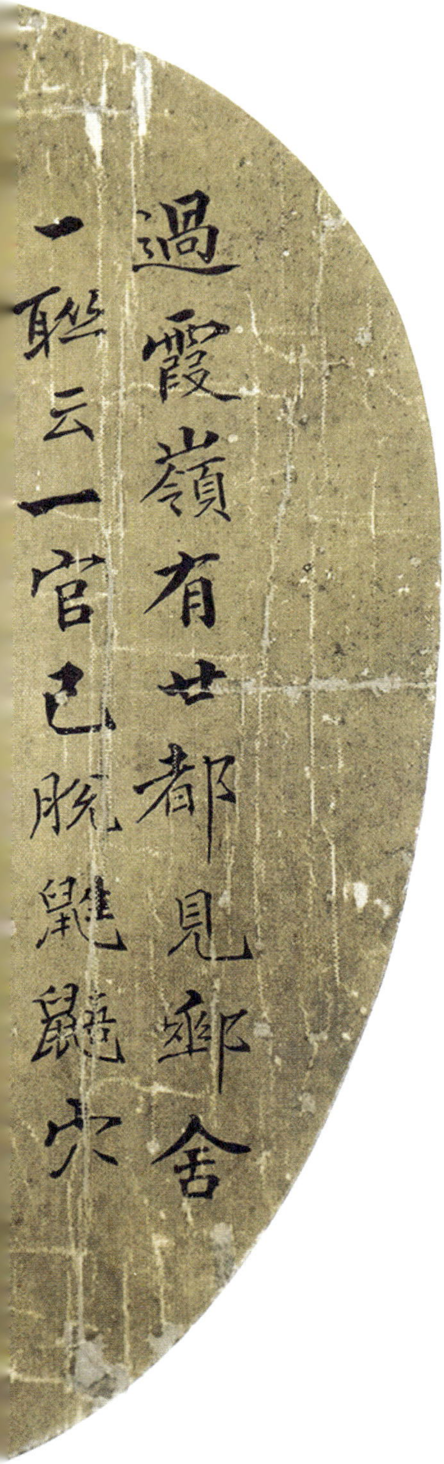

“西清王氏”一门风雅

清陈宝琛、王仁堪合作楷书纨扇面，质地绢，长径24.3厘米，短径12.5厘米，高24.7厘米，字径0.8至1.5厘米不等。

扇面分左右两部分，右为王仁堪书，左为陈宝琛书。王仁堪文曰：“过霞岭有廿都，见邮舍一联云‘一官已脱鼪鼯穴；九度空过虎豹关’。”落款：“庚辰四月，蔼如年丈大人正。王仁堪。”钤印：白文“王仁堪印”。陈宝琛文曰：“昔陆贾奏汉祖云‘天下不可以马上治之’，故知经邦立政，在于典谟矣。”落款：“庚辰四月，蔼如年丈大人正。陈宝琛。”钤印：朱文“闽海陈郎”。

王仁堪（1849—1893），字可庄，又字忍菴，号公定，清代福建闽县（今福州）人，光绪三年（1877）以一甲一名（状元）赐进士及第，名动京城，是福州历史上最后一个状元。

王仁堪出身于诗书传家的“西清王氏”。“西清王氏”是山西太原王氏的一个分支，祖上从事陶瓷业起家，因世代居住在江西清江，故称“西清王氏”；明代正德嘉靖时，由江西迁往福建。“西清王氏”从王仁堪祖父王庆云开始由商入仕，自此逐渐成为著名的官宦世家。王庆云官至两广总督、工部尚书，可以说他是“西清王氏”家族崛起的开创者。

王仁堪的父亲王传灿，是王庆云的次子。他在科举上没有太高成就，在其父荫庇下官至刑部主事，一生较为平淡。据说在得知王仁堪中状元时，王传灿高兴地说：“父尚书，子状元，足矣！”

王仁堪的后代中还有张之洞的幕僚、后为外交官的王继曾。王继曾的儿子就是我国著名的文物专家、学者王世襄。数百年来，“西清王氏”一门风雅，传统文化底蕴深厚，严谨的家风和开明包容的态度，助推了家学文化的传承和发展。

“西清王氏”的祖宅位于今天鼓楼区孝义巷，始建于清乾隆年间，因王庆云曾为工部尚书，旧谓“尚书第”，王仁堪高中榜首后，人们又称其为“状元府”。

福州最后一位状元

王仁堪颇有文名，然而中举之后，连续参加同治十年（1871）、同治十三年、光绪二年（1876）的会试，都遭受挫折。据说他并不因此颓丧，格外努力用功，甚至私刻一印曰“落第状元”，到第二年（1877）果然中了状元，一时传为佳话。屡试不第，大约也是他引霞岭邮舍对联以自况的缘故吧。

所谓霞岭，即仙霞岭。福建浦城至浙江江山的古道，途经廿八都、保安、峡口、石门、清湖诸地，是跨越仙霞山脉，沟通钱塘江和闽江水系的陆路连接线，也是历史上福建出省最重要的古道。邮舍，即古道上的驿站，又称邮驿、传舍。

状元及第后的王仁堪初为翰林修撰入直南书房，后来奉旨在上书房行走，行言官之责，直接进入封建王朝的统治核心，见证甚至参与了许多重大的历史事件。

王仁堪为晚清“清流派”一员，在内忧外患的大环境下，他与“清流派”成员反对懦弱求和，主张用武力捍卫国家的主权和领土完整。例如他怒斥崇厚擅自与俄国签订丧权辱国的《里瓦几亚条约》，要求“请斩崇厚以谢国人”；他奏请慈禧停建颐和园，直言此举不利于社会稳定。甲申中法马江海战（1884）中清军惨败，福建水师几乎全军覆没，闽籍京官潘炳年上书弹劾船政大臣张佩纶，这份奏章便是由王仁堪代笔的。这就难免触怒权贵，以至于官运蹇阻了。

王仁堪于光绪十六年（1890）外放出任江苏镇江府知府，上任没几天，便发生了丹阳教案。王仁堪化险为夷，和平解决了外事纠纷，又保全了当地人民。三年任满考绩时，王仁堪的政绩被定为江苏全省第一，奉调任苏州知府。

王仁堪素有痼疾，在棘手的镇江任上就已经积劳成疾，到苏州后病情加重，于光绪十九年十月病逝，年仅45岁。

纵观王仁堪的一生，他是一位德才兼备的文人士大夫，忧国忧民、忠君爱国，以实心行实政，《清史稿》将其列为晚清最后一位循吏，可谓当之无愧。

夫门生天子　弟天子门生

王仁堪慧眼识才，他多次外放学政，提拔了不少人才，后来的民国大总统徐世昌、维新领袖之一梁启超等为其门生。他交游广泛，当时的社会名流如帝师翁同龢，贵胄宗室盛昱，同光体诗人陈衍、沈曾植，同僚张謇、丁立钧、李慈铭、黄体芳、梁鼎芬、张之洞、陈宝琛等均与其有往来。他与这些人或为亲友同乡，或为姻亲，或为官场同僚，或为师生，交织成一个错综复杂的人际网络。

王仁堪的姐姐王眉寿20岁便嫁给了陈宝琛，后来她被赞为“夫门生天子，弟天子门生”，指的便是丈夫陈宝琛是宣统皇帝的老师，弟弟王仁堪为状元，则是天子门生。陈宝琛和王仁堪之间有这层姻亲关系，二人在庚辰年（1880）合作扇面也就不足为奇了。

同为“西清王氏”一员，王仁堪的姐姐王眉寿也是很值得一书。

陈宝琛对福建教育贡献良多，王眉寿夫唱妇随，也努力发展福建现代女子教育事业。王眉寿先是在陈宝琛的家乡螺洲创办绥和女子家政学校，后来与陈宝琛创建的螺洲两等小学堂合并，她亲任监督（相当于校长），开新式教育之先河；又在陈宝琛的支持下，于光绪三十一年（1905）在福州创办了乌石山女塾；第二年，在福州光禄坊玉尺山房创办女子师范传习所，招收女学生60余人。光绪三十三年（1907），王眉寿任闽省教育总会捐资创建的福建女子职业学堂监督，校舍设在她娘家所在的孝义巷内；又任设立于文儒坊的蚕桑女学堂监督。宣统元年（1909），女子师范传习所和女子职业学堂合并为福州女子初级师范学堂，主要为社会培养新式的女教师，王眉寿继续任监督。

王眉寿创办的福州女子师范学堂培养出的人才不胜枚举。辛亥革命后，冰心随父亲谢葆璋回到福州，于1912年报考福州女子初级师范学堂，以第一名的优异成绩被录取。虽然后来因迁往北京中断学业，但她一生都难以忘怀在福州女子师范读书的情景和慈祥庄重的王眉寿监督。

福建省文史专家卢美松介绍说，王眉寿对于福建的女子教育可谓功不可没，被称为“福建女学第一人”，政府颁赐褒奖匾额“闽峤女宗”，今天在“螺江陈氏宗祠”内仍能见到。

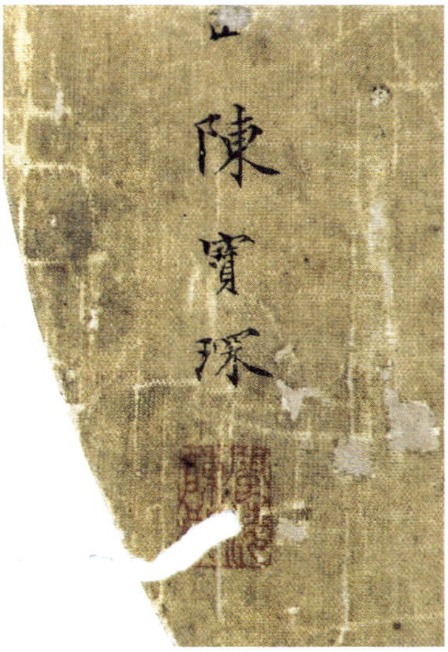

从题词见思致

一幅楷书纨扇面上的题字联结着福州两位名宦乡贤的仕历与思致。他俩有着姻亲关系，陈宝琛较王仁堪仅年长一岁，但仕历却大相悬隔。当时陈宝琛已是翰林院侍讲，出任过乡试正考官，王仁堪是名震天下的状元，此时正在翰林院修习。他们的墨宝同题在1880年赠送给那位名叫蔼如的“年丈大人”的扇面上，这似乎是与二人中的一人同年中进士的年长者。

当然，重要的是二人的扇面题词。以扇面左右论，古人文式竖写左行，右者为上，故先解读王仁堪的题词“过霞岭有廿都，见邮舍一联云‘一官已脱鼪鼯穴；九度空过虎豹关’”。时年32岁的王仁堪应在翰林院任上，故其题词引用旧联以自况，庆幸入仕为官，脱离平庸；回想自己曾多次经过仙霞岭，都无功而返，空过雄关，故借此以抒感慨。

陈宝琛题词也是引用古人词意：“昔陆贾奏汉祖云‘天下不可以马上治之’，故知经邦立政，在于典谟矣。”以年龄论，陈氏时年33岁，虽然只是年岁稍长，但官阶远在王仁堪之上，再从所引陆贾句可知，其志在“经邦立政”，旨在典谟经营。故从二人题词显见其身份与志趣上的层次差别。

陈的题词在王词之下，正可以补充提升王的思想境界，又体现其谦让与提携后进的态度。

卢美松（福建省文史研究馆原馆长）

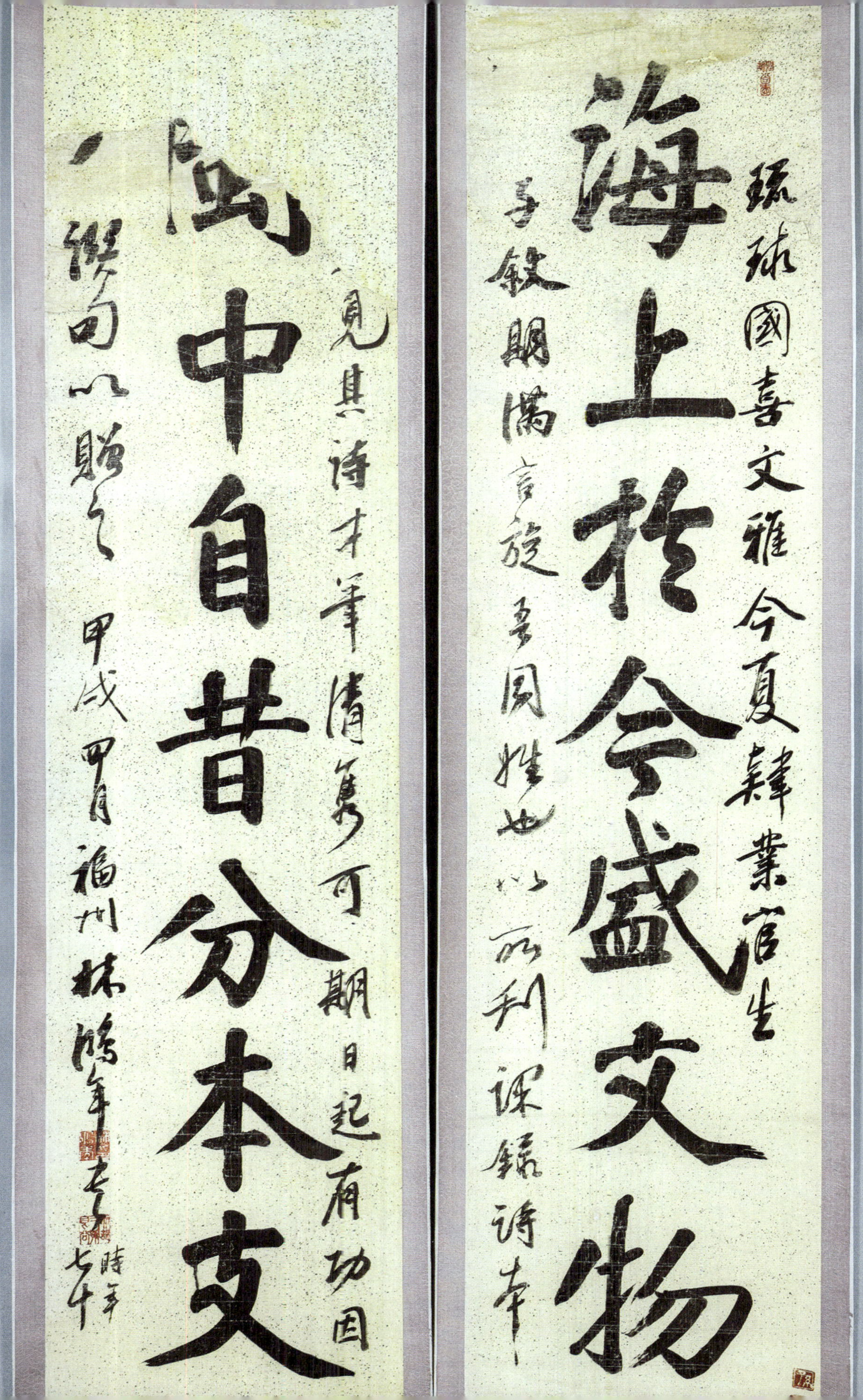
海上於今盛文物
風中自昔分本支
琉球國喜文雅今夏肆業官生
甲戌四月福州林鴻年

清林鸿年对联

清朝状元与琉球志士的忘年交

当林鸿年风光无限地踏上琉球王国的土地时，林世功的祖辈已随『闽人三十六姓』迁居至琉球400多年。当林鸿年于花甲之年被清廷革职，在家乡教书育人时，风华正茂的林世功意气风发地来到中国，成为琉球赴华留学的『公派生』。他们相识于福州东街的正谊书院，二人相差37岁，但结下了一段忘年交。林鸿年与林世功的故事，可以从这副对联说起。

清朝福建首位状元出使琉球

林鸿年（1805—1886），字孝荫，号勿邨，生于福建侯官（今福州）。清道光十六年（1836），林鸿年高中丙申恩科状元，也是清朝福建首位状元。林鸿年状元及第后，授职翰林院修撰。翌年，他被派为册封琉球正使。为何要派状元郎漂洋过海？这说来话长。

明洪武五年（1372）正月，明太祖遣杨载持诏谕示琉球国。同年12月，琉球国中山王察度遣其弟泰期奉表入贡，中琉两国之间正式建立宗藩关系。这之后，自明永乐二年（1404）武宁王受封始，至清同治五年（1866）尚泰王受封止，400余年间，中国共派遣册封使23次，其中明代册封15次，清代册封8次。

清道光十四年（1834），琉球国王尚灏去世。道光十六年八月初三，世子尚育上表道光皇帝请封王爵。翌年，道光皇帝任命林鸿年、高人鉴为册封琉球正副使，从京城出发，前往福州，从这里渡海前往琉球主持册封典礼。

清道光十八年（1838）五月初四，正使林鸿年、副使高人鉴、宣诏官陈九苞、护封参将陈显生及其他随从，分乘两艘封舟从闽江口的五虎门出发，五月初九抵达琉球，六月先行谕祭已故尚灏王，八月初三宣读册封尚育王诏书，并赐御书"弼服海隅"匾额，完成册封典礼。

值得一提的是，明清册封琉球使臣均在五品至七品之间，然而作为册封敕使是代表帝王赴远疆行谕祭、册封之礼，因此会被赐予一品服，"假以玉带、蟒衣极品服色，预于临海之处"，其位阶列于琉球国王之上。可想而知，状元出身的林鸿年以册封使臣出使途中顺道省亲，是何等的荣耀。

使团留驻琉球国期间，琉球国备办七次宴会盛情招待册封使，并馈赠酬金。林鸿年廉洁自守，婉言谢绝"宴金"，并禁止随从人员携货勒售。当他了解到琉球人民生活困苦时，还把从出使费用中省下来的二百四十万贯钱，悉数交予琉球国王加以赈恤。此举赢得琉球人极大好感，国王尚育更是上奏道光皇帝，表达他对天朝及天朝使臣体恤的感激。林鸿年还将自己的扬琴赠送给尚育王。至今在日本冲绳县名胜瑞泉旁，仍有林鸿年当年手书的"源远流长"石刻。

当年十月十九日，林鸿年等人回到福州。出发前在福州等待风讯期间，林鸿年与副使高人鉴等就捐款修葺万寿尚书庙（在今天上下杭三通桥旁）。从琉球回到福州后，为感谢行程中海神的庇护和皇帝的恩宠，林鸿年又为阳岐尚书祖庙撰写了一副对联"神风吹久米；荫曜跃维桑"，并奏请道光皇帝，御赐该庙主祀的南宋民族英雄陈文龙"护国佑民"匾额。陈文龙信仰也随着中琉之间的频繁交往传播到了琉球，今天在冲绳仍有相关遗存。

担任正谊书院首任山长

派遣册封琉球使是清代维系中琉宗藩体系的重要事件，也促进了中琉文化往来。清代共派遣册封琉球使八次，有三位正使一位副使是福建人，而其中三位正使都是福州人（齐鲲、林鸿年、赵新）。这充分体现了福州乃至福建在中琉关系史上不可替代的重要位置：除了最开始阶段，福州一直是琉球国对接朝贡事务的唯一指定口岸。

出使回国后，林鸿年历任广东琼州府知府，云南临安府知府，云南按察使、布政使、巡抚。后因剿灭西南太平军余部不力被革职。同治五年（1866），回乡后的林鸿年受聘为由闽浙总督左宗棠创立的正谊书局演变而来的正谊书院首任山长。

正谊书院的“正谊”取于汉朝大儒董仲舒的“正其谊不谋其利，明其道不计其功”之意。如今的正谊书院旧址（在福建省少儿图书馆西侧）还有林鸿年所撰并书写的对联“客皆当代要津到此地只谈风月；我本昔年都讲愿诸生共筑云雷”。林鸿年在正谊书院当山长十九年间，注重基础学问，培养了大批人才，如叶大焯、陈宝琛、陈衍、林纾等。

琉球册封使与琉球官生的忘年交

正谊书院当时还收有琉球留学生，著名的琉球爱国志士林世功就是其中之一。明清两代，琉球曾派遣多批留学生来华学习，自费来闽学习的琉球留学生称“勤学生”；官方派遣，到北京国子监“入监肄业”，费用由中国政府承担的留学生，称为“官生”。林世功是琉球赴华留学历史上最后一批官生。

林世功（1842—1880），琉球久米村人，字子叙，号春傍。林世功的祖上为福州府闽县（今福州）林浦人，明朝洪武年间作为“闽人三十六姓”迁往琉球。1865年，林世功通过了极其严格的赴华留学官生考试，被派往北京的国子监读书。

林世功是官生，要到国子监读书，为什么会和福州的正谊书院产生关联？按当时的规定，琉球的使臣来朝，必须从福州入关，向北京发送请求上京的公文，等圣旨下来才能动身，因而在福州耽搁半年以上是很正常的。对中华文化慕名而来的官生在福州滞留这么长时间，进入正谊书院读读书也就不足为奇了。从林世功存世的诗词可知，他在福州待过较长时间，在这里结交了不少师长和朋友，对福州怀有深厚的感情。

彼时的正谊书院山长林鸿年与琉球官生林世功就这样相遇了。不知状元出身的前琉球册封使与祖籍福州的琉球官生在福州的正谊书院里见面时会是怎样的场景？二十岁出头的林世功是否对这位清朝状元早有耳闻或仰慕已久，也许几名琉球官生入读正谊书院正是这位前琉球册封使促成的？虽然今天我们无法从史料中还原那段因缘际会，但是甲戌年（1874）四月，林鸿年赠予林世功的这副珍贵的对联，为我们了解二人的交往和这段中琉往事提供了珍贵的实物依据。

今天收藏在福州市博物馆的这副对联上书：“海上于今盛文物；闽中自昔分本支”，对联两侧还注有“琉球国喜文雅，今夏肄业官生子叙期满言旋，吾同姓也，以所刊课录诗本，足见其诗才笔清隽，可期日起有功，因撰句以赠之”。落款为“甲戌四月福州林鸿年书，时年七十”。

1874年，即将学成归国的林世功将诗集《琉球诗录》赠送曾经的师长林鸿年。林鸿年对这位学有所成且在汉诗方面颇有造诣的学生感到欣慰自豪，写下对联给这位同姓小友留念。

后来发生在林世功身上的故事，是一段悲壮的、如诉如泣的救亡图存史。琉球被日本吞并之际，林世功受命以陈情通事身份，随琉球国王尚泰的特使向德宏前来中国，向清政府请愿求助，但结果并不如人意。光绪六年（1880），他以身殉国，为琉球的历史终结画上了重重一笔。

林世功取义成仁之际，林鸿年还健在，他想必也知道了这个消息，不知是怎样的心情。光绪十一年十二月（1886），林鸿年病故。光绪二十八年（1902），凤池、正谊两家书院合并，成立了福州第一所新型公立学堂——“全闽大学堂”，也就是福州一中的前身。

史料珍稀　书风遒劲

自明嘉靖十三年（1534）陈侃出使琉球，编撰了传世第一部《使琉球录》之后，明清历次册封琉球使例有纂修“使录”类著述，其所载均是作者亲身经历和耳闻目睹之事。遗憾的是，仅道光十八年（1838）林鸿年出使琉球没有留存册封“使录”类的著述。因此，林鸿年的零星涉琉诗文对于了解此次册封活动与中琉之间的文化交流，具有重要的文献史料价值。

林鸿年自幼工诗善书，是明清时期在琉球国留下最多诗文题刻的册封使。收藏于福州市博物馆的林鸿年对联，是目前国内仅见的林鸿年涉琉墨宝，记录了林鸿年与琉球爱国志士林世功之间的族亲关系与诗文赠答，吉光片羽，弥足珍贵。清赏该联，挥笔取势右上，偃锋能正；书风遒劲姿逸，恢宏如椽；章法雄强豪迈，笔止而势不穷；雍容典雅，书尽而意未休。林鸿年的状元诗文修养与台阁体风在此幅墨宝中淋漓尽致，有目共睹。

方宝川（福建师范大学闽台区域研究中心特聘教授、国务院政府特殊津贴专家）

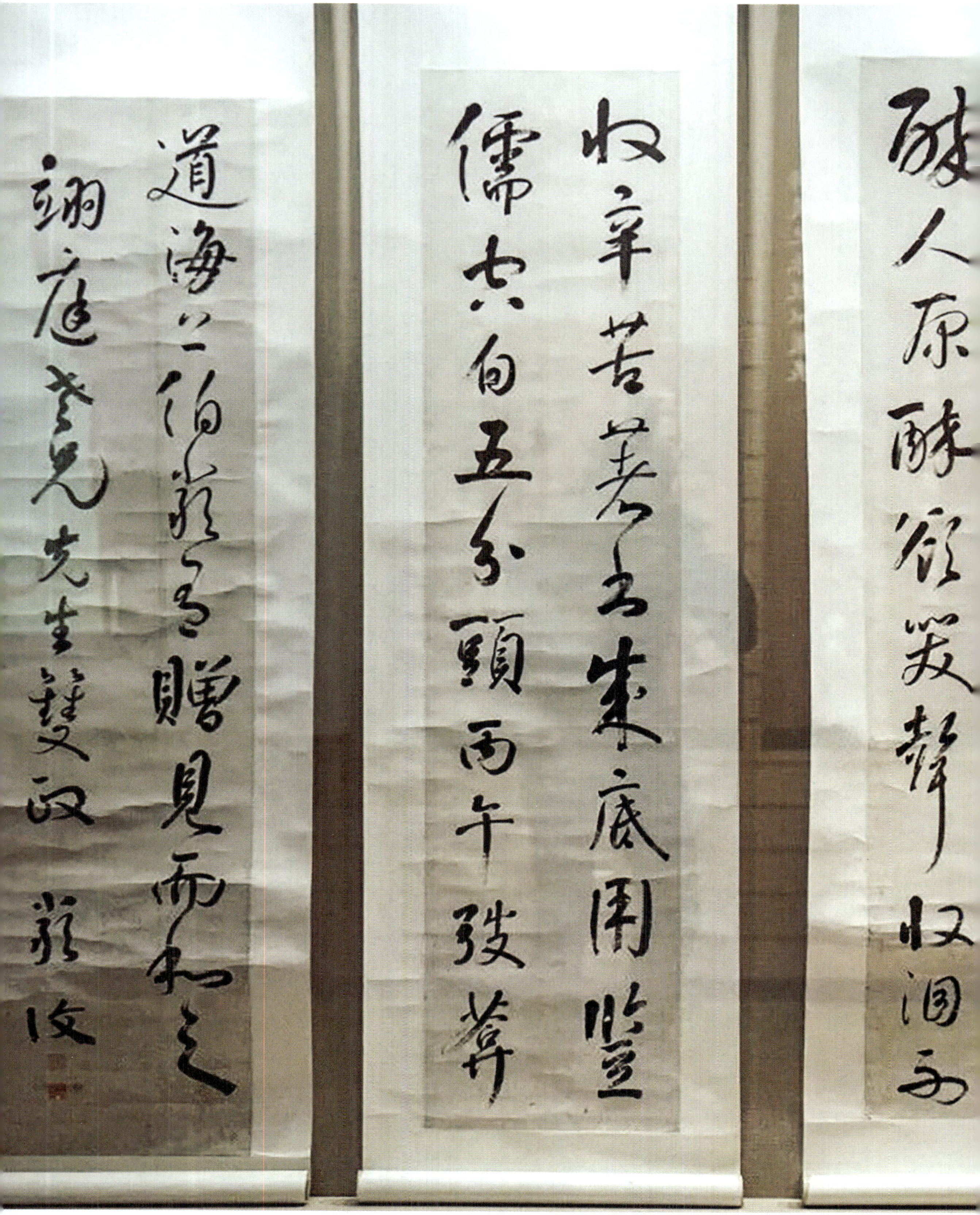

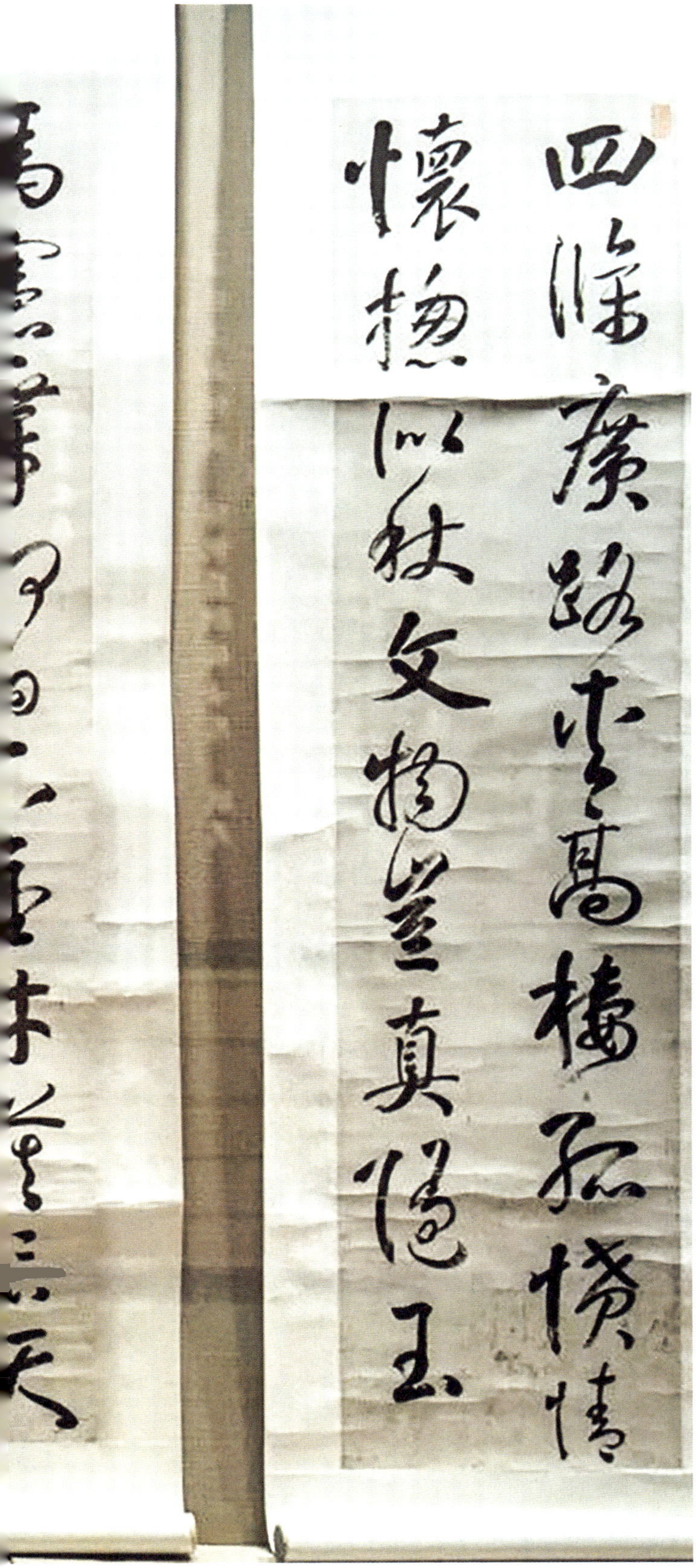

严复行书四条屏

严复，被埋没了的书法家

『为启蒙思想家的巨大声名所淹没，人们尚少注意到他作为诗人和书法家的卓越成就。』这是卢美松在其主编的《严复墨迹》前言中的评价。20世纪六七十年代，福州市文管会从严氏族亲中相继征集到一批严复的诗稿、条屏、对联等文物，这些墨迹让大家重新认识了作为书法家与诗人的严复。

辛苦著书成底用
竖儒空白五分头

严复行书四条屏，纸质，每幅纵高136.5厘米，横宽32.8厘米，行书直计二行，字径4厘米至6厘米不等。

文曰："四條（条）广路夹高楼，孤愤情怀总似秋。文物岂真随玉马，宪章何日下金牛。莫言天醉人原醉，欲哭声收泪不收。辛苦著书成底用，竖儒空白五分头。丙午弢庵道海上，伯严有赠，见而和之。"上款"翊庭老兄先生双政"，下款署"严复"。钤印二：白文"严复"，白文"尺盫长寿"。引首长方形白文章一："鬼神守护烦撝（捴）呵。"

四条屏中的诗为严复创作的《赠英华》，收录于严复长子严璩所编的严复诗集《瘉壄堂诗集补遗》中。四条屏的故事发生在光绪三十二年（1906），"翊庭"为吴曾祺的字。他与严复同为福建侯官（今福州）人，此时正在上海商务印书馆编译所任职。严复当时也在上海，他将应知交之请先后八次在上海青年会演讲政治学的稿本，以《政治讲义》为题，自序刊行，交由上海商务印书馆出版，故二人交往甚密。严复在书稿出版之际，因良师益友弢庵（陈宝琛，号弢庵）抵沪，伯严（陈三立，字伯严）有诗相赠，见而和之，书屏赠送给吴曾祺。

"文物岂真随玉马，宪章何日下金牛"中，前半句的"文物"泛指文化，"玉马"指的是东汉时高僧从国外驮回佛经、佛像，因此建了洛阳白马寺。后半句中的"金牛"则源自《圣经》中的"金牛犊"故事，象征着基督教创立之初面临着与各民族原始偶像崇拜的冲突。这一句字里行间都表达了严复引进西学却频频碰壁的愤懑之情，感叹于"物竞天择"的思想于事无补。"辛苦著书成底用，竖儒空白五分头"这一句也是严复的真情流露，充分体现了他对著书立说艰辛的体会和感慨。为了自己追求的理想，即使泪流满面、头发半白，仍笔耕不辍，反复钻研，不言放弃。这句话也常常被后世读书人引用，成为名句。

严复与陈宝琛
相知相交逾40年

严复与陈宝琛相交长达40余年。陈宝琛是清末官场上"清流派"的代表，也是末代帝师，尽管与严复出身、仕途经历迥异，却能相知相交。留学英国时严复

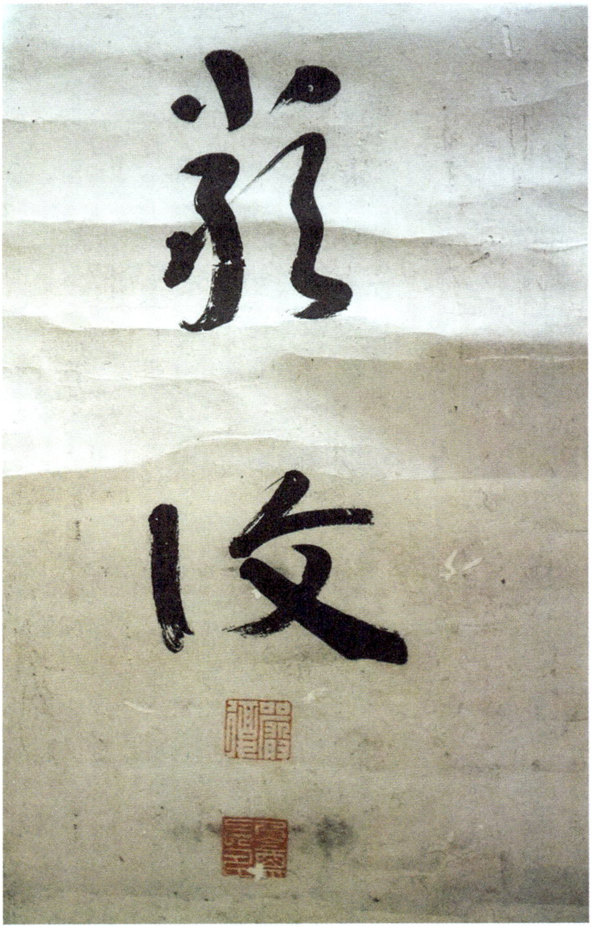

目睹了工业革命之后强盛的英国，回国之后看到清王朝的羸弱更是有心探寻中国的自强复兴之路，而这一点正与陈宝琛相契合。

严复从船政学堂调至北洋水师学堂担任总教习正是陈宝琛向李鸿章推荐的。在此后的数十年间，二者的友谊不仅源于翰墨缘、近乡情（严复是侯官阳岐人，陈宝琛是闽县螺洲人，但两处都在仓山岛上，相去不远），陈宝琛之于严复是清流、益友，而严复之于陈宝琛则是忧国之才、奋进之人。

从两人的年谱可知，他们多有书信往来，聊教育谈国事论时局。1904年，陈宝琛倡议敷设福建铁路，1906年得准成立官商合办的“福建铁路公司”，出任“总理全闽路政”之职。为此他多方奔走，曾于1905年、1906年两次抵沪，与严复多次相会，促膝谈心，以诗相赠，次韵作答，这从陈宝琛《沪上逢几道有诗酬之》里“海上连宵重说诗”中可见一斑。

与严复行书四条屏一样，收藏在福州市博物馆的严复三首《喜弢庵至》诗稿，为1906年严复为陈宝琛在籍闲居二十余年后出任“总理全闽路政”之职抵沪时所作。通过诗稿我们可以看出严复对陈宝琛十分敬重，“尽黜才华见真情，总来辛苦为黎元”道出了严复对陈宝琛才华与人品的肯定。

1921年10月27日，严复病逝，陈宝琛十分悲恸，撰写了一篇情深谊长的《严君几道墓志铭》，悼念亡友，追忆昔日交往，“予交君逾四十年，比岁京居，尤密洽”，并给予极高评价，“六十年来治西学者无其匹也”。

被“看世界”“耽误”了的书法家

严复出生在一个中医家庭，接受传统的儒家教育，自幼聪慧，先后师从叔父严厚甫、宿儒黄宗彝，积累了深厚的国学素养。严复的一生正处在中国近代重要的转型阶段，中西学的结合、边缘化的政治身份，在一定程度上造就了他在书法上的艺术表现力和思想性。

严复坚守帖学，十分推崇“二王”、颜真卿和苏东坡。书法作品以行草居多，笔端游刃有余，笔墨丰沛，透露出其“绎新籀古”“推陈出新”的旨趣与思想境界，这也与他面临着一个积贫积弱的国家，倡导变法维新思想有着深层的逻辑关系。在当时风云诡谲、变幻莫测的历史情境下，严复书法的这种风韵态度，使人想见其人的磊磊风骨，而对之神往不已。

严复在《天演论》译例言中写道：“译事三难：信、达、雅。”今天我们通过严复留下的翻译经典、诗歌论著、书法作品不难看出，这三个字也是他终其一生的艺术追求。严复给这个世界留下了太多的精神遗产，他的书法、他的著述、他的人生，值得我们品味与思索。

□专家品宝

极具功力的“学者之书”

严复是中国近代卓越的启蒙思想家，也是杰出的教育家、翻译家、诗人。他不以书法名世，但他的书法作品却极具功力，个性毕现，光彩夺目，足以为艺林增色。世人敬重其道德文章，因而也珍视其书法。严复的书法是学者之书，观赏此行书四条屏，可见其恂恂儒雅的书卷气，富于强烈的理性色彩。博采众长，兼涉百家，形成了他刚柔相济、遒健俊爽的个人风格。严复少年时代曾习馆阁体，打下了欧体楷书深厚的基本功，极大地左右了他日后个人书风的形成。他的行草书主要取法于二王、颜真卿及苏东坡，于《兰亭集序》《怀仁集圣教序》《苏东坡寒食帖》等心追手摹，孜孜矻矻，晚年仍临习不辍。为了避免学“二王”不善“流入轻隽，则近俗”，他有意识地融入了章草的笔法，点划肥重尤似颜鲁公与苏东坡，沉着朴茂。观其作品，可以感受到一种学者纯粹的理性与文雅脱俗的情趣。

卢为峰（福建省民间文艺家协会副主席）

徐悲鸿《伯乐相马图》

徐悲鸿的闽都缘分

福州市博物馆珍藏着一件国宝级文物，它便是徐悲鸿的《伯乐相马图》。这件作品在徐悲鸿卷帙浩瀚的奔马图作品中不一定是最杰出的代表作，但却是一件情意深长的画作。它见证了徐悲鸿与福州籍著名书画家、篆刻家陈子奋之间的深厚友情。

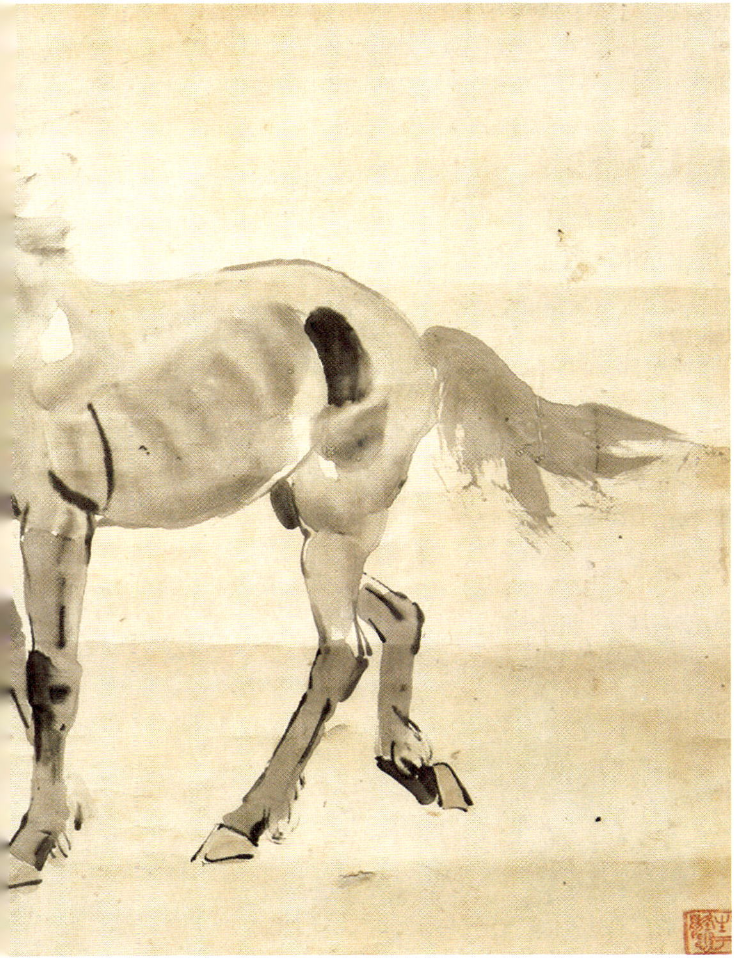

《伯乐相马图》讲述徐悲鸿与陈子奋的故事

1928年夏天，徐悲鸿来到福州为福建省第一届美术展览会开幕剪彩。展览中一幅圆转流美的白描作品令徐悲鸿激赏，在向工作人员打听了作者陈子奋的姓名住址后，他迫不及待地登门拜访。

在乌石山下的宿月草堂内，徐悲鸿见到了当时不到30岁的陈子奋，两人一见如故，促膝谈艺。据陈子奋的入室弟子、著名画家陈清狂回忆："在我老师家，徐先生不大懂福州话，陈子奋也听不清楚徐先生的苏北普通话，两人一边说一边在纸片上写写画画，笔谈甚欢。"对话之中，徐悲鸿拿出画笔，当即为陈子奋作了一幅人物肖像素描，而陈子奋也连夜为徐悲鸿刻印三枚作为回礼。两人颇有相见恨晚之感，遂成为无话不谈的知交。

徐悲鸿在福州度过了两个月的时光。其间，他到过曾沐浴欧西之风的近代大港马尾、古松浩荡布满摩崖石刻的鼓山、幽深的三坊七巷，创作灵感大发，于是动物画《群鸡图》，彩墨画《闽郊牧马》《红梅》《春松》，素描《抱着猫儿的女孩》《伯阳生七月半》等一批记录了他在福州期间生活的作品泼洒而出。当年9月12日返回南京前，徐悲鸿在酝酿多日后，以他冠绝天下的画马技艺，一气呵成《伯乐相马图》送给陈子奋，表达对陈子奋才华的认可、欣赏，也纪念两人的交情。

这幅设色《伯乐相马图》横披，纵69厘米，横138厘米，画面中有伯乐、马夫二人及骏马一匹。骏马居画幅右侧，三蹄着地，右后蹄略离地，抬头而立，透着点顽皮和桀骜不驯。伯乐是一名老者，身形修长，束发冠笄，穿白长袍着红履，背双手，凝视骏马。马夫叉手立于老者身后，矮壮，包白头巾，穿褐短袖衣、白色短裤，赤脚。徐悲鸿以中国书法的笔意勾勒出马首的造型，以西方素描的结构方式，描绘出马的躯干，又不失中国画的神韵。人物表情细致入微，千里马动感十足。显然，伯乐与千里马皆有所指。

画纸左侧题跋，行书六行，内容为："戊辰夏尽，薄游福州，乃识陈先生意芗，年未三十，已以篆刊名其家。为余治'游于艺''长顣颔亦何伤''天下为公'诸章，雄奇遒劲，捥（腕）力横绝。盱衡此世，罕得其匹也。画宗老莲、伯年，渐欲入宋人之室，旷望远志，品洁学醇，实生平畏友。吾国果文艺复兴，讵不如意芗者期之哉。兹将远别，怅然不释，聊奉此图，愿毋相忘。悲鸿画竟并志。”下钤白文“徐悲鸿印”，朱文“困而知之”，右下方朱文“生于忧患”。

徐悲鸿满载寿山石章而归，兴冲冲地请好友谢公展鉴赏，并写信再次向陈子奋致谢：“忆此行足纪者，为获一良友，及所刻印十余方。昨示谢君公展，相与叹赏者久之。高艺动人，此世知音者度不少也。足下当益奋发努力于不朽之业。”自此两人书信不绝，遂成莫逆之交。徐悲鸿鼓励陈子奋专攻双钩写生，摹闽中所产花鸟，同时赞扬陈子奋的篆刻刀法“雄浑无过陈子奋者”。

在以后两人交往的22年中，据传陈子奋为徐悲鸿刻印80多方，徐悲鸿复信24通。徐悲鸿常托陈子奋采购田黄、艾绿等寿山石品。据说，徐悲鸿一生用印大多用寿山石，除“江南布衣”“吞吐大荒”为齐白石所刻外，其余皆为陈子奋所刻。

1953年，徐悲鸿辞世，遗孀廖静文专门写信向陈子奋报丧，还提到在徐悲鸿去世前3天，他主持的全国国画展览会入选了陈子奋的一件作品。得此噩耗，陈子奋痛失知己，每每想起总是无限感伤。

20世纪60年代初，陈子奋将徐悲鸿赠送的这幅《伯乐相马图》捐赠给福州市博物馆收藏。世人可透过这幅《伯乐相马图》，见证两位艺术大师真挚的友情。

受邀赴榕创作《蔡公时被难图》

2012年9月26日至11月26日，“徐悲鸿绘画精品展”在福建博物院展出。展览从北京徐悲鸿纪念馆引进了80幅徐悲鸿先生绘画精品，吸引了众多美术爱好者前来参观。

在展览前的媒体记者会上，徐悲鸿的夫人廖静文说的第一句话就是：“到福州举办画展是我几十年来的愿望，因为上世纪20年代悲鸿就和福州有缘。”

《田横五百士》《愚公移山》《奔马》《巴人汲水》……徐悲鸿的代表作悉数亮相，而一张32cm×48cm的素描草稿夹在其中，显得尤为特别。这是一幅和福州息息相关的徐悲鸿画作——《蔡公时被难图》的素描草稿。

原来，与陈子奋结识的1928年，徐悲鸿来福州的真正目的，是受黄孟圭之托创作《蔡公时被难图》。1928年，日本军队制造了济南“五三惨案”，屠杀中国军民近万人，举世震惊。当时担任战地政务委员会外交处主任的蔡公时受命前往谈判交涉，却被日寇极其残忍地杀害，这激起了民众极大的愤慨。时任福建省教育厅厅长的黄孟圭想以此题材创作一幅作品，用以激励学子、警示后人，而有着融汇中西的绘画技法和成熟艺术主张的老朋友徐悲鸿正是最佳人选。

黄孟圭与徐悲鸿的渊源也值得一书。黄孟圭（1885—1965），祖籍福建南安，生于福州市台江区田垱状元埕（今中平路），是黄培松的侄儿。他自幼聪慧，就学于苍霞精舍，受业于林纾，后赴美入哥伦比亚大学学习，获教育学硕士。回国前，黄孟圭到法国考察教育，在巴黎与在那里留学的徐悲鸿相识，从此结下终生不渝的友谊。当时徐悲鸿因国内政局纷乱、官费停发而生活困顿。黄孟圭不仅慷慨解囊相助，还介绍徐悲鸿到新加坡去找自己的弟弟黄曼士，为当地华侨作画，这极大地改善了徐悲鸿的经济状况。是以徐悲鸿引黄氏昆仲为平生第一知己，终其一生，他都尊黄孟圭为大哥、黄曼士为二哥。

当时，徐悲鸿来到福州后就住在教育厅官邸，背靠乌石山的一座两层小洋楼里。创作《蔡公时被难图》时，徐悲鸿非常认真，先以教育厅职员杨浔宝为形体模特，进行素描打稿，最终完成了这幅油画。据徐悲鸿之子徐庆平回忆，“画作约高六尺，宽一丈”。

《蔡公时被难图》完成后挂在福州西湖开化屿紫薇厅展出，轰动一时。据记载，画面中代表南京国民政府的蔡公时身穿黄绿色的中山装，立于明式圆桌后与日本侵略者严正交涉，满面刚毅，一副凛然不可侵犯状。可惜的是，此后因局势混乱，《蔡公时被难图》下落不明。但《蔡公时被难图》的素描草稿仍在，它同样见证了徐悲鸿与福州的深厚渊源，也留下弱国无外交的悲情一幕。

值得一提的是，完成于1930年的大型历史题材布面油画、徐悲鸿的代表作《田横五百士》与《蔡公时被难图》创作于同一个历史背景下。

济南“五三惨案”发生之后，徐悲鸿按捺不住心中的悲愤，开始创作巨幅油画《田横五百士》。这是他留法归国后第一次用西洋油画技法表现中国历史题材，画中描绘的故事取材于《史记》。田横是齐国的后裔，汉高祖一统天下后，派人前来招降，田横让人取自己的头颅去见汉高祖。这样既免去受降的屈辱，又保全了五百名士兵的性命。这幅油画描绘的正是田横与五百壮士诀别的场景。徐悲鸿意在通过田横故事歌颂“威武不能屈”的精神。

据说《田横五百士》的创作始于1928年，很有可能当年来到福州时，徐悲鸿就已经开始构思创作《田横五百士》了。而在福州创作《蔡公时被难图》，也许就是酝酿出徐悲鸿代表作《田横五百士》的前章。

□专家品宝

徐悲鸿中西合璧美学理念的表现

这幅《伯乐相马图》是徐悲鸿画给陈子奋的，体现了徐悲鸿绘画一以贯之的严谨造型和深谙传统笔墨的功夫，是徐悲鸿中西合璧美学理念的表现。其绘画既体现了他所受的西方绘画影响，又保留了中国画飞扬灵动的传统特点，力透纸背。画中的伯乐独具慧眼，而千里马虽然清瘦但全身都散发着一种力量之美。

张永海（福建省美术家协会副主席，福建省画院原院长）

春光日月遍人間
陳子奮寫於福州

陈子奋《春光月月遍人间》
『白描祭酒』世无双

福州是一座钟灵毓秀的城市，画坛曾涌现不少名家大师，陈子奋便是其中的一位。他出生于福州长乐，致力于绘画书法篆刻六十余年，诗书画印堪称『四绝』，花鸟、山水、人物兼擅，白描独成一格，人称『白描祭酒』，举世无双。

1959年，为庆祝新中国成立10周年，陈子奋在福州西湖宛在堂用四尺宣纸创作了一幅《春光月月遍人间》，这也成为他的绘画代表作之一，是国家三级文物。如今这幅画收藏在福州市博物馆。

双钩白描代表作《春光月月遍人间》

《春光月月遍人间》为白描设色中堂，画心高132厘米，宽53厘米。画中月季花盛开，花间的八哥在高声地歌唱，一股春天的气息扑面而来，整幅画格调清新活泼，情趣盎然，反映了一种蓬勃向上的时代精神。1959年，福州市文化局在福州西湖宛在堂成立“陈子奋国画室”。这一时期的陈子奋创作热情空前高涨，完成了不少佳作，而这幅画正是在这种背景下应运而生的，受到画界赞赏和推崇。

画中以双钩法画月季花，盛开的月季花布满画面的中部，气韵连贯，滋润轻灵，呈现出生机勃勃的美感，勾勒后的线条设色古雅。花秆带刺，甚为粗大，直冲而上，突出其刚劲。画面右上方以写意法画一八哥鸟，由花秆穿行而飞，形象生动，如闻其声，显示出作者善于观察、捕捉瞬间的能力。左上款署“春光月月遍人间，陈子奋写于福州”，旁钤印朱文“陈子”、白文“奋”。

陈子奋充分运用工写对照，在大面积的白描月季中恰到好处地加入几笔写意八哥，将两种看似矛盾的手法结合得天衣无缝。我国著名国画家、美术教育家俞剑华对陈子奋的白描艺术作出极高的评价：他的线条既不是顾恺之式的，也不是李龙眠式的，而是含顾恺之、李龙眠的精华而独树一格，成其所谓陈子奋的白描，流利的地方如行云流水，顿挫的地方如屋漏痕。

1959年至1960年，已是花甲之年的陈子奋迎来了绘画高产期，他用1年半的时间精心创作了140多幅花卉题材绘画，辑成《陈子奋白描花卉册》，由上海人民美术出版社出版。这本合集，国内外学习国画双钩者莫不奉为圭臬，陈子奋也因此被誉为“白描祭酒”而闻名于世。

父亲与徐悲鸿，两个影响他一生的人

在书画界被称为“祭酒”者必是首席无误，陈子奋的这一地位至今无人能超越。说到陈子奋的白描，就不得不提到两个对他一生产生重要影响的人。

陈子奋的父亲是个教书的秀才，擅诗词古文、书画篆刻。因为父亲坚持“先读书，而后学画”，总不肯让他画画，所以陈子奋只能靠自己用心偷偷地学。他经常到街头看民间画师画画，有时是在裱画店，有时是在神像店，一待就是半天。画肖像的、画壁画的，甚至是画漆器的，他全都为之着迷，并潜心追摹。他曾自嘲：“光来东壁，自笑常偷；书盈一楼，何妨皆借。”

13岁时，父亲终于承认了陈子奋的绘画才能，拿出家藏《陈老莲博古叶子》《任伯年六法大观》等画谱让他临摹，并开始教他作诗填词，因为“画的技艺需要笔墨，所以必须学习书法。画的意境需要诗文增进其情趣，所以要有文学修养”。父亲的话深深地影响着陈子奋，在六十余年的艺术生涯中，绘画、书法、诗文、篆刻，他都潜心钻研。而通过对陈老莲和任伯年作品的反复临摹，他对这一画派的研究也不断深入。陈子奋的白描勾勒吸取两家之长而上追唐宋，并创新发展，形成自家特色。

陈子奋19岁时父亲病逝，他与老母幼弟相依为命，靠鬻书画、刻印维持生

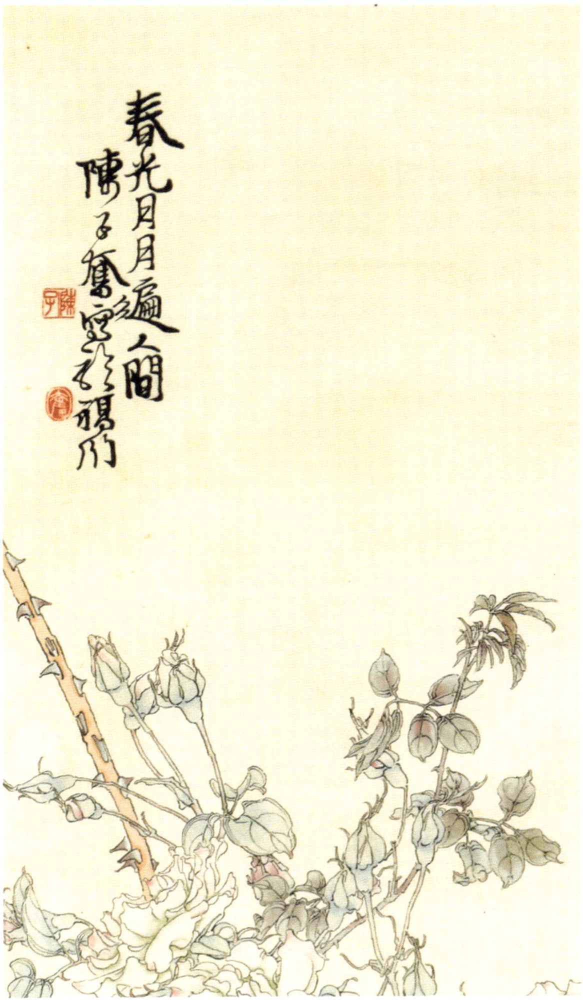

计；年方弱冠，其艺名已誉满榕城远近。著名诗人陈衍为他作润例引言时写道：“陈意芗子奋精金石之学，擅丹青，尤工治印，画则人物、山水、花鸟皆迫近老莲，篆刻则融冶皖、浙二派于一炉，而追摹秦汉，瘁心力以赴之，故其笔力苍劲深厚。”

1928年，应邀造访福州的徐悲鸿与陈子奋相识，二者遂成为知交，二十二年间书信往来不断，而这也成了陈子奋艺术生涯的一大转机。

二十二年里的二十四通信札，内容涉及徐悲鸿与陈子奋之间对中国画师古和创新的认识，也有中国画创新的方法和心得。其中，徐悲鸿曾说道：“足下此时可专攻写生，摹闽中所产花鸟，务极精确，几欲令其可作标本用然者数十幅，须简而洁。”“昨奉二函乃接孟圭先生转到大作三纸，或曼妙，或苍古，均不可多得之作，弟尤爱白描。大树下佛幅，章法似嫌寻常，白头鸟神韵俱佳。感谢！福州榕树盘根错节，树树入画，盍取法之，写树以淡墨先皴树身，再乘湿施钩勒，则树必其古……”“双钩为中国画本原，足下可谓知所急务。惟双钩必须，对实物摹写。约之以体，庶不空泛，否则仍无所得也。”在徐悲鸿的这三段话中，可以看出他认为中国画以线为基础，创作以写生为基础的看法。他鼓励陈子奋专攻双钩写生，摹闽中所产花鸟，并和陈子奋分享他在中国画创新方面的想法。陈子奋一直尊重徐悲鸿的意见，在白描写生上下了极大功夫，达到了令人瞩目的艺术成就。

不可多得的多栖艺术家

陈子奋绘画的一大特色是以金石入画，他将这一创作手法融入了白描绘画艺术之中。而陈子奋的篆刻成就亦不亚于绘画，徐悲鸿曾以“当代印人，雄浑则无过于兄者”评价他的篆刻。据陈子奋的入室弟子陈清狂回忆，陈子奋的嗜好是画画，不便画画就刻印，不便刻印就写诗，总要找一件事做，是名副其实的“子奋”。他不仅擅绘画，还精书法、篆刻、诗文，于诗词创作、艺术史论、古文字学，乃至文博领域，均有专著传世，是近现代不可多得的“多栖”艺术家。

20世纪30年代以后，陈子奋的画、篆、书趋于成熟，形成自己的独特风格，其作品被送到国外展览，同时流传到日本及东南亚诸国。

抗日战争时期陈子奋出于爱国热忱曾多次作画参加筹赈展览，支援抗战。新中国成立后，人民生活安定，艺术园地欣欣向荣，陈子奋用白描技法创作长卷《百花齐放图》参加全国美展，徐悲鸿赞此画“极为精妙”，后被国家美术馆珍藏。

1959年，陈子奋画的五合屏《万寿无疆图》被制成雕漆屏风画，陈列在北京人民大会堂福建厅内，毛主席和周总理生前经常在此屏风前与外宾合影留念。陈子奋所画的题材贴近生活，他曾说过“智慧与心皆许国，中书虽老尚斑斓”，表达了他对祖国、对人民的热爱。

陈子奋一生以卖画刻印为生，但是遇到穷苦的劳动人民向他求画时却慷慨相赠，分文不取。“丹青不是换钱物，笔笔都应系性天。怪底看逾头目重，忍饥宁愿立花前。”从中可见陈子奋作画的观点和处事的态度。他一生创作了大量的优秀作品，丰富了中国的艺术宝库。

□专家品宝

精湛艺术造诣的充分体现

《春光月月遍人间》是陈子奋的代表性绘画精品，用他擅长的白描加以淡彩的艺术语言，充分体现了精湛的艺术造诣。

陈子奋的白描在中国美术史上占有重要的地位，他的《陈子奋白描花卉册》是福建白描史上的经典画谱，也充分体现了福建白描所达到的高度。

这幅《春光月月遍人间》是陈子奋对于白描的思考、追求和综合素养的集中体现。他的线条用笔，展现了深厚的书法、篆刻功底，体现了对“书画同源”“以书入画”的深刻理解。非常自由的运笔是他绘画中诗情意境、审美境界的体现，和对大自然独特又深入的观察。他用画笔把春的生机、美感表现得淋漓尽致，让人感受到生命的无限张力。同时，我们也看到，福州的地域文化也对陈子奋的创作产生了深刻的影响。他的绘画儒雅恬淡，不仅受到了传统文化的滋养，又有很强的开放性、包容性，最终形成了陈子奋独具一格的画风。

王来文（中国美术家协会副主席、福建省美术家协会主席）

青釉三足砚
Celadon Inkslab with Three Feet
唐代
Tang Dynasty
青釉五
Celadon Inkslab

唐代、清代砚台

古砚里的文化意趣

自古以来，砚为『文房四宝』之首，乃历代文人学子的亲密伙伴。福州市博物馆珍藏着多方值得仔细观赏的砚台。

唐代青釉三足砚、青釉五足砚和凤形陶砚

一部丰富多彩的中国砚史

“砚台就像是一个无言的证人，见证的是学子的寒窗之苦、文人的孤独寂寞。也正是因此，砚才寄寓了许多文人高士的才华与品性。”福建省艺术研究院副院长傅翔介绍说，“砚，集书法、绘画、雕刻诸艺术为一体，以其特有的色调和造型，浑然天成的巧琢，庄重、风雅的气度，成为文房四宝之首。文人学子在案头陈放一砚，在书写作画时一边慢慢地研磨，细品墨行于砚上的乐趣，一面细细玩味毛笔舔于砚面的滑润，似乎可以得到无限的创作灵感。历代佳砚以其不同的形式、不同的质地、不同的种类和丰富的文化内涵，构成了一部丰富多彩的中国砚史。”

砚的起源甚早。在距今五六千年前的新石器时代后期出现了彩陶文化，而给陶器上色要用到可研磨颜料的研磨器，那便是后世砚台的雏形了。所以砚在汉代以前被称作“研”。秦汉时砚台开始有了定式，材质以石、陶制居多，逐渐演化出三足，并进一步发展出造型规则、砚面平整的砚形。魏晋南北朝，瓷业渐兴，瓷砚大量出现。此时多为青瓷砚，以瓷土为胎，施青釉，砚堂无釉，造型上有圆形三足、方形四足等。砚面的四周出现了高起的“护堤”并开设水槽，砚心最初多为平坦，后来渐渐发展为向上凸起，这便是后来唐代辟雍砚的形式。辟雍砚通常圆形多足，且足部突出、纹饰精美。这种造型与当时人们席地而坐的生活习惯有关。砚面较高，磨墨时就不用过于躬身。

隋唐时期，经济文化繁荣，书法艺术飞速发展，文房用具也应运而兴。唐代时各地出现了不少独具特色的石质砚材，于是有了山东青州的红丝砚、广东端州的端砚、安徽歙州的歙砚等。这些优质砚材自唐代问世起，历经千年而不衰，至今仍为人们所喜爱。而山西绛州的澄泥砚也始创于唐代，经文人品评，与端砚、歙砚、红丝砚组成了我国最早的“四大名砚”。制砚也呈专门化趋势，促进了砚台的飞跃发展。

宋代，有关砚石的质地、砚的形制、制砚工艺等的专门著作纷纷问世，如米芾的《砚史》、高似孙的《砚笺》、苏易简的《砚谱》、唐积的《歙州砚谱》等。这体现了宋代文人学者对砚的推崇与重视。当时的砚台以素雅、简洁、端庄、质朴为主要风格，元代制砚基本上延续宋代风格，但更显粗犷拙朴。

明清砚雕艺术的繁荣

明清时期是砚成为一种工艺美术品的重要历史阶段。明代的砚端庄厚重，大

清代『万岁瓦当』瓦当砚

件作品较多，实用性突出，纹饰或简洁拙朴，或优雅精致，线条洗练，格外大气沉静。到了清代，厚重大砚已不多见，形制也一改前朝的单纯实用，所表现的内容亦渐趋广泛，花草树木、飞禽走兽、云霞日月、山川景物、历史典故、金石碑刻、名家书法等无所不包。雕刻手法纤细工巧，从古朴走向豪华，从简单趋向繁缛，越到后期越甚，极尽雕镂之能事。砚的实用性完全被艺术性、欣赏性、陈设性所取代，追求材美工巧的境界。此时还形成了北京、广东、安徽、江苏、浙江等砚雕中心，形成了各种流派，出现了众多制砚名家。当然，与宫廷砚雕的精细华美相比，民间砚雕相对质朴与实用，有明代的遗风。

明清砚雕艺术的繁荣与发展也促成了藏砚之风的盛行，当时涌现了一批著名的藏砚家与鉴赏家。他们收藏各种砚质、砚式与砚铭的砚，摩挲拂拭，百观不厌，自以为乐，如黄莘田、高兆、高凤翰、翁方纲、纪晓岚、阮元、张廷济、张之洞、沈石友等。他们留下了不少砚谱和研究著作，相关的藏砚故事就更多了，极为生动与丰富。

福州市博物馆藏有多方古砚

福州市博物馆藏有多方古砚，如唐代的青釉三足砚、青釉五足砚和凤形陶砚，清代“万岁瓦当”瓦当砚，清代张廷济刻款端砚等，不妨来说一说。

唐代青釉三足砚、青釉五足砚和凤形陶砚：隋唐时，砚的造型由单纯的圆形三足式、方形四足式，演变出了圈足、多足，箕形、龟形乃至辟雍砚等。但从造型看，唐代的砚还是以实用为主，纹饰雕刻略显简单。这三方古砚虽然出自南方偏远的福建，做工略显粗糙，但朴素自然，线条流畅，体现了唐代的典型风格。

清代“万岁瓦当”瓦当砚：因为有独特的审美和收藏价值，唐宋之时，瓦当就引起了好古者的重视。在唐宋文献中记载当时有人将瓦当做成砚台使用。清代随着金石学的兴盛，瓦当收藏之风大盛，瓦当砚也成为砚台的重要分支，其中，又以文字瓦当砚、铜雀台瓦砚、汉魏铭文砖砚最负盛名。砖瓦砚既是古玩，又是实用的文具，深受文人雅士的喜爱。

清代张廷济刻款端砚：明清时期，赏砚之风盛行。清代金石书法名家辈出，他们中不少人自己作铭、书写。他们反复推敲，精心设计，铭面构图因形而异，行草隶篆因砚而择，加之干净利落，既有笔意又有刀法的刻工，也使砚铭达到了极高的艺术境界。

这方张廷济刻款端砚是典型的抄手式砚台。抄手砚是宋代时在箕形砚的基础上演变而来的。抄手砚体轻且稳，多为长方形，底部凿空，三边着地，一边可以用手深入抄底，便于拿取，既实用又显庄重，是砚台发展史上的重要砚式。此砚石质细嫩，做工精良，从形制看有可能制作于明代。比较特别的是，它的三侧砚身壁，有一侧有一角缺损，缺损处截面上留有胶漆残留物痕迹。大约因石材难得，故虽有折损，主人仍倍加珍惜，铭以传世。

就在砚身残损的侧面，题刻着五行行楷铭文，曰：“石嶽（岳）嶽，折其角；折其角，知不足。角复合，用胶漆；用胶漆，心如结。道光五年乙酉七月十日为范湖金兄老友铭，张廷济。”其下镌刻一朱文印章“张叔未”。

张廷济是清代中期人，工诗词善书画，精金石考据之学，也是著名的收藏家、鉴赏家，他所作的砚铭自然非同一般。首句“石岳岳，折其角”，从字面来看是直言砚台一侧折角的残损之状，其实是借用了《汉书》中“五鹿岳岳，朱云折其角”的典故。次句“折其角，知不足”，运用了顶针的修辞手法，可解读为砚台一侧折角的残损状况，是其不足之处；同时也可理解为从折损的一角断面，可以观察砚材的表里结构，知其不足。“折角受困，方知不足”呼应了前面用的典故“五鹿岳岳，朱云折其角”，暗含谦虚内省之意，意味深长。随后，砚铭中两句“角复合，用胶漆；用胶漆，心如结”，看似直白地道出砚台折断的一角可以用胶漆去修补，却由此引发如胶似漆、永结同心的寄语，自然而不生硬。张廷济称这方砚台的主人为“范湖金兄老友”，可知此人为其故交金范湖。

正所谓“砚以铭贵”，这段题铭虽然只有寥寥数语，但行文连贯且巧妙用典，环环相扣而意味隽永，书法苍劲古朴，颇有金石趣味，可谓“化腐朽为神奇”，赋予这方侧角折损的抄手端砚独特的艺术魅力。这也正是砚台承载文人的精神格调、审美情趣，传承和传播中华民族文化的体现。

清代张廷济刻款端砚

□专家品宝

砚承载的是一个个大写的人

砚的历史各书皆有记载，无须赘言，我想说明的是砚之品格。佳砚多为石质，坚固耐用，或紫或黑，历代文人都极尽喜爱赞美，或咏物抒情，或借物咏怀，或引为同道知己，或相伴相随，亦赋予它人格的无穷魅力。一方方小小的砚，承载正是一个个大写的人。在它背后，是一个个可歌可泣的人生。从“米颠”到苏子，从岳飞到包拯，一方方砚的传奇已经足以让人感慨。读砚，便是读砚背后藏着的人生与传奇；读砚，便是读砚身上折射出来的沧桑与岁月。

福州市博物馆收藏的这些砚台品类丰富，时代特征明显，具有一定的代表性。虽然不能覆盖所有的古砚品类，也不足以代表古砚的高、精、尖收藏，但对于市博而言，它们的存在是很了不起的，也极大地提升了一个地方博物馆的文化品位。

傅翔（福建省艺术研究院副院长）

船政往事

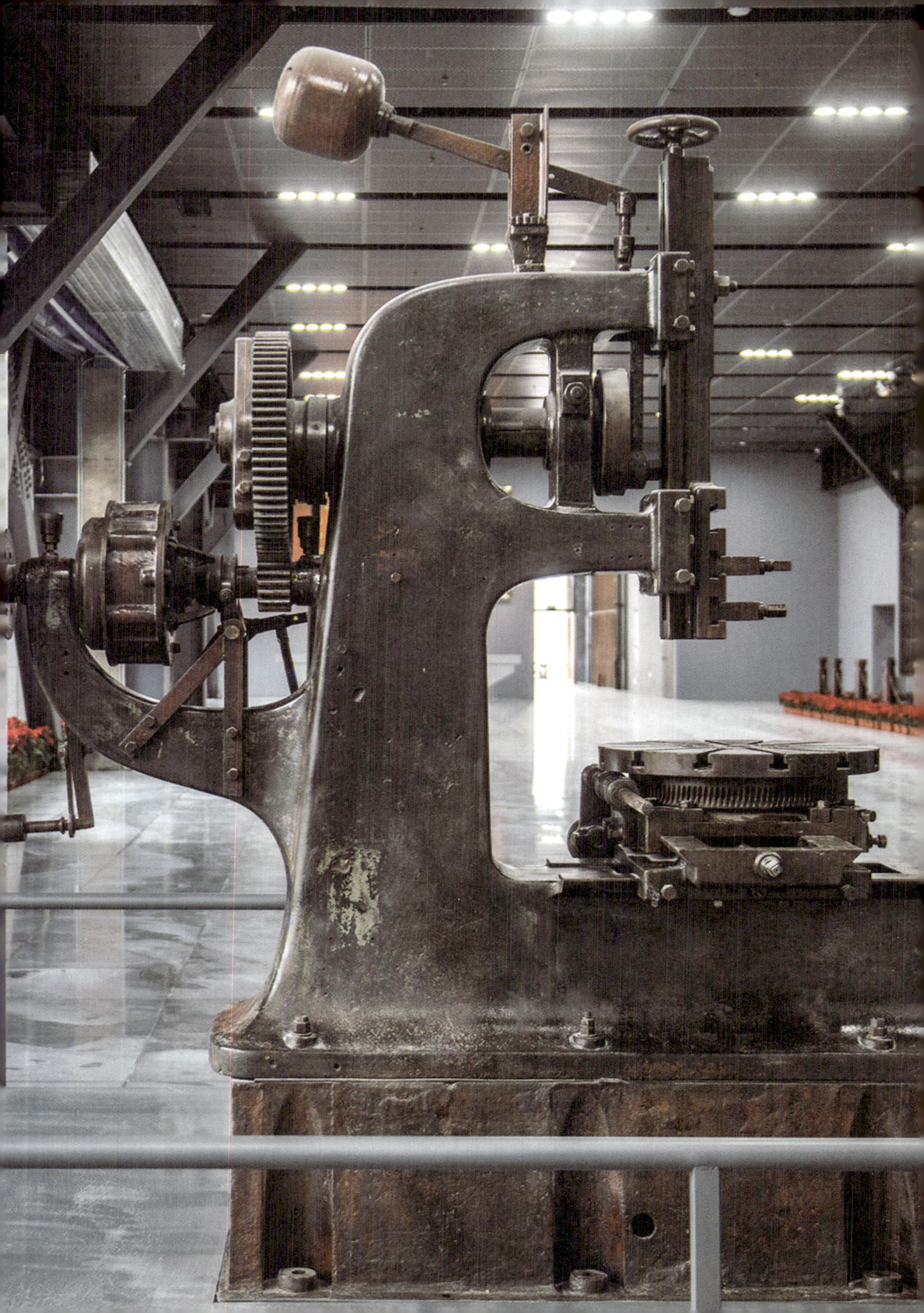

1867年制船政插床

辗转归来的『工业遗产』

在马尾的中国船政文化博物馆大厅内，一台老机床十分引人注目。这是法国米卢斯杜克芒公司于1867年生产的插床，国家一级文物，高约1.8米，重2至3吨，机床上有法文铭文和『1867』字样。100多年来，这台插床基本没有更换过零部件，是国内现存最早的工业机床之一，也是船政百年历史的亲历者和见证者。专家称，即使放诸世界，这也是不可多得的工业遗产。

它曾与福建船政『失散』，几经波折才于前几年归来。155岁的老插床在博物馆的大厅中，无声地诉说着它一生的传奇和一段绵延百余年的近代中国工业史。

漂洋过海　命运多舛

这台俗称“插床”的机械加工设备，是船政早期从法国进口的立式刨床，可用于切削金属件、加工铁板钢铆钉孔等，是当时世界上非常先进的机器设备。

清末左宗棠创设船政时，为了确保船政“主权在我”的根本性原则，在制定建设方案和目标时，不仅要求船政的生产部门要具备制造船体的能力，还要求船政必须掌握与舰船相关的蒸汽机、锅炉、仪表、帆缆等各种技术装备和舾装件的制造能力。为此，船政派洋员监督日意格、德克碑专门到欧洲定制了包括车床、插床在内的大批机械加工设备。根据史料记载，船政从欧洲定制的机床设备，是雇佣那里的飞剪式风帆货船分批运到马尾的，其中第一艘船于1867年12月13日从法国到达马尾，卸下了包括“火锯、钻铁机、劈铁机、砺轮”等机器装备，其中的“钻铁机”就是指这种插床。

“中国在马尾设船政造轮船，是在没有任何工业基础上的创举。左宗棠制定了对外开放引进的办厂方针，先从外国购买一批机械加工设备，以尽快形成生产力，并还要‘以机器制造机器，积微成巨，化一为百’。为此，船政创办之初，从外国购进了各式制造船用蒸汽机的机械设备。这台插床就是这个时期的舶来品。”马尾造船厂原厂史陈列馆馆长林樱尧介绍，这批机械加工设备购进之后，为船政自制各种机器零部件发挥了重要作用。

后来，这台老插床可谓命途多舛。它曾经历中法马江海战的劫难，在民国动荡不安的政局中幸存。抗战期间，马尾造船所是日本侵略军轰炸的重点目标，为避免落入敌手，海军马尾造船所搬迁厂内重要的设备物资，它便随众多设备被转移到了大后方——南平峡阳的溪中庙，抗战胜利后才运回马尾。1970年，马尾造船厂更新设备，替换下来的大部分旧设备被福建机器厂购入，这台插床就在其列。随后它被转移至三明机床厂，这一待就是近50年。

据三明机床厂老工人回忆：“这台插床在20世纪80年代的时候还在继续使用，后来出现了效率更高的机器，为了赚更多的工分，这台插床就慢慢被闲置下来。”

辗转归故里　“原味”得保存

20世纪90年代，船政轮机车间二楼被布置为“马尾造船历史陈列馆”，作为

工业旅游项目向公众开放。林樱尧常常带人来参观，这个时候他往往会这样解说："走过了这个车间，就走过了中国工业的百余年历程。"但是当时，除了雕塑和展板，参观者只能看到一个空荡荡的车间，以至于有人感慨："一百多年的传承只留下个空厂房，个中滋味让人难以言说。"面对来访者的感慨，林樱尧五味杂陈，深深遗憾"历史被割断了，太多的东西都没有继承下来"。

2019年，随着中国船政文化城建设的全面展开，大家积极寻找更多的船政工业文物。当得知这台老插床的下落后，船政文化管理委员会通过各种渠道寻找三明机床厂负责人，希望加以征集。几经努力，2019年10月30日，插床被顺利运回马尾，由中国船政文化博物馆收藏。百年间颠沛流离的船政老设备，终于"回娘家"了。

林樱尧表示，这台制造于1867年的插床，跨越千万里，漂洋过海来到马尾，为中国近代造船业助力，铭刻于机器之上的不仅是中国近代工业的发展印记，更是当时世界先进制造业的缩影。"放诸世界，这都是不可多得的工业遗产。"

原汁原味　工业美学

"这台机器的学名叫'直刨床'，在19世纪60年代是非常先进的。可以看到顶上有一个铁锤状的设计——直刨床可以切削金属，但每次切削都会有一个向上的反作用力，会产生强烈的振动，‘铁锤’就是用来抵消这一反作用力的。直刨床可用于加工金属件，如大型螺杆等。下部的圆形转盘起到传送作用，提升工作效率和金属零件加工精度。”

马尾船政文化研究会会长陈悦惊讶于这台插床保存的完整程度。“这插床几乎是‘原汁原味’保存下来的，具有较高的研究价值。”陈悦表示，这台插床最初使用的是蒸汽动力，皮带从上方带动机器运转，后来电力逐渐取代了蒸汽动力，人们为它加装了电机，改从下方输送动力。更加难能可贵的是，这台老插床是一体铸造的，虽历经百年沧桑，后期人为改造却很少。

陈悦拿了一些英国、美国生产的直刨床照片和图纸进行对比后发现，从这台插床的造型当中，还能找到法国“工业美学”的影子。虽然只是工业化产品，首要的是满足生产用途，但在浪漫的法国人眼中，工业品也可以有柔情的艺术装点。这台机床的后端，本可以呈竖直状，直截了当，法国人却进行了美化，设计成弧形，显得不那么生硬。

这台历经155个春秋、别有一种韵味的近代工业产品，是船政创建史的见证者，现陈列在中国船政文化博物馆一层大厅。

□专家品宝

对船政工业遗产保护起到促进作用

这台船政老插床的成功征收，丰富了船政文化的文物史证，对于工业遗产保护起到了极大的促进作用。船政的工业遗产保护涉及方方面面，现今我们已有百年的厂房，有船坞、船台，但它们都是建筑，而这台直刨床是活生生的，是工业生产的见证。以往我只在史料当中见过，没想到实物的规模会如此之大，这在当时是非常了得的一台设备。

当时购买英国的机器比较多，英国在经过工业革命的洗礼之后，工业生产在世界处于领先水平。但这台直刨床却不是从技术先进的英国引入的，而是法国，这一点很有意思。

陈悦（马尾船政文化研究会会长）

人管理机构
工人管理机构
人管理机构
船部分
船政的生产部门俗称“十三厂”，由办公所统一管理，下辖各“厂”“所”“院”“营”等单位，是中国第一个完整的按照西方模式构成的现代

清『同治拾年』船政车床

它的一生，映射船政百年风云

清『同治拾年』船政车床，一级文物，长365厘米，高132厘米，宽65厘米，导轨平面高94厘米，导轨间距30厘米。1997年从宁德市古田县杉洋镇的农具厂征集到时还在使用。这台车床的主体部分原本是船政的一台刨床，从车床床身上的铭牌『福建船政同治拾年』可以看出这台机器早在1871年就已是船政的在册设备。它见证了100多年前的中国造船业曾经达到的水平。

而它诞生于19世纪，流散于20世纪70年代，又于20世纪90年代被找回的故事，也映射出船政文化的百年历史风云。

出生于“船政之最”的辉煌年代

1866年，时任闽浙总督的左宗棠在《试造轮船先陈大概情形折》中，提出在马尾兴办船政。“轮船成则漕政兴，军政举，商民之困纾，海关之税旺，一时之费，数世之利也。”当年10月，清廷下旨在马尾设立“总理船政事务衙门”，船政工程随后启动。

左宗棠调任陕甘总督后，沈葆桢成为船政的主持者，到了1868年底，船政的占地规模达到了600亩，成为当时中国最重要的海防近代化机构。

短短几年内福建船政就在制船水平上超越了日本，成为远东最大的造船基地。根据船政与日意格等洋员签订的协议，他们应在合同期满时教会中国工人各种造船工艺。与此同时，船政还开办了船政学堂，用英文、法文教材培养中国的工程师。新兴的船政成为朝野上下最为关切的“强国梦”实践典型。1870年，为实现左宗棠“以机器制造机器，积微成巨，化一成百”的设想，创办仅4年的船政开始自制船用主机，于次年制造出第一台国产大型蒸汽机，功率为600马力，且工艺水平与当时欧洲的水平不相上下，被安装在船政制造的第五号轮船“安澜”号上。

船政历史研究专家林樱尧表示，从时间上分析，“同治拾年”船政车床的前身肯定参与过为这台蒸汽机制造零部件的工作。

这台带有“福建船政同治拾年”字样的车床，最初是一台刨床。它落户在马尾期间，船政正在狂飙猛进，在近代工业和科技教育等领域打造了近百个“船政之最”：“万年清”号是船政生产的中国第一艘千吨级舰船；“扬武”号是船政生产的当时远东最大的巡洋舰；中国第一艘铁胁船“威远”号，第一艘钢甲舰“平远”号等，皆由船政制造；船政学堂是中国最早的科技专科学校；由船政生产的舰只完成了中国近代海军的第一次远航；船政是晚清造船最多的工厂；船政自制了中国第一台实用的蒸汽机……

耄耋之年被当作废旧设备处理

100年匆匆而过，时间到了1971年，福州罗源县一家小铁厂的工人张瑞钧赶到省城福州。当时一些单位正在处理废旧金属物资，张瑞钧此行是为工厂淘宝，希望能从中找到一些可以再生利用的宝贝。废铁堆里一件长3.5米的大“钢锭”

引起了张瑞钧的注意。这么大的“钢锭”，改造使用起来比较方便。而“钢锭”侧面几个凸起的文字“福建船政同治拾年”，也让张瑞钧下意识地觉得这是件真宝贝。

“钢锭”被张瑞钧运回罗源的小铁厂，经过仔细端详、揣摩、分析，发现它其实是刨床的组成部分，是100年前船政一台刨床上的工作台。不知道后来经历了怎样的变故，这台刨床解体，剩下了这件工作台。

据张瑞钧回忆，他当时想古为今用，变废为宝，赋予这件“钢锭”生产功能，这样就能避免它再次被废弃或者回炉炼钢。经过两三个月的时间，以这件船政刨床工作台为床身，在底部焊接加上两个自制的底座，再在台面上安装尾架、刀架、主轴箱，“钢锭”摇身一变成了一台电动车床。

于是，这件带着“福建船政同治拾年”铭文的奇特车床，成了罗源小铁厂的生产骨干。由于床身长达3.5米，可以加工大直径、大尺寸的工件，它制造过造纸打浆机的机轴、海带包装机的丝杆、渔船的尾轴等部件，为罗源当地的工业和经济建设贡献了力量。1979年，张瑞钧调离了该厂。当他再一次见到这台特殊的车床时，时间已经到了1993年。当时小铁厂经营不景气，已经关门歇业，曾经热火朝天的车间一片寂静黯然，老车床躲在车间的一角，被灰尘蛛网笼罩，和其他设备一起等待着被处理、变卖的未知命运，满是凄凉落寞。为了再帮一把这台车床，张瑞钧想到了它最早的主人——船政，于是开始辗转托人，将这台车床的情况传递给“船政制造”的继承者福建省船舶工业集团公司和马尾造船厂，希望他们能考虑回购这台设备。

一百多岁辗转回家成“镇馆之宝”

1995年，福建省船舶工业集团派马尾造船厂从事船政史研究的专家林樱尧等赶到罗源进行调查，没想到晚了一步，老车床已经被变卖。此后，林樱尧等人踏上了一条苦苦寻找老车床去向的旅途。在罗源当地得到的消息是老车床被卖到了当时的宁德县一家单位，林樱尧一行来到宁德，又听说车床是在宁德北面的福安县，而到了福安县，依然没有见到老车床的踪影。经过不断辗转探听消息，最终他们在古田县杉洋镇的一家农具厂里见到了这台老车床，正用于加工木棍。

林樱尧回忆，当时厂主因为这台机器可以用于生产，因而无意转售，回购车床的努力被迫暂告段落。时间又过了一年，福州市马尾区于1997年开始筹建中国近代海军博物馆（后更名为中国船政文化博物馆），林樱尧和参与建馆工作的张寒松等赴古田杉洋镇再次协商，终于以8000元将车床从农具厂购回，在马尾造船厂进行清洗、维护，之后搬进展览大厅，成为博物馆的“镇馆之宝”，与日益升温的船政文化一起备受关注。

□专家品宝

车床背后的故事更感人

“同治拾年”车床是非常特别的近代工业文物，它的主体部分是历史上一台船政刨床的构件，见证了船政历史风云。它几经辗转，流落多处，被改造为车床，直到20世纪90年代还发挥着生产功能。而这件特殊车床背后的故事更是感人。无论是从废铁堆里发现并改造它的保存者，还是之后锲而不舍寻找它，并把它接进博物馆的历史研究者，他们身上都体现了对船政历史和文物的真挚感情。

陈悦（马尾船政文化研究会会长）

『通济』舰舵轮

中国近代海军摇篮舰的百年印记

在中国船政文化博物馆展厅的显著位置，有一个完整的铜铁木合构舰船舵轮，这便是『通济』舰舵轮，国家一级文物。它『出生』于1894年，距今已有130年。『通济』舰舵轮是记录船政造舰成就的重要文物，是中国海军自强的实物见证，也是重要的抗战文物，具有极高的文物价值。

1894年船政制造的『通济』舰舵轮，直径109.5厘米，厚5.5厘米。舵轮中间刻有『通济舰』『大清光绪廿年』字样（后加钤『福州船政局』）。2008年，中国船政文化博物馆通过社会征集，从军事收藏家曹少波处获得这件舵轮。正是这件舵轮，牵出有关『通济』舰长达100多年的历史记忆。

长期作为海军学校学生的练习舰

中法战争中船政舰队遭遇重创，战争结束后船政所建造的系列新舰船大多调拨他省，船政和福建自留的舰船极为有限，以至于不敷使用。1891年，时任闽浙总督兼船政大臣卞宝第决定为船政自身建造一艘新型军舰，以便与当时船政留用的“福靖”号军舰相互配合，原计划将它命名为“建靖”号。

按卞宝第的想法，这应当是一艘兵商两用舰，平时运输货物，战时充当军舰。但等1893年新任闽浙总督兼船政大臣谭钟麟主持开工时，他更进一步认为这是一艘运输舰。这艘舰船由船政工程师魏瀚、郑清濂、吴德章、陈兆翱、李寿田、杨廉臣等负责设计、监造，于1894年1月14日开始建造。在建造过程中，甲午战争爆发，主要承担北方海防任务的北洋海军在战争中全军覆没。战后，北洋大臣、直隶总督王文韶筹划重新恢复北洋海防，当务之急就是添置舰船。听闻船政正在造船，王文韶即与船政大臣协商，由北洋向船政支付该舰的部分建造费用，待建成后调往北洋使用。

根据重建北洋水师需要练习舰的要求，这艘舰船在舾装阶段进行了设计调整，增加了炮位、帆装，建成时为艏尾楼船型，三桅杆、单烟囱，艏尾楼之间的主甲板两舷各设置3个耳台炮位，武装则由北洋海防购置装配。该舰1895年4月12日下水，全长76.98米，宽10.38米，舰首吃水4.39米，舰尾吃水5.18米，舱深7.92米。主机采用船政造卧式双缸蒸汽机，配有4台船政造圆形高压燃煤锅炉，舰船排水量达1900吨。这也是船政建造的第34号舰。

1895年9月15日，该舰由北洋海防派遣的军官李和率官兵在马尾接收，随后驶往天津，加入重建中的北洋水师，成为当时中国海军最新、最重要的练习舰。王文韶将其更名为“通济”号。此时，恰好天津水师学堂、颐和园昆明湖水师学堂以及威海刘公岛水师学堂各有一驾驶班学生毕业，遂全部登上该舰学习舰课。上述学堂往届毕业生未经海上历练者，也一并登舰补习。

萨镇冰和陈绍宽都曾担任该舰舰长

清末设立海军部，整编全国舰艇，“通济”舰被编在主力舰队——巡洋舰队中，是该舰队内唯一的一艘练习舰。1911年辛亥革命爆发，清朝海军主力舰艇奉命向武昌江面集结，参与镇压革命军，“通济”则负责往来于武昌和上海间运输军火物资，不久参加了清军海军主力在九江的起义，投入革命军阵营。

民国成立后，“通济”号编列在海军第一舰队，被指定为海军学校练习舰。1912年，时任海军总长刘冠雄为了提高海军军官战斗素养，曾下令全海军所有未经舰上任职历练的人员都要在该舰进行轮训。1913年，“通济”号调整进新成立的练习舰队，作为基础练习舰。

1915年，海军部对“通济”号实施改造，舰上原有的三座桅杆被改造成两座，另加装了瞬灭火花式发报机、真空管式收报机各一台，具备了无线通信能力。该舰1919年还曾护送北洋政府代表南下与广东护法军政府代表进行南北议和。

北伐战争中，“通济”号随同海军主力参加革命，曾参与1927年保卫南京的龙潭之战，于长江中截击五省联军部队进犯，立下殊功。南京国民政府成立后，“通济”号仍然列在练习舰队，担负海军学校学生舰课教学，是南京政府海军唯一一艘拥有帆装，可以进行基础风帆技艺训练的练习舰。由于该舰诞生于福州马尾，舰龄超过了很多年轻军官的年龄，海军学校学生亲切地称它为“济伯”。陈绍宽、陈季良等许多海军将领当年都是从它的甲板上起步的，萨镇冰和陈绍宽都曾担任该舰舰长。

抗日战争期间自沉构筑阻塞线

此后，“通济”号加装了1门20毫米口径苏罗通高射炮，增强防空火力，同时对机关炮等进行了换装。1937年，全面抗战开始后，国民政府国防委员会下令在长江江阴至靖江段实施沉船封江，构筑阻塞线。海军为此选出部分舰龄较大的军舰，“通济”号亦在其中。

江阴位于长江三角洲的腹地，地处宁沪之间，与北岸的靖江隔水相望。长江东流至此，骤然紧缩，然后放宽，再滔滔注海，因而江阴是整条长江上不折不扣的咽喉。这里江面狭窄，且航道不深，便于阻塞。

首批自沉的舰船有舰龄最大的“通济”号练习舰，“大同”号、“自强”号巡洋舰，“德胜”号、“威胜”号水上飞机母舰，“武胜”号测量艇，“辰”字、“宿”字鱼雷艇，这批军舰大多为清代遗留的旧舰。此外，海军还从招商局与各民营轮船公司征集了20多艘商船。

8月12日，各舰抵达预定位置后，坐镇“平海”舰的陈绍宽发出沉船命令，各舰同时打开海底门。悲壮的汽笛声此起彼伏，长江上，一艘艘舰船缓缓下沉。自沉作业一直进行到傍晚才初告结束，陈绍宽站在“平海”舰舰桥上，黯然无语。

在江阴的沉船封江作业中，一共自沉了军舰与商轮、趸船43艘，合计63800余吨；又从临近各省征调石子，装入185艘民船、盐船，沉入阻塞线的空隙中。工程费时两个月。随后，海军在阻塞线外侧敷设水雷，主力舰则驻扎内侧。而与此相伴随的，是惨烈的江阴保卫战。中国海军付出了惨重的代价，阻遏了日军沿长江西进的企图，为长江下游军政机关、工矿企业向大后方安全转移争取了时间。

新中国成立后，中国人民打捞公司（今上海打捞局前身）工程队在中国南北方沿海港口和长江航道开展大规模的清航打捞工作。自1962年2月起，历时3个月，“通济”舰完成泥沙清理，出水后拆解炼钢。幸运的是，“通济”舰的舵轮被保留了下来。2008年，中国船政文化博物馆追踪到这件文物的下落，并最终征集入藏。

□专家品宝

记录船政造舰成就的重要文物

“通济”舰是一艘练习舰，在中国近代海军中地位十分特殊，扮演着培养海军军官的“海洋摇篮”的角色。众多海军学校的学生曾在这艘军舰上生活学习，完成舰课教育，走向大海。作为中国近代海军军官“摇篮舰”的遗物，“通济”舰舵轮也是目前国内存留的、有关近代“中国造”舰船的最早且唯一的标志性文物。“通济”舰舵轮是中国探索工业自强的有力见证，是记录船政造舰成就的重要文物，弥足珍贵。

陈悦（马尾船政文化研究会会长）

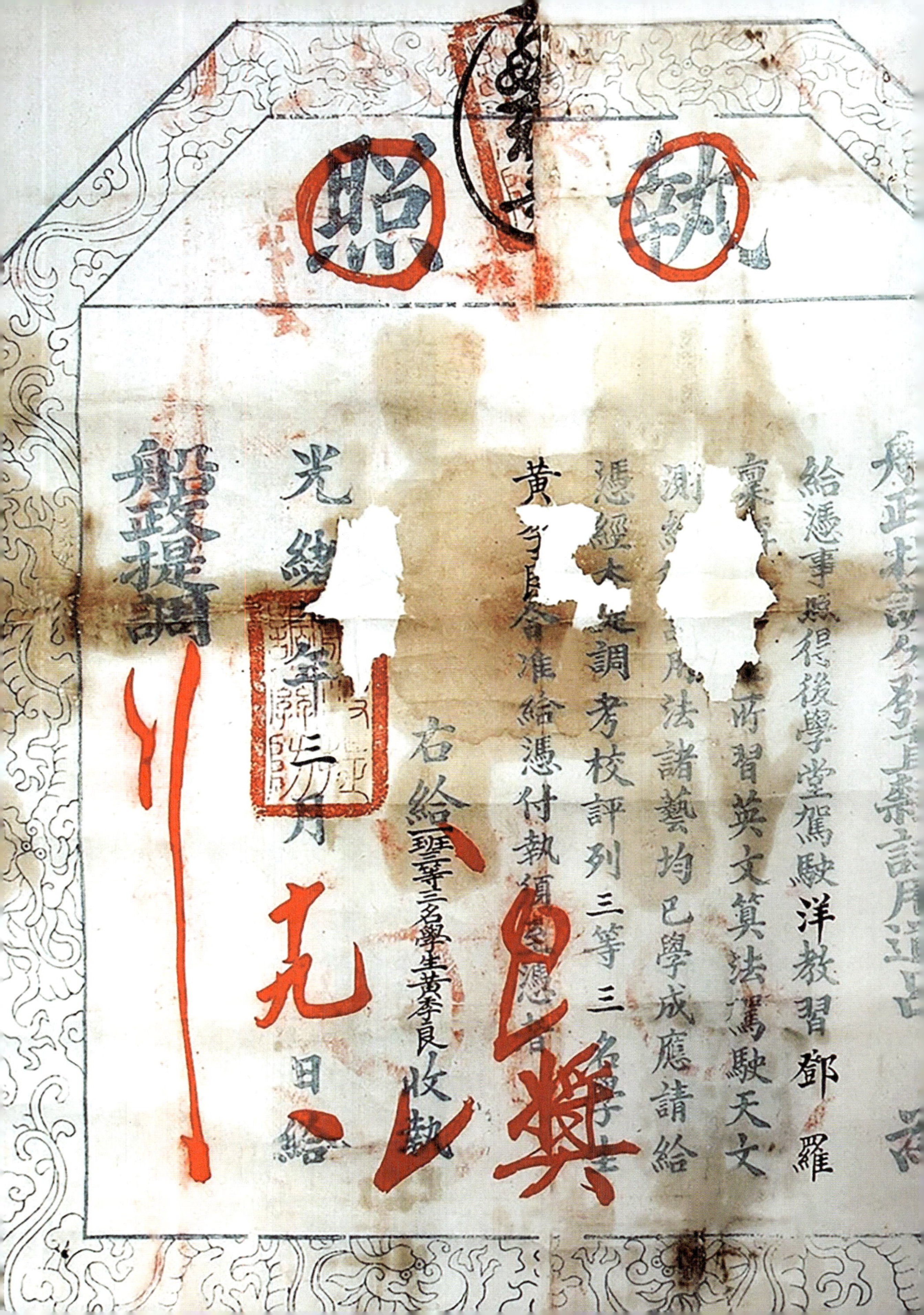

執照

船政大[illegible]

給憑事照得後學堂駕駛洋教習鄧羅

稟稱[illegible]所習英文算法駕駛天文

測[illegible]法諸藝均已學成應請給

憑經大[illegible]調考校評列三等三名學生

黃季良合准給憑付執須至憑者

右給一班三等三名學生黃季良收執

光緒[illegible]年[illegible]三月十九日給

船政提調

船政后学堂驾驶班第八届黄季良执照

一张140多年前的毕业证

140多年前的毕业证你见过吗？中国船政文化博物馆珍藏着现存最早的船政学堂毕业证，它的主人是船政后学堂驾驶班第八届学生黄季良。

黄季良于1883年毕业，次年在马江海战中英勇殉国，年仅25岁。历经百余年沧桑，这张泛黄的毕业证又回到中国近代航海教育和海军教育发源地——马尾，诉说着中华民族向海图强、探索伟大复兴的奋斗故事。

最早的官派留学生
赴美留学图自强

2022年6月17日，中国第三艘航空母舰福建舰在上海江南造船厂下水。在140年前（1884年），距离福建舰下水地数百公里外的闽江畔，一个年轻人在“扬武”号军舰上写下诀别信。收信人是他的父亲——在上海江南机器制造局（上海江南造船厂前身）当差的黄道平，写信人是黄季良。

黄季良1860年出生于广东番禺，自幼丧母，早年随父兄到上海。19世纪中叶，曾国藩、李鸿章、左宗棠等人倡导发起了洋务运动，希望利用西学振兴积弱的清王朝。1872年至1875年，清廷先后派出4批共120名幼童赴美留学。得知清廷招考留美幼童，黄道平先送长子黄仲良作为第一批官费生出洋，又于1874年送黄季良随第三批幼童赴美。他们成为中国最早的官派留学生。因守旧派阻挠，1881年，清政府下令将幼童撤回，黄季良与詹天佑、杨兆楠、邝咏钟等16人回国后被分到福州，成为船政后学堂驾驶班第八届学生。

船政学堂是我国近代第一所海军和工程师学校，创办于1867年，分为前学堂、后学堂，即制造学堂、驾驶学堂。后学堂以英语为教学语言，主要培养海上航行驾驶人员和海军船长，相当于海军军官学校。船政学堂实行宽进严出的招募、考试制度，培育出了一批又一批精英。“学生入校后一方面有优厚的奖学金激励，一方面要面对严格而频繁的考试，学堂的淘汰率高达三分之二左右。”马尾船政文化研究会会长陈悦说。船政学堂学制为5年，由于黄季良等人有留学经历，英文、数理化基础较好，因而在北洋大臣李鸿章的建议下，其学制被大幅缩减至2年、3年，是船政后学堂历史上非常特殊的一届。1883年4月，黄季良从船政后学堂毕业。

任“扬武”号见习军官
学以致用谋报国

船政学堂毕业证书称为执照。船政后学堂驾驶班第八届毕业生黄季良的执照由其后裔捐赠，系二级文物。这张泛黄的毕业证清晰地印有“执照”二字，上面详细记录了颁证事由、颁发日期、证书持有人身份信息、船政主管官员印章及署名，落款处为“船政提调关防”；颁证时间为“光绪九年三月十九日”，即1883年4月25日。证书上还注明“右照给黄季良收执”。这张执照证明当时的他已具备驾驶舰船的资格。

陈悦介绍说，这张毕业证有点特殊。通常船政学堂毕业证由船政大臣核发，而这份证书却由船政的提调委员签发，这背后藏着一段插曲。原来，1882年5月，时任船政大臣黎兆棠因病请假，一直到1883年5月9日新任船政大臣张梦元抵任前，这段时期船政的工作都由提调吕耀斗负责，因而这张毕业证是以提调吕耀斗的名义签发，加盖的是“船政提调关防”印章。

从这张证书上还可以看出，当时的船政已经有很强的防伪意识。除了加盖船政主管官员印章外，证书上的各关键位置，都由主管官员用红笔一一圈点、勾画、签批；证书一式两份，对折后沿缝盖印、画押，相当于现在的骑缝章。这些都是重要的防伪验证标记。

黄季良自画像

中国船政文化博物馆馆长王芳说，需要注意的是，这张毕业证属于船政学堂学习完成的凭证，毕业生此后还要到练习舰上学习，通过练习舰的考核后，才能成为正式的海军军官。1883年毕业之后，黄季良被分配到船政建造的中国第一艘近代化巡洋舰——“扬武”号上任见习军官。

马江海战英勇奋战
为国捐躯励后人

当时的中国是西方列强觊觎的对象。1884年，法国侵占清朝的藩属国越南，又把矛头指向中国东南沿海。7月，在海军中将孤拔率领下，法国军舰以“游历”为名进入马尾港。而清政府仍寄希望于和谈，不准我方先动手。船政水师处于被动局面，但水师官兵无不枕戈待旦、同仇敌忾。

眼看国难当前，黄季良怀着以死报国的决心，挥笔写下了一封书信，托人连同自画像一并寄出，以之慰别年迈的父亲。他在书信中写道：“男亦知以身报国不可游移胆畏，但念二十五年罔极之恩未报，于万一有令人呜咽不忍言者。男日来无刻不思亲，想亲之思男愈切也。爰将平日绘成之貌，寄呈父亲见之，如男常侍膝前矣……”

1884年8月23日，马江海战爆发，“扬武”号上6名“留美幼童”出身的见习生被安排在舰尾驻守。按照当时的通常情况，舰船尾部是战斗时相对安全的位置，然而当天开战时，正值马江退潮，受潮水裹挟影响，包括“扬武”号在内的船政军舰都从舰首对敌的姿态变成了舰尾对敌，舰尾成了直接与敌对抗的前线。6名“留美幼童”在舰尾的炮位上奋勇作战，甚至开炮击中了法军旗舰“窝尔达”的舰桥。然而，最终在法军密集的炮火夹击下，“扬武”号伤亡惨烈，顽强作战的黄季良也在战斗中英勇牺牲。

获知爱子牺牲的消息，黄道平悲痛不已。他把儿子的诀别信和自画像展示给亲友，征求题咏，著名诗人黄遵宪写下了诗句：“泼海旌旗热血红，防秋诸将尽笼东。黄衫浅色鞘刀备，年少犹能作鬼雄。”

在这场海战中，比军舰和学校、厂房损毁更令人痛惜的，是一批在新式教育中培养的人才的夭亡。“留美幼童”有6人参战，其中黄季良、薛有福、杨兆楠、邝咏钟等4人牺牲。如今，在马尾马限山东南麓，为纪念在马江海战中牺牲的水师官兵而建造的马江昭忠祠依旧矗立，英烈名录牌上镌刻着阵亡官兵的姓名，“留美回国练生七品军功黄季良”位列其中。

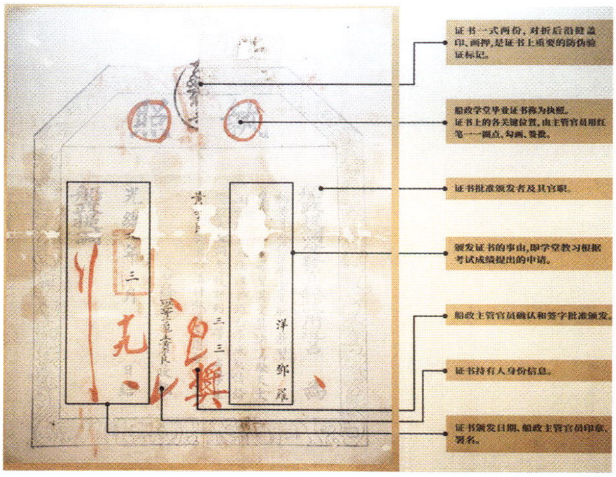

毕业执照注释

□专家品宝

中国近代海军爱国精神的神圣物证

纵观历史，向海则国兴，闭海则国弱。船政在创设之初就列出三项任务——造船、办学、兴海军。相比起船政的工业制造，船政教育在近代中国社会产生的影响更为深刻、长远。它为近代中国培养出了急需的工程师和海军军官人才，其办学模式对近代中国海军教育也产生了深刻影响。此后各地设立的水师学堂，几乎都以船政学堂为师，时称船政学堂为“开山之祖”。

船政后学堂驾驶班第八届学生黄季良执照见证了船政办学、兴海军的历史，更见证了近代中国人在艰难时世中向海图强、探索复兴的历程。

除了这张执照，在马江海战纪念馆内还藏有四件珍贵的文物，均由黄季良后裔捐赠，包括清“留美幼童”黄仲良和黄季良兄弟合影、黄季良自画像、黄季良之父黄道平肖像照、黄季良的同学——“留美幼童”詹天佑相片。黄季良的故事是马江海战中最令人动容的一部分。这些物件是极为珍贵难得的马江海战历史文物，也是体现着中国近代海军爱国精神的神圣物证。

陈悦（马尾船政文化研究会会长）

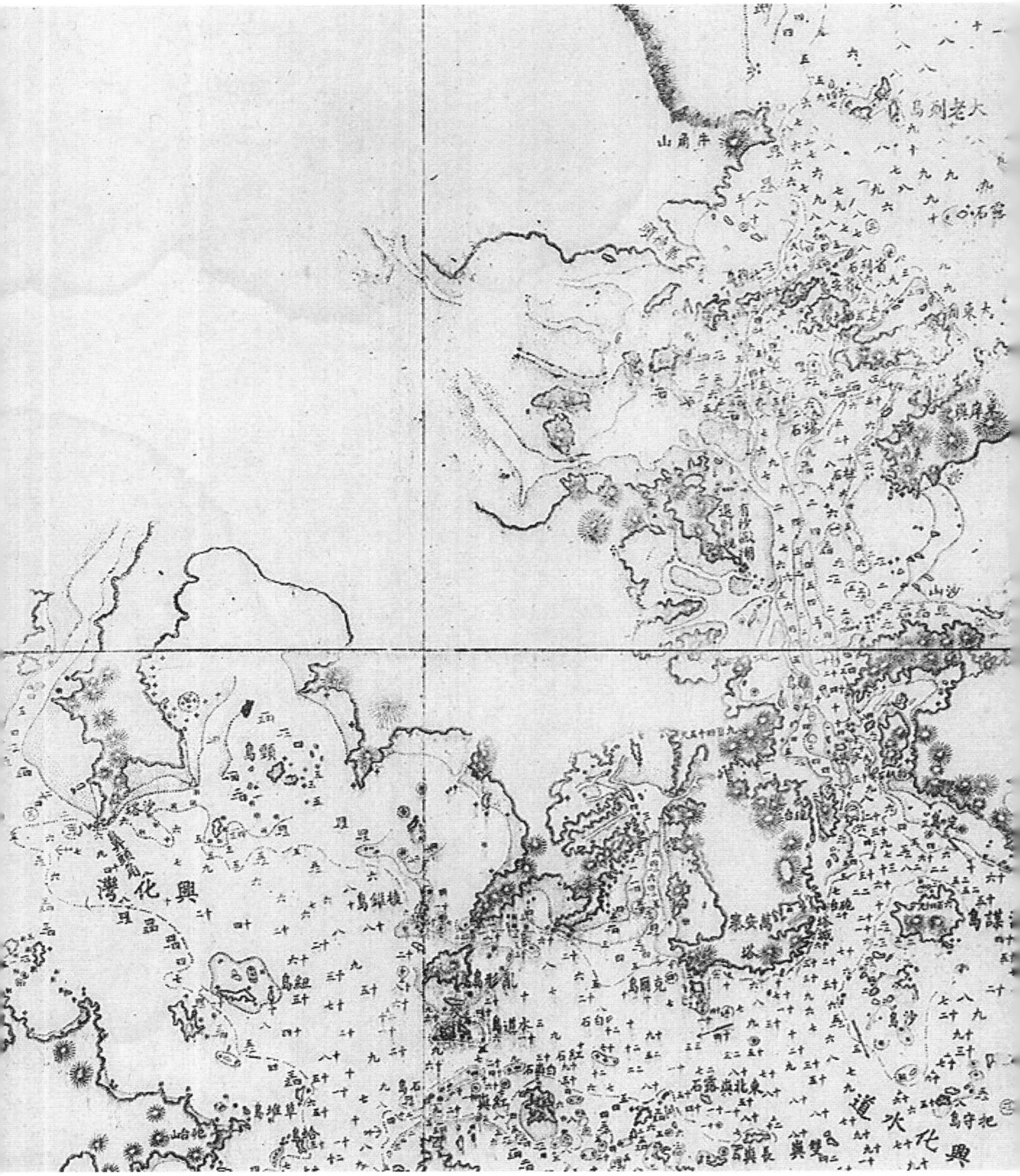

大老列島
牛角山
興化灣
興化水道

船政版海图

向海图强的船政探索

《郑和航海图》是世界上现存最早的航海图集，见证中国古代航海史的辉煌。可你知道，中国最早的现代意义上的沿海实测海图出自哪里？它诞生于马江之畔的船政！

1872年，船政举全力历时5年，绘制成了这套海图。它是中国人独立测绘现代海图的开始，对中国近代海防及海权维护具有重要意义，见证了中华民族向海图强的逐梦征程。

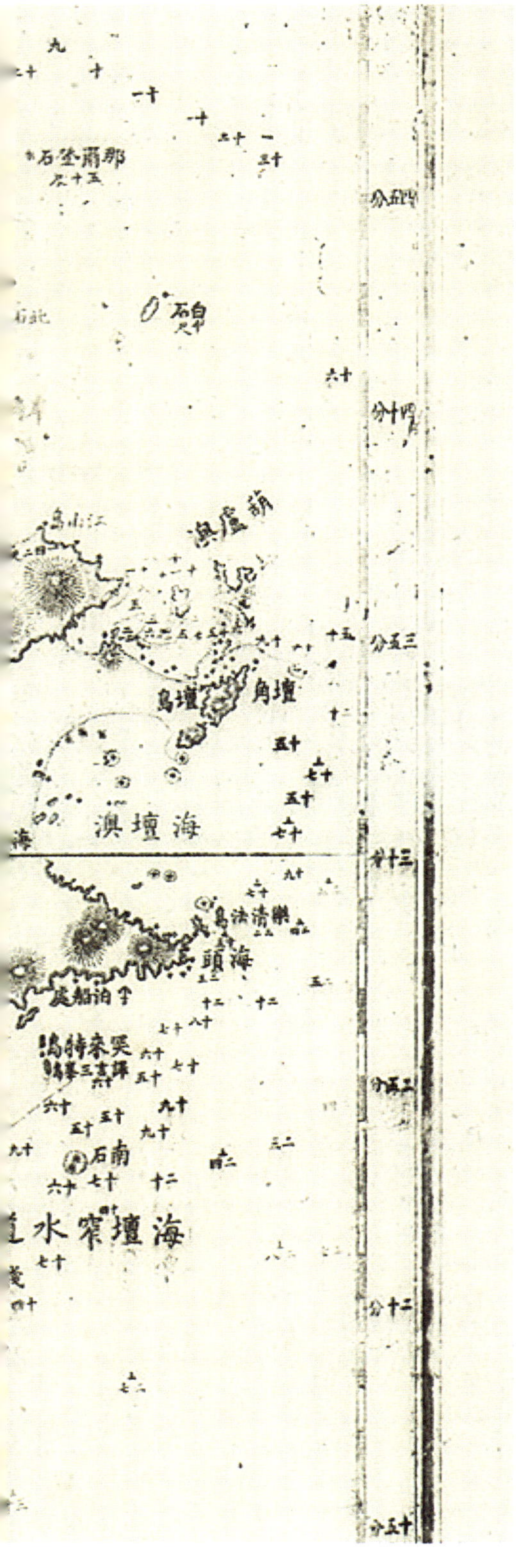

按现代地理学原理测绘

船政绘制的这套海图分为总图、分图，共32张。海图所涉及的海域范围北起鸭绿江口，中经台湾岛，南至海南岛。马江海战纪念馆现收藏有其中的11张。

海图虽略有破损，但上面标注的南中国海海疆水道航线和海军执行任务时记录的航道航线十分清晰，详细标出北部湾、珠江口、香港、澳门、汕头、汕尾、厦门、澎湖、淡水、基隆、福州等沿海岸线和航道的最近距离，还有港湾水道、炮台锚地位置以及登陆地点等，绘制得极为细致。“它吸收了英版海图中水深标注、经纬度数以及山形地貌的绘制样式，在此基础上又有所创新，将近岸的礁石分布、海底构造地貌、海域沉船信息、潮汐时间等都标注得一清二楚，它们是判断航道、选择锚地的重要依据。”马尾船政文化研究会会长陈悦说。

其实，早在19世纪初，英国人就开始运用现代测绘技术绘制东亚地区的海图，但他们无法靠近中国近海测量，因而有关中国近海区域的水文信息在当时盛行的英国版海图上基本处于空白或不精准的状态。而这套船政绘制的海图，是以英国版海图为基础，进一步测绘和修订而成。

“它是按现代地理学原理进行实地踏勘、测量并绘图的。”陈悦说，以往的中国航海图多数带有写意性，而船政这套海图，则采用现代科学方法——投影法绘制，同时又融合了很多中国传统的航海信息。图上甚至有当年海军军官用苏州码子标记的增补内容。这是中国古代独有的数字缩写表达体系，也从侧面印证航海图是船政独立绘制的。

在军事上有重要实用价值

船政为何要绘制海图？测绘是航海的根本。1840年鸦片战争后，随着海上交流的频繁，中外均关注到了中国沿海航海图的绘制。左宗棠创办船政时，便请船政提调黄维煊赴沿海各口岸“察形胜之险要，测沙水之浅深”。

黄维煊何许人也？他是浙江宁波人。1844年，宁波开埠，中外贸易大兴，黄维煊也到过琉球、日本经商。青年时期参加的海上贸易活动，让他学到了不少洋务知识，后来因为协助清军平定浙江的太平军，得到左宗棠的赏识。1866年，左宗棠在马尾创办船政后，物色了黄维煊等7个能人辅佐沈葆桢。

从沿海各口岸勘察回来后，黄维煊向沈葆桢表达了将其所见、所测“梗概而列之图”的想法，得到了大力支持。海图的绘制工作便在他的主持下展开。当时，同在船政任职的同乡贝锦泉精于轮舶驾驭，黄维煊“每稿就”即向他请教核实。

这套海图是船政举全力绘制而成的。1869年，贝锦泉驾驶中国第一艘千吨级轮船“万年清”号北上天津接受朝廷检阅，黄维煊随船沿途开展测绘工作。经过5年的努力，船政版海图于1872年定稿，成为船政舰队乃至南北洋舰队各舰所用的军事海图。1881年，黄维煊的儿子黄家鼎将船政测绘的这套32张海图缩印后公开出版，名为《皇朝沿海图说》，运用到商运等活动中。

“由于近海信息绘制详尽，船政测绘的海图在当时的航海、军事方面有重要的实用价值。”陈悦说。1894年9月17日，甲午黄海海战爆发，北洋海军与日本军舰在黄海上激烈交战。北洋海军依据海图退守近海，而日本军舰因对中国近海情况不甚了解而无法逼近，给了一些重伤的北洋军舰抢修的机会。

马江海战军用海图回归马尾

如今，收藏在马江海战纪念馆的11张海图尤为珍贵。它们并非缩印出版的图集，而是全张的军用海图，曾随“济安”“飞云”两舰督带杨瑞廷参加过1884年的马江海战。

时隔一个多世纪，这套海图是如何保存下来的？

“这11张海图是杨瑞廷指挥时所用，它们能够保存下来，过程也十分曲折。”马江海战纪念馆馆长王晓芹介绍。杨瑞廷是广东番禺人，同治六年（1867）被左宗棠升为三品花翎顶戴参将副将补用，后为舰船的督带，官衔为二品。

在马江海战中，杨瑞廷所在的“济安”舰被击沉，他身上7处中弹负重伤，跌下海后获救。临危之际，他还把海图带在身上。杨瑞廷由福州转至上海治疗，后于1898年在广州去世，葬于番禺。

11张海图由杨家后人精心保存、代代传承，历经众多战乱、动荡的年代。“高祖父曾有遗言……一定要把这套海图无偿归还给国家，就是这句话让我们五代人铭记了百年”。2014年，杨瑞廷的后裔将海图捐赠给马江海战纪念馆，完成祖辈的心愿。“这套海图是我们迄今看到的最完整的马江海战参战海图，具有极高的研究价值。”王晓芹说。

船政对中国近代海防测绘贡献突出

从创设之初起，船政就很重视测绘教育，不仅在船政学堂设置测绘课程，还派出海军留学生赴欧洲学习海洋测绘。其中，较为突出的有福州人陈恩焘和陈寿彭。

1875年，陈恩焘进入船政后学堂学习军舰驾驶、指挥，1886年随第三届海军留学生赴英国深造。他被分配主修“测绘海图、巡海练船、兼驾驶铁甲兵船之学”，曾随军舰前往印度洋及斯里兰卡一带实习、历练。学成归国后，他服役于北洋水师；甲午战争失败后，离开海军，潜心研究海政与教育。民国肇始，陈恩焘重入海军界，任海军海政司司长、军务司司长等职。彼时，北洋政府海军部、外交部认识到领海划界事关重大，决定设立海道测量局，培养自己的测绘人才，自行丈量经纬度及测绘外海、内江图，以便收回被帝国主义控制的海关所窃取的测量制图主权。1921年10月，海道测量局成立，陈恩焘成为第一任局长。中国随即照会各国驻华使团：今后未经我国政府许可，各国不得自由测绘中国领海。陈恩焘为中国收回海道测量权、发展海道测绘立下了极大的功劳。

陈寿彭则在测绘书籍翻译领域大展拳脚。他是近代外交家、翻译家陈季同的弟弟，1886年作为船政学堂第三批海军留学生，赴英留学三年；留英期间，曾在格林威治皇家海军学院学习。1901年，他根据英国海道测量局于1894年成书的第三版中国邻近海区《航路指南》，译成《中国江海险要图志》。书中对中国沿海及部分河流的航道、港湾、岛屿、险要及气候、风向、潮汐的变化规律记述甚详，为中国学者和军人提供了一部不可多得的军事地理教科书，提高了国人对于海防地理学的认识水平。

船政对中国近代海防测绘事业作出了突出贡献。船政学堂培养了大批测绘人才，直接参与了中国沿海城市港口、城防、炮台和包括台湾在内的海岛测绘，翻译了大量测绘书籍，为中国海防奠定了坚实的基础。

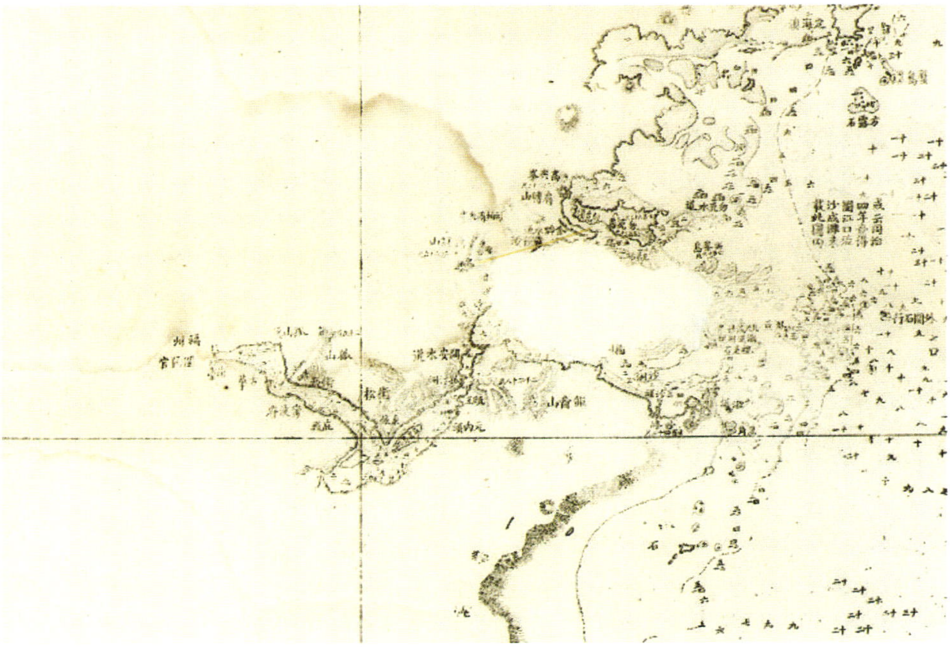

□专家品宝

“罗零基准点”出现时间可能大幅推前

马江海战纪念馆馆藏的船政军用大开版海图，在国内是仅见的，具有极高的研究价值。这套海图还提供了一个重要信息，那就是“罗零基准点”极有可能在19世纪70年代初就已经建立和运用。海图里要标注水深，必须先确立水深零点的计算标准。以往认为，清政府请德国工程师对闽江罗星塔段进行系统观测，在19世纪90年代确立了以“罗零基准点”为水准原点。但通过比较发现，绘制于19世纪70年代的船政海图所用的水准零点的计算标准，实际上与“罗零基准点”标准极为接近。“罗零基准点”出现的历史可能要大幅地往前推定。

陈悦（马尾船政文化研究会会长）

中国海军军服的审美演变

从中国近代海军的诞生到中国人民解放军海军成立，中国海军的军服经历了数次样式变化，其演进过程既体现了不同时代审美观念的变化，也在某种程度上展示了中国海军的成长史。

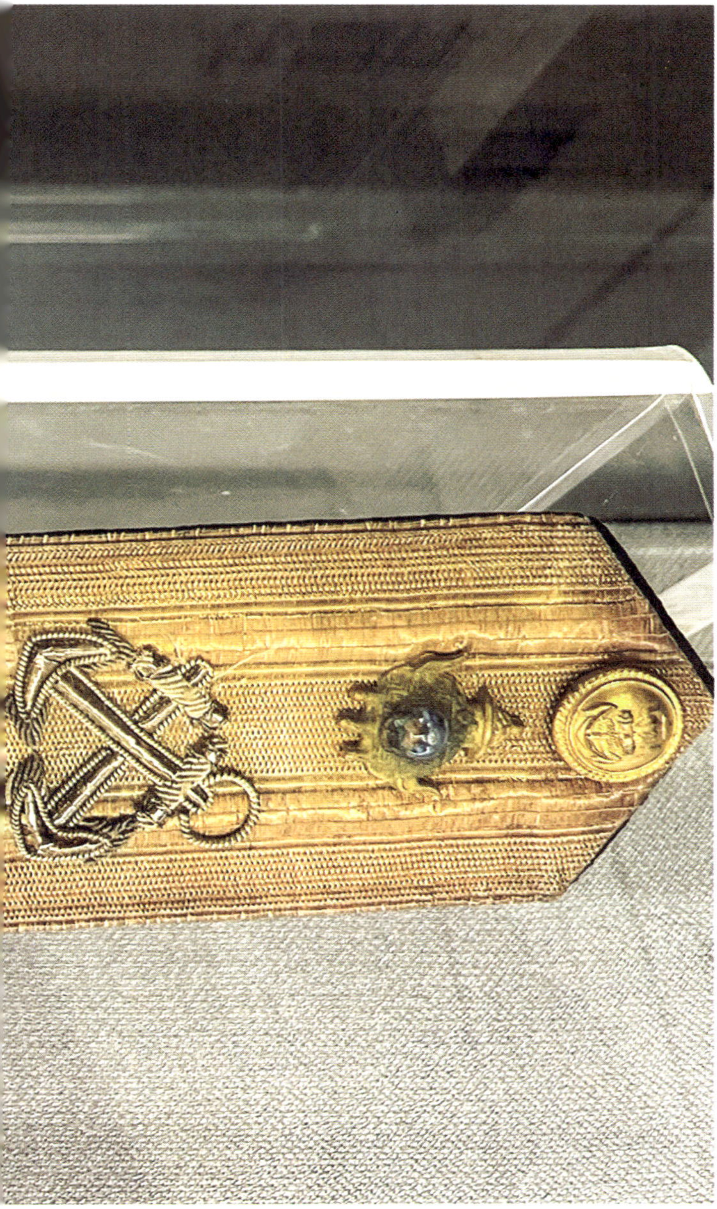

民国初期海军少将肩章

制作精良　工艺复杂

依山傍水的马尾被誉为中国近代海军的摇篮。中国船政文化博物馆收藏着一副民国初期的海军少将肩章，是国内博物馆中仅存的实物。

这副肩章为国家二级文物，是用在海军军官夏季制服上的。肩章制作精良、工艺复杂，它以蓝黑色呢子为底，覆一层用金色丝织带编织的金线，在这之上缀着三足宝鼎、交叉的海军锚、银星等标识。它是北洋政府统治时期（1912—1928）的海军肩章。最具辨识性的是上面的军徽标识，北洋政府时期海军的军徽是三足宝鼎，到了南京国民政府时期则变成了青天白日徽。而从银星可以看出，这副肩章的主人是一名海军少将。

1912年2月12日，清宣统皇帝溥仪宣布退位，统治中国三百余年的清王朝就此终结；2月15日，袁世凯出任中华民国临时大总统。由于袁世凯是继承淮系衣钵的北洋系军政集团的首领，因而北洋系统治时期的中华民国政府也被称为北洋政府。中国海军的各项规章制度随着新政府的成立开始变革。1913年1月18日，北洋政府以大总统令的形式批准颁行《海军服制》。

从整体上看，北洋政府时期海军的军服是清末海军军服的延续和改良，二者具有很大的相似性。北洋政府海军军服主要分为军官服与士兵服。军官服包括大礼服、礼服、公服、常服、夏服、外套、雨衣等。肩章的图案与清末海军相比，主要的区别是将原有的金龙戏珠标识改为三足宝鼎，取其革故鼎新的寓意。军官服的袖章绣入了嘉禾纹样，寓意“取丰岁足民之义，垂劝务农之本”，取代清末的龙纹。

“民国初期海军少将肩章是中国海军进入民国时期的历史见证。以三足宝鼎为军徽只存在于北洋政府时期，它也是目前发现的唯一一副北洋政府海军肩章实物。”陈悦说。

新的海军服装样式公布后，为了规范着装，保持整齐划一的军队形象，1918年10月21日，海军部颁行了《海军服装规则》，对各种场合的着装都做了详细规定。按照规定，每年的6月1日至8月底可以着夏季制服；由于各地区气候不一，也可由当地的资深军官视情况灵活处理。白色夏服没有袖章而用肩章，但航海中穿着夏服时，可不佩戴肩章。

一个未解之谜

这副肩章的主人是何许人也？这位海军少将身上又有什么故事？在中国船政文化博物馆内，同时陈列着它的主人陈赞汤所书的自传。

陈赞汤（1909—1959）是浙江平阳人，自幼丧父，家境贫寒。1921年夏，他考入福州海军制造学校，1924年4月，转往烟台海军学校学习，列入第十八届驾驶班，1928年毕业。次年，海军部派遣陈赞汤在内的20名海军员生赴英留学。留英5年后回国，他先后在军舰上任鱼雷官、航海官及教练官等职务。

陈赞汤参加过抗日战争。1938年，海军成立武汉区炮队，他参加了保卫武汉的战斗。在抗敌时，他临危不退、被俘不屈。他在自传中写道："盖临敌被俘，自度应死，读古人'人生一入死所，胜过十年修养'之句，故虽处饥寒困顿之境，亦反觉安然自得也。"

脱险后，海军部派他勘察川江阵地。为拱卫重庆，1939年3月，国民政府在宜昌至巴东间成立宜万区要塞，陈赞汤奉命襄助防守宜万区石碑炮台，担任宜万区要塞第一总台部上尉总台附。1940年5月，他被调往海军长江中游布雷游击队，第二年升任海军第二布雷队第二大队队长。抗战胜利后，他先后担任青岛中央海军训练团副主任、海军军官学校接舰训练中校副主任、海军总司令部第五署上校副署长等职务；20世纪50年代以"海军少将"在台湾地区退休。

2012年12月3日，陈赞汤的大女儿陈超向中国船政文化博物馆捐赠了父亲的海军生涯遗物，包括海军大礼帽、大礼服刀带、少将军衔标志（肩章、袖章、领章等），以及圆规、绘图尺、计算尺等海军文具。这批文物，尤其是其中的服饰，是民国海军军服制度的重要实证。但一个谜团也随之而来：陈赞汤遗留的海军少将肩章，为何竟是罕见的北洋政府时期的海军肩章？

"这个疑问至今未解。陈赞汤后裔捐赠的袖章、领章都是20世纪50年代的样式，唯独肩章是北洋政府时期的旧物。我们猜测可能是因为供应不足，临时给陈赞汤发了一副旧式海军少将肩章。又或许这副海军少将肩章并不是陈赞汤获授的肩章，而是他个人收藏的海军文物。"陈悦说。

中国近代海军军服的演变

在服装制度上，中国海军何时引入近代化设计思想？最早还得追溯到晚清时期。

1866年，清政府在马尾创办船政，1875年设立南北洋大臣，加速近代化舰队的建设。北洋海军在正式成军之前，称为北洋水师。1882年夏，为了辨等级、壮观瞻，与列强海军接轨，由时任北洋水师统领的丁汝昌组织人员，在参考英国海军军服的基础上拟定起草，并经北洋大臣、直隶总督李鸿章批准，颁行了中国第一部海军服装规范《北洋水师号衣图说》。这是目前能看到的中国第一部近代化的军服规范。

1888年12月17日，清政府批准施行《北洋海军章程》，标志着作为法定国家海军的北洋海军正式建军。在《北洋海军章程》中列有专门的冠服规范，可以视作对1882年样式的解释和修订补充。和这支军队本身具有的中西交融的特点一样，北洋海军的制服设计也充满了两种文化的交汇。这种具有强烈民族特色的军服样式一直持续使用到甲午战争结束后。

1908年，溥仪继位，载洵受命全面重建国家海军。1909年8月24日，载洵奏请清政府颁行《海军旗式及章服图说》，海军的服装样式一改以往的中式风格，完全效仿英国海军。

北洋政府时期，海军军服在清末海军军服的基础上进行了延续和改良。1931年2月20日，南京国民政府颁布了一套全新的服装制度《海军服装条例》。其中把军官服的种类规定为大礼服、常礼服、晚礼服、公服、晚公服、常服、晚常服、夏服等，系统的晚装规范是第一次在中国海军的着装制度中出现。

“这套制度从整体上看，与清末新建海军、北洋政府海军的服装制度一脉相承，由此可见，中国海军军服的传统已经逐渐明晰。”陈悦说。

□专家品宝

军服演变反映军事思想的变迁进步

军服，是一支军队外在的形象特征，也是一支军队自身传统的重要表现形式。军队建设的更迭演进，军事思想的变迁进步，往往会一定程度具体体现到服装的变化上。回首中国海军走过的百年历程，一代代各具特色的军服恰好是各个发展阶段的天然缩影。

北洋政府的海军服装制度，在民国海军中一直沿用至1931年新的《海军服装条例》颁行，见证了当时的中国海军在内战的波涛中分裂、统一的历史。目前，这一时期的海军军服实物极为罕见。中国船政文化博物馆这件由船政后裔捐赠的肩章是很珍贵的文物，不仅是中国近代海军一个阶段发展史的佐证，也是研究近代中国海军军服制度的独家实物。

陈悦（马尾船政文化研究会会长）

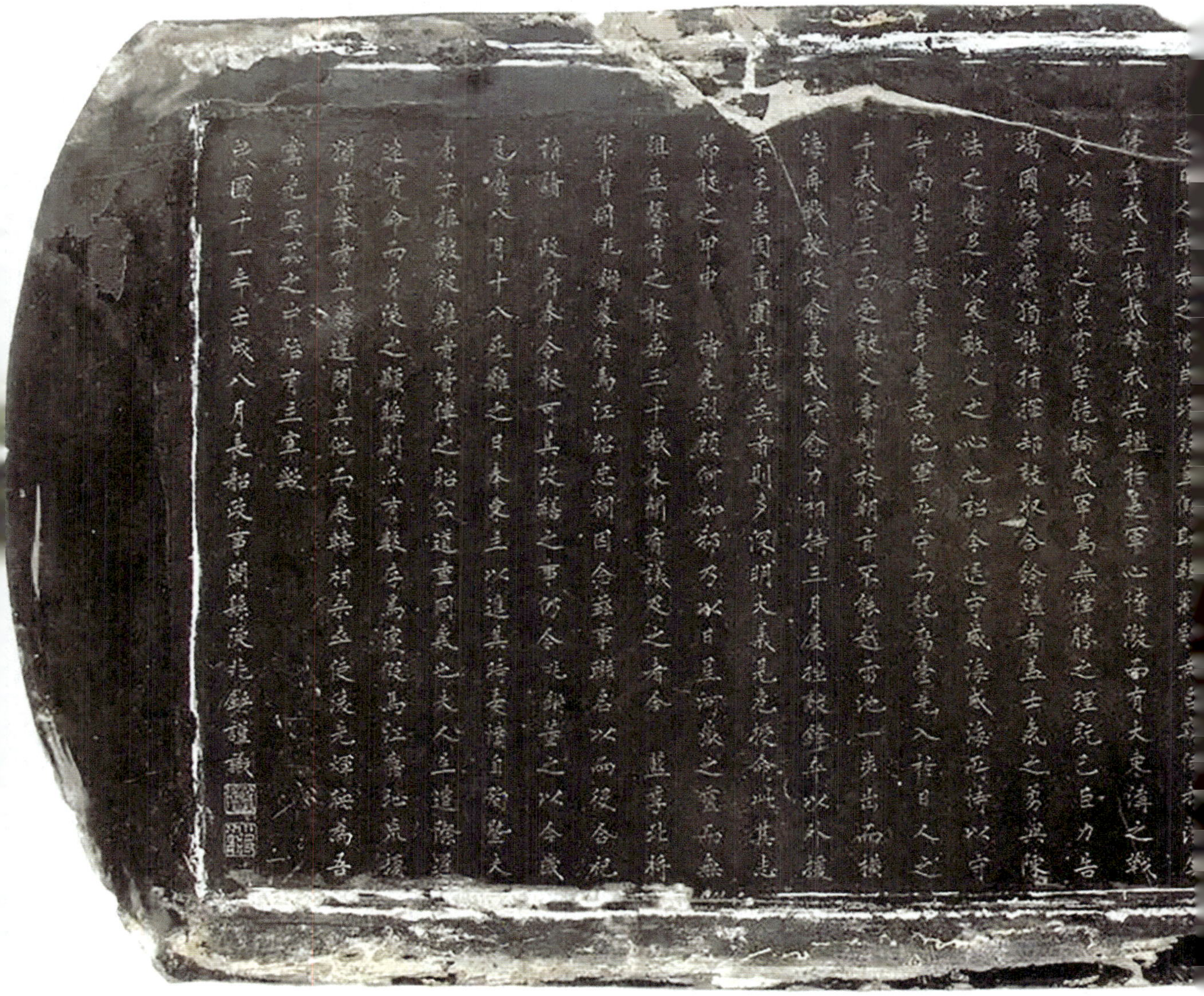

不朽的海军精神纪念碑

『甲申、甲午两役合祀马江昭忠祠记』石碑

1884年甲申中法马江海战、1894年甲午中日海战，是中国近代史上最重要的两场海战。在这两场战役中，近代中国海军将士坚决抵御外侮，忠心报国，谱写了可歌可泣的英雄篇章。

习近平总书记在《〈福州古厝〉序》提到的马江昭忠祠，同时供奉着甲申、甲午海战英烈。『甲申、甲午两役合祀马江昭忠祠记』石碑是对中国海军精神、船政精神的最好诠释，奠定了马江昭忠祠作为我国唯一一座近代海军纪念专祠的特殊地位。

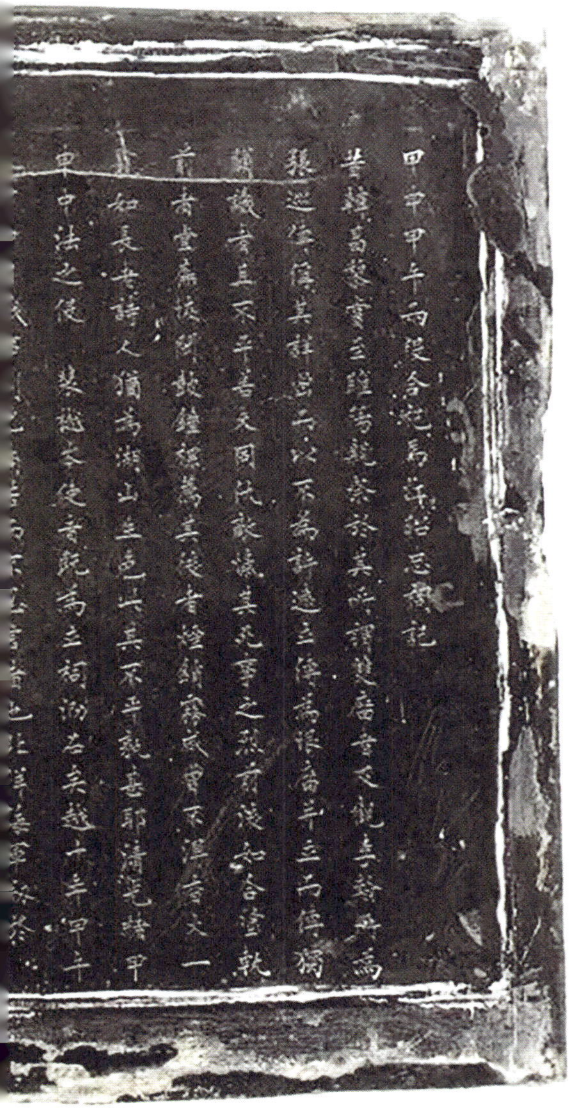

悲壮：从马江海战到甲午之殇

“甲申、甲午两役合祀马江昭忠祠记”石碑嵌于马江昭忠祠前厅内壁上，为时任福州船政局局长陈兆锵于1922年农历八月所书。它的故事要从近代中国两场悲壮的海战说起。

1884年，中法关系交恶。当时法国为了在越南扩张势力，胁迫清王朝在外交上让步，授意海军少将孤拔率舰队进攻中国东南沿海。1884年7月16日，法舰以“游历”为名进入闽江口，在马江罗星塔附近驻泊。清政府却谕令“彼若不动，我亦不发”，船政水师坐失战机。

1884年8月23日，法舰发动突然袭击，挑起甲申中法马江海战，这是中国近代海军的第一场海战。由于被清政府的命令束缚住了手脚，船政水师被动应战，各舰浴血厮杀，最终几乎全军覆没。据不完全统计，船政将士殉国者达800余人。

10年后，1894年，日本发动侵略朝鲜和中国的甲午战争。战争中，以船政毕业生为中坚骨干的北洋海军虽然弹药供应不足、缺乏支援，但顽强作战，与日军初战丰岛，鏖战黄海，最后在威海卫保卫战中苦战至弹尽粮绝而悲壮覆亡。

“船政是中国近代海军的摇篮，造就海军史上‘无闽不成军’的传奇。在最为惨烈的甲午黄海海战中，上演了‘船政一校一级而大战日本一国’的悲壮史诗。当时，北洋海军参战的12艘主力战舰中，有11名管带（即舰长）毕业于船政后学堂，其中9人还是同班同学；共有4人在黄海海战中以身殉国。”马尾船政文化研究会会长陈悦说。

面对敌人，海军将士殊死作战；面对绝境，他们以死明志，涌现出许多悲壮的故事。在马江海战中，“振威”舰管带许寿山率舰对抗3艘法国巡洋舰，以弱敌强，力战不屈，沉没前还向法舰射出最后一炮；舰沉之际，舰上士兵将一面崭新的龙旗升上桅杆，表示“舰虽亡，旗还在”，激励其他军舰坚持作战。在甲午海战中，管带邓世昌指挥重伤的“致远”舰撞击日舰，可惜功亏一篑，舰沉落水后他拒绝救援，以死殉国；“定远”舰遭日军偷袭重伤，为避免资敌自行炸毁，管带刘步蟾自杀殉国，实践了“苟丧舰，必自裁”的诺言。

“从马江海战到甲午之殇，船政英雄、海军英雄英勇顽强、誓死报国，铸就了中国近代海军不畏强敌、奋战不屈、坚韧顽强的传统，体现了海军之魂、民族之魂，这种精神应该被永远铭记。”陈悦说。

曲折：甲午英烈魂归船政故里

马江海战后，闽江沿岸军民自发组织打捞英烈遗体，并分九冢安葬于马限山沿江东南麓。1885年，船政大臣张佩纶奏请清廷修建马江昭忠祠。同年，清廷降旨在九冢东侧建祠，由新任船政大臣裴荫森主持修建，次年竣工。

马江昭忠祠原祀甲申战役诸先烈，甲午海战英烈缘何入祀其中？这背后藏着一段历史。

20世纪20年代，马江昭忠祠年久失修，日渐破败。1920年，海军总司令蓝建枢命福州船政局局长陈兆锵主持重修。蓝建枢、陈兆锵都是船政后学堂的毕业生，同在北洋海军服过役，参加过甲午海战，经历过战友、同学在身边倒下的痛苦。当时，蓝建枢、陈兆锵等9人联名提议，将甲午死难将士入祀马江昭忠祠。

这件联名呈文写道："我国海军自兴创以来，甲申中法、甲午中日两役，实为沉痛之历史，而我国人所永永弗忘者也。"甲申之役后，因朝廷敕建马江昭忠祠，死难人员得以"岁时致祭，垂危常典，而甲午一役尚付阙如"，因此"恳请大总统乞将甲午一役死难将士姓名并祀于马尾之昭忠祠"，"以表风烈而励忠节"。

未曾料到的是，这封呈文很快被驳回，因为政府里有人忆起，清末时海军曾在天津建有一所北洋海军昭忠祠，认为没有重复建祠的必要。然而经过调查，天津的昭忠祠是在甲午战后由海军统领叶祖珪奏请，后于宣统年间获准建设，但是建成后还没启用就经历辛亥革命，此后被私立觉民中学占用，海军部与之磋商收回无果。有鉴于此，1922年4月，海军部批准甲午英烈入祀马江昭忠祠。

"关于入祀英烈名录，还发生了一个小插曲。"马江海战纪念馆馆长王晓芹说。早前海军部发现甲午海战船册及请恤卷等档案丢失，导致英烈名单无据可查。1918年开始，海军部下令在舰队诸人中征集甲午海战死难人员名录。为让英烈"登列牌位，以示不朽"，1922年，陈兆锵在《福建省长公署公报》刊登启事，发动英烈家属和知情的亲朋好友提供资料。

1922年农历八月十八（甲午黄海海战农历纪念日），合祀仪式隆重举行，包括北洋海军提督丁汝昌、左翼总兵林泰曾、右翼总兵刘步蟾在内的244位甲午海军烈士入祀，同时还将1900年庚子事变中牺牲的海军将士一并入祀。陈兆锵作《甲申、甲午两役合祀马江昭忠祠记》："以今岁夏历八月十八死难之日，奉栗主以进。其时忧愤自殉，暨夫庚子拒敌被难者皆传之。昭公道，重同气也……"

如今，一代代船政人仍在努力调查、补充英烈名录。经多方考证、补充，马江昭忠祠的甲午英烈名录匾现已收录277人，甲申英烈名录匾收录854人。

专祠：近代中国海军的精神圣地

百年间，马江昭忠祠虽多次修缮，但基本保持1920年重修时的格局。在那次重修中，陈兆锵对马江昭忠祠做了整体规划，不仅完善了祠堂建筑，添建戏台、楼阁、花厅、回廊等，在东侧加盖一座二层小楼，还将烈士墓“昔分九垄，今聚一邱”，并在墓前立“光绪十年七月初三日马江诸战士埋骨之处”墓碑，用舰船铁板制成一座碑亭，为英烈遮风挡雨。

1920年8月，重修工程完成后，陈兆锵写了《重修马江昭忠祠墓记》。碑文原本刻石两块，后世留存墓记文字只有后半块内容。2021年9月17日，王国平、陈悦等研究者将从台湾找到的墓记完整底稿送到马江昭忠祠，让残缺半个多世纪的碑文首次得以全文亮相。

在墓记的开篇，陈兆锵从汉高祖祭祀战死者讲起，指出：“事不论成败，官不校崇卑，其为国效死者，必使其千秋万岁后，仍立于不朽之地。”

这次的重建和之后的合祀确立了马江昭忠祠作为中国近代海军纪念专祠的特殊地位，它也成为近代中国海军的精神圣地。

1933年2月13日，国民政府海军部将每年的8月23日（甲申中法海战公历纪念日)及9月17日（甲午黄海海战公历纪念日）定为海军纪念日，规定当天由在闽海军最高长官率领海军人员到马江昭忠祠致祭。1936年7月28日，海军部颁定《马尾昭忠祠甲申、甲午海军阵亡将士祭典仪序》，马江昭忠祠的祭典首次有了法定的祭祀仪轨。如今，马江昭忠祠依旧沿袭着公祭日的传统。

昭忠华夏，碧血千秋。马江昭忠祠见证了船政和中国近代海军的兴衰，也见证了近代中国的海防自强梦。如今，它依旧伫立在马江之畔，提醒着世人以史为鉴，奋发图强，继承先烈的爱国精神和向海图强、振兴中华的宏图之志。

马江昭忠祠

□专家品宝

石碑奠定马江昭忠祠的地位

甲申、甲午两役皆有船政学堂毕业生身影。一座学堂，两支舰队；一群将士，两场海战。这是近代中国试图海防自强的见证。马江昭忠祠合祭的是中国近代海军两次抵御外侮的阵亡将士英灵。在中华民族最为艰难的时刻，他们一往无前地履行保卫祖国的神圣职责，自始至终焕发着中国人民、中国海军不屈的精神。

“甲申、甲午两役合祀马江昭忠祠记”石碑，不仅是两役英烈合祀的记事碑，还是一块海军英烈纪念碑，由此奠定了马江昭忠祠在中国海军史、海洋史上的地位。

王晓芹（马江海战纪念馆馆长）

白釉带流单把壶和白铜墨盒

近代海军将领叶祖珪的日常小物

他是从福州三坊七巷走出来的船政学堂『优等生』；他是我国首批赴英国留学的海军学生；他是中日甲午海战中当机立断以『靖远』舰代替受伤的旗舰，重振军威的人；他临危受命，统领南北洋海军。他就是我国近代著名爱国海军将领——叶祖珪。

在福州市博物馆里，一把叶祖珪使用过的白釉带流单把壶和一方白铜墨盒，也许能为我们展现这位闽籍海军将领的亲切与不平凡。

白釉带流单把壶
见证英伦问道

清光绪三年（1877），船政派出了第一批留学生奔赴欧洲，其中叶祖珪、严复、刘步蟾、萨镇冰等6名学子进入当时世界上最好的海军学府英国格林威治皇家海军学院深造三年，踏上了一条与同时代中国人大相径庭的道路。

叶祖珪满怀求知的欲望，“勤敏颖悟，历练甚精”。他曾在英国海军的装甲战列舰、巡洋舰上实习，随舰航行于地中海、大西洋、印度洋，学习海上进攻与防守战略战术，表现出色，“于行军布阵及一切战法，无不谙练”。

在英国的三年里，船政学员们在学习之余，还四处参观，开阔视野。他们在英国议会、法院、蜡像馆旁听参观，赴法国卢浮宫、凡尔赛宫、万国博览会游览……据说叶祖珪还曾应邀到泰晤士河口参加外国兵船茶话会。在这样的环境中，这些船政学子逐渐融入英国当地生活。久而久之，他们的生活习惯也日趋西化。

福州市博物馆馆藏的这件白釉带流单把壶，让人很自然地联想到西方人日用的陶瓷牛奶壶。这正是从19世纪末到20世纪初叶祖珪一直带在身边使用的器物，它也许就是那段不平凡的留英生活的见证物。

海军史学者、马尾船政文化研究会会长陈悦说："这些留英、留法的船政学子最了不起的地方就是他们当时不仅仅局限于所学的专业本身，还接触了西方社会，感受到了近代化，看到了东西方很多领域的差别，并想改变它。"

爱国同心
墨盒见证叶祖珪与林纾的友谊

前面说的这件文物也许带了点舶来色彩，而福州市博物馆收藏的另一件叶祖珪的文物则显然充满了浓郁的中国传统文人情趣。这是一位名气和"脾气"都不小的同乡好友送给叶祖珪的礼物。

林纾与叶祖珪同为福州老乡，都生于1852年。林纾一生未入仕途，但十分关心民族存亡，认为"天下爱国之道，当争有心无心，不当争有位无位"。当中日甲午战争中国战败，清廷与日本签订丧权辱国的《马关条约》时，他与友人上书抗议，反对割让辽东半岛及台湾、澎湖各岛。

1901年，林纾移居北京，在京师大学堂任教，闲暇时翻译、作画。此时叶祖珪任北洋水师统领。两人爱国同心，又同为老乡，故常有往来，纵论时势，友情逐渐加深。

据叶祖珪曾孙叶芳骐在《一腔忠爱增友谊 墨盒千古耀榕垣》一文中回忆，以前家里曾悬挂林纾绘赠的两幅水墨画于中堂，"意境深远，耐人回味"，可惜均毁于动荡时期。"1903年，在元宵佳节来临之际，林纾又赠送曾祖一方白铜墨盒，上刻山水草木、行书'林纾写赠桐侯军门 癸卯元夕'字样。墨盒做工讲究、精致。时隔百载，仍光华照人，画面清晰，盒盖边沿上下严密紧扣。这方珍贵的墨盒，后由侨居加拿大的叔父延隽保藏。"墨盒是旧时人们的便携文具，里面的丝绵吸饱研好的墨水，不易挥发，使用方便。对于戎马倥偬的叶祖珪来说，这可谓一件贴心的礼物。

叶氏家族
一直保持捐赠文物的传统

洋务运动时期，清政府为增强海军装备，数次向外国订购船舰。但由于缺乏有外域航海经验的人才，只能高价雇佣洋人驾舰回国。这样既费钱耗时，还常常因洋雇员故意刁难，让新舰在航行中遭受不同程度的损伤。为破此局，1887年朝廷委派叶祖珪赴欧洲接领在英、德订造的“致远”“靖远”“经远”“定远”四舰。经过数月远涉重洋，叶祖珪亲自主舵“靖远”舰，率四舰安全抵达大沽口。这次接舰成功，不仅节省巨资，更打破了中国近代海军事事仰赖洋人的旧习。叶祖珪也因此被授“捷勇巴图鲁”称号，后来还成为“靖远”舰管带，屡立战功。

在1894年的黄海海战中，叶祖珪统率“靖远”舰奋勇作战，在旗舰“定远”桅楼被毁、无从指挥的情况下，升起司令旗，指挥全队，于是“诸舰随之”，日本舰队只得退出战场。然而在次年的刘公岛保卫战中，“靖远”舰被敌军炮击重创搁浅，为避免资敌，叶祖珪只能忍痛将其炸沉。为了怀念，他总是随身携带铸有英文“大清帝国海军——靖远”字样的钢茶匙，并多次对家人、友僚感慨：“看到这茶匙，好像‘靖远’还在我身边。”

20世纪90年代初，叶芳骐把自己珍存的这把钢茶匙，连同曾祖的两张照片和“靖远”舰照片，捐献给中国人民革命军事博物馆。后来又向福建省博物馆捐献了叶祖珪的一只英国瓷盘、一把铜叉以及照片的复印件。

1999年，听闻福州市博物馆新馆将要落成，叶芳骐函告远在海外的亲人，请他们返乡祭扫之际，将这只珍贵的白铜墨盒随带归来，捐献给市博物馆收藏。这方凝结着福州两位近代名人情谊的墨盒，去国离乡，远飘万里，终于在世纪之交回归故里。

2011年，全国第一个船政文化图书馆——“船政书屋”在福州马尾正式开馆。叶芳骐积极联系并倡议叶家海内外族人踊跃为船政书屋捐献资料和书籍。叶祖珪在加拿大的孙子叶延隽捐出中英文双语的《叶祖珪传》。叶芳骐亦将自己珍藏的萨镇冰族叔萨承钰实地考察中国沿海要塞绘制成的《南北洋炮台图说》捐献出来。

□专家品宝

一中一西，历史缩影

叶祖珪是由船政学堂培育出的中国近代海军名将，亲身经历了甲午海战，又在战后担负起了复兴海军的重任，可以说一生都献给了海军事业，在近代海军军人中颇具代表性。福州市博物馆的这两件文物藏品都是叶祖珪的自用品，十分珍贵。饶有趣味的是，两件文物一中一西，恰好是那个时代中国海军历史的缩影。

近代中国遭受西方列强从海上发起的侵略，由此在19世纪中叶开始尝试学习西方科技，建设中国自己的新式海军，希望通过这样的方式来实现国家和民族的自强。也由此，中国近代海军军人是最早的系统学习、吸收西方科技的人群。眼界开阔、生活方式西派，是他们外在的普遍特征。而在另一面，他们也继承着中国传统士人的家国情怀、忠勇精神，乃至文化传统和审美标准。

陈悦（马尾船政文化研究会会长）

陈绍宽床榻

归隐难隐海军梦

位于福州火车南站旁的仓山区城门镇胪雷村东洋路182号，是福建省级文物保护单位陈绍宽故居。官至中华民国海军部部长、海军总司令，新中国成立后担任过福建省副省长的陈绍宽，1945年回乡后曾住在这儿。

在这个由福州市博物馆管理的故居里，有一张床榻格外引人注目。这是一张三屏风式罗汉床，长184cm，宽73cm，正面围子略高，高40厘米。它参考了军舰上床榻的式样，榻面为藤条编成，透气耐用。榻的下半部分由5个抽屉组成，正面3个，两侧各1个。榻面与抽屉之间有10厘米的间隔，夏天时便于空气流通、防潮散热；冬天时此空间内添置床褥，防寒保暖。整个床榻古朴简洁，但空间无疑是狭窄的。陈绍宽在这榻上休息时，大约会想起自己戎马倥偬、枕戈待旦的前半生吧。

陈绍宽

为"海军强国"奋斗40个春秋

1866年，闽浙总督左宗棠在福州马尾创办船政；不久，沈葆桢接手，开展了建船厂、造兵舰、办学堂、引人才、派学童出洋留学等一系列活动，培养和造就了一批杰出的海军将士。后来这群船政人将福建船政的教育体系带到天津、烟台、江南（南京）、黄埔（广州）等海校。陈绍宽是这种教育体系培育出的海军标杆式领军人。

陈绍宽1889年10月7日出生在闽侯县城门乡胪雷村（现隶属于仓山区城门镇）。父亲陈兆雄晚清时投身"龙旗飘扬的舰队"，由水兵升至"海圻"舰中士管轮，在一次围剿海盗的战斗中与管带萨镇冰结谊。

陈绍宽幼时聪颖好学，深得萨镇冰的喜爱，因而被推荐到教会办的格致书院就读，打下了良好的英语基础。从1905年考入南京江南水师学堂，至1945年卸任海军总司令止，整整40个春秋，陈绍宽都在为实现中华"海军强国"梦而努力。他参加过北伐战争、第一次世界大战、抗日战争，立下过赫赫军功，还曾代表中国海军接受日本投降。

抗战胜利后回乡隐居

陈绍宽故居，由门楼、庭院、厅堂、花园等组成，正面为西洋建筑式样，高大的马鞍形风火墙却有典型的福州传统民居特色。这幢老宅是陈绍宽的父亲与叔叔1921年共建的。

1945年中国人民取得了抗战胜利，中国正是百废待兴的时候，以蒋介石为首的国民党政府却发动内战，抢夺抗战成果。陈绍宽以"抗战后海军元气尚未恢复，且绍宽在抗日期中报效无多，已愧对国人，若再参加内战，内疚殊大"为由，公开反对内战，三次向蒋介石请辞。蒋介石不允许，他便自己回到胪雷老家，归隐以明志。

回到胪雷老家后，陈绍宽对故居进行了一系列改造，将宅子打造成了一艘“军舰”——马鞍墙上的两个圆孔，仿佛军舰船舷观测孔；花园中的“日”字形的水池，象征着浩瀚的大海，半圆形的水池则好似军港；四面环水的八角亭相当于指挥台；各水池之间有水道相连，仿佛江河。这都与陈绍宽的海军经历密切相关。

陈绍宽还重点改造了起居室，将它打造成军舰休息室的模样。他将柜子内嵌到墙壁中，桌子呈半圆形，而他睡的床榻也参考了军舰上的床。

陈绍宽睡这个床榻还有一个说法。那就是陈绍宽成婚四年后妻子病逝，其后便不再续娶。据说宋美龄想介绍表妹给陈绍宽以图拉近关系，陈绍宽为了在各阵营间保持中立，也为了心中的爱妻，婉拒了这一好意。他表示自己多年在海上漂泊，早已将一生交给了海洋。陈绍宽回乡后睡小床，也表明自己断绝了续弦的可能。而站在朝南的窗户前，更是可以遥望对面山上夫人的墓地。

两袖清风　廉洁奉公

在陈绍宽故居大厅中央挂着两副匾额，分别是“两袖清风”与“一身正气”。这是后人对他一生廉洁奉公、公道正派、勤俭为民的肯定。

陈绍宽在任职中华民国海军期间，一直以清正廉洁要求自己。1927年10月，继第一舰队司令陈季良之后，第二舰队司令陈绍宽宣布归附国民革命军，率舰与北洋军阀孙传芳鏖战龙潭。龙潭战役是北伐战争中最激烈、最具决定性的一场战役。在这一战中陈绍宽大获全胜，成为新一代海军领军人物。当时他获得了5万银圆的嘉奖，他将半数寄回家乡胪雷，独资捐建了一所小学，也就是今天胪雷小学的前身。

北伐胜利后，陈绍宽担任中华民国海军部部长，由于经费有限，他将自己的津贴捐出和部长机密费一起作为中国海军的建设经费。1945年离职时，这位月薪1.6万元的海军总司令，仅余1.2万元积蓄和几箱书报。

陈绍宽说过，不论做官与做人，都要光明磊落，清廉自守。当官不是终身职，而做人却是终身的事。

床榻抽屉中保存着萨镇冰书信

1949年8月17日福州解放，陈绍宽与萨镇冰通电公开拒绝蒋介石的赴台电召，拥护中国共产党领导的新政权。时任中共福建省委书记、省人民政府主席张鼎丞两次亲赴胪雷，探访陈绍宽，诚请他出山，为革命工作。

据胪雷村干部陈依明回忆，他曾在陈绍宽睡的这个床榻下方抽屉中发现过萨镇冰写给陈绍宽的信。信件内容回忆如下："厚甫同舟惠鉴：足下高才，46（年）不予合污，今仍钦佩至极。昨张鼎丞先生来舍，述及现全国已解放，足下理应出山，重整海业，统率澎湖之列岛，事成之后，再返故园，未晚矣。"

陈绍宽感动于张鼎丞的诚意，为萨镇冰的"统率澎湖之列岛"所鼓舞，怀揣着统一中国的壮志，欣然表示愿意参加革命工作。随后他公开表态拥护中国共产党的领导，并表明"此番出山，并非做官，而是为人民做事"。

1969年3月，陈绍宽因患胃癌住进福建省立医院。住院期间他曾对秘书潘守正口授了一封给毛主席的信，对中国共产党和人民政府多年来给予的无微不至的关怀、照顾表示无限感激。信中还希望在台湾的国民党军政人员激发爱国主义精神，为统一祖国事业作出贡献。

陈绍宽逝世后，根据他生前的愿望，族人将他一生仅存的8000元钱拿出4000元为家乡修建了"胪峰一桥"和"胪峰二桥"。

福建省人民政府为陈绍宽召开了追悼会，悼词中称他"在解放战争后期，与我党建立了联系，为人民解放事业做出了贡献"，赞誉他的一生"工作认真负责，谦虚谨慎，勤勤恳恳，作风正派，生活俭朴"，推崇他是"一位受人们尊敬的爱国民主人士"。

陈绍宽故居

□专家品宝

从一张床榻感受精神的力量

陈绍宽曾身居高位，在经历了波澜壮阔的前半生后，他辞去海军要职回归故里，平静地享受乡间的清风，与满屋的书香。

从一张床榻，可以了解一个人的品性，进而了解他的一生。这张与陈绍宽夜夜相伴的床榻寄寓着他的海军梦。陈绍宽晚年无家室牵挂，始终难以割舍的，是对海洋的依恋，对中国海军壮大的期待，还有对祖国统一的企盼。

陈绍宽故居自2017年5月1日开放以来，每年接待数万游客，从耄耋老人到懵懂稚子，参观者无不被这张床榻以及床榻背后的故事所感动。这张床榻是陈绍宽为官清廉、两袖清风的最好写照。

林萃嬿（陈绍宽故居负责人）

左海襟怀

清鸦片战争时期虎门炮台用的陶火药缸

清鸦片战争时期虎门炮台用的陶火药缸，单一质地，高36.2cm，口径（内28.5cm，外34.2cm），底径33cm，重量7.833kg，缺盖，口磕、冲口、炸腹，无底座，为一级文物。缸身施黑釉，缸身中间有长方形素面，书“炮台火药缸”五个黑釉字；火药缸容量大，用于贮存火药，是鸦片战争期间抗击英国侵略军的重要历史见证。

虎门炮台陶火药缸

它，见证中国近代史开端

习近平总书记在《〈福州古厝〉序》中写道：『当我们来到林文忠祠，它正眉飞色舞地向我们讲起，林公则徐气壮山河的壮举——指挥军民在虎门销烟的历史。』虎门销烟，是林则徐历官14省、为官30余年跌宕起伏一生的高光时刻，也揭开了近代中国人民反抗外来侵略的序幕，激励着无数中华儿女奋发进取，实现中华民族的伟大复兴。

在福州市林则徐纪念馆里有这么一件特殊的国家一级文物——清鸦片战争时期虎门炮台用的陶火药缸，它便是林则徐虎门销烟和鸦片战争的见证者。

虎门销烟——若鸦片一日未绝 本大臣一日不回

清代中后期鸦片烟毒逐渐在华夏大地弥漫开来，贻害民生，也使白银大量外流。当时朝廷对于鸦片的态度分为两派，一派是弛禁派，主张鸦片合法化；另一派则是严禁派。

林则徐是禁烟主张身体力行的拥护者，早在湖广总督任上他就意识到了鸦片的危害，积极办理禁烟，劝惩兼施，成效显著。面对朝廷内弛禁还是严禁的争论，和道光帝的摇摆不定，林则徐忧心忡忡地提笔写下奏折：“……迨流毒于天下，则为害甚巨，法当从严。若犹泄泄视之，是使数十年之后，中原几无可以御敌之兵，且无可以充饷之银。”他一针见血地指出，鸦片的危害影响着民族的存亡。这番肺腑之言让道光皇帝颇为动容，诏令林则徐进京入觐，于是便有了广为流传的道光帝连续八天八次召见林则徐的故事。

在第五次召见时，道光帝任命林则徐为钦差大臣赴广东查禁鸦片。也是从这次召见起，林则徐被赐坐肩舆入内，这是给予臣子的极高礼遇。

1839年3月，林则徐到任广州，一到广州就大刀阔斧，雷厉风行，发公告、下谕帖、缴烟土、抓烟贩，以雷霆之势打击了鸦片贩子的嚣张气焰。他郑重宣告：“若鸦片一日未绝，本大臣一日不回，誓与此事相始终，断无中止之理。”

6月3日至25日，历时23天，虎门海滩，滚滚浓烟中，缴获的2万多箱、237万斤鸦片当众销毁，震惊了整个世界，也震慑了虎视眈眈的外国列强，向世界表明了中国人禁烟和反对外来侵略的决心，在国际禁毒史上树立起了一座丰碑。

遣戍新疆——
苟利国家生死以，岂因祸福避趋之

开展禁烟后，林则徐所面临的形势迅速恶化起来。1840年，英国为了打压林则徐的禁毒行动，打开中国的大门，发动了鸦片战争。“清鸦片战争时期虎门炮台用的陶火药缸”这件镇馆之宝正是在鸦片战争期间抗击英国侵略军中发挥了重要作用。火药缸为陶质，内外施黑釉，口部、底部不施釉，缸身有长方形素面，书“炮台火药缸”。缸体高36.5厘米，口径28厘米，重约8公斤，容量大，防潮，用于贮存火药。口沿多有磕口，缸体炸腹，布满斑纹，这都是那场战争所留下的痕迹。

讽刺的是，鸦片战争后，林则徐却被道光帝以“误国病民、办理不善”的罪名革职查办，遣戍新疆伊犁“效力赎罪”。

走进福州市林则徐纪念馆，穿过仪门，有一重檐歇山顶的正四角亭，正面悬挂着“御碑亭”的匾额，两侧柱子上有木刻版楹联一副，题写的正是林则徐流传百年的名句——“苟利国家生死以；岂因祸福避趋之”。

这一名句出自林则徐诗作《赴戍登程口占示家人》其二。1842年8月11日，林则徐赴戍新疆前，在西安告别妻子和家人，见夫人郑氏愁绪万端，遂口占此诗志别。林则徐借诗句抒发爱国之志：只要是对国家有利的事，定会全力以赴，绝

不会因为个人的荣辱福祸而趋避。事实上，在流放新疆的三年里，他确实不顾政治上的逆境和衰龄病躯，尽其所能给新疆各族人民办实事、办好事。

在新疆的三年里，与林则徐命运休戚与共的还有一个人——邓廷桢。他与林则徐一同缴烟、销烟、筹划防务、抗击英军，并同样被革职，充军伊犁。可以想象，林、邓二人在新疆是如何互相扶持并成就一番事业的。或许我们可以从邓廷桢离开伊犁授任甘肃布政使时林则徐的赠别诗里窥见一二："白头到此同休戚，青史凭谁定是非。"

在林则徐纪念馆内，保存着一张邓廷桢临摹黄易《嵩洛访碑图》册之"石淙"页题记的扇面。从他字里行间蕴含的豁达悠然，我们或许可以体味两位民族英雄的惺惺相惜。

福州市林则徐纪念馆——
林则徐文物收藏中心、史料研究中心和精神展示中心

林则徐为国家和百姓奉献了一生，两任钦差大臣、五任地方总督，历官十四省、为官三十余年，除了震惊中外的虎门销烟，他还是中国近代"开眼看世界第

一人”，主持编纂近代中国第一部相对完整、比较系统的世界地理志书《四洲志》。他请挚友魏源在此基础上扩编而成的《海国图志》，影响到了此后清政府的洋务运动和日本明治维新。此外，他还是一名出色的治水专家，兴修浙江、上海的海塘，太湖流域各主要河流等水利工程，治理黄河，回籍守制时还不忘为家乡父老疏浚福州西湖；即使是充军伊犁之时，也捐资兴建龙口水渠工程，推广坎儿井。今天，当我们参观林则徐纪念馆，展厅中林则徐在近代中国历史上创造的九个“第一”赫然在列，震撼着每一个参观者。

福州是林则徐的故乡．林则徐生于斯、长于斯、葬于斯。家乡人民也将永远铭记和怀念这位令人自豪的民族英雄。1995年6月3日，林则徐诞辰210周年之际，福州市在城区南大门——白湖亭举行林则徐铜像揭幕仪式，时任省委常委、福州市委书记习近平为铜像揭幕并发表重要讲话。他说：“今天，故乡的人民竖立起林则徐铜像，就是为了激励自己，教育后人，让在林则徐身上体现出来的中华民族的伟大精神永远发扬光大。”

福州市林则徐纪念馆是林则徐文物收藏中心、林则徐史料研究中心和林则徐精神展示中心。作为林则徐纪念馆的镇馆之宝，国家一级文物，见证过中国近代史开端的“清鸦片战争时期虎门炮台用的陶火药缸”正摆放在“林则徐史绩展”的显著位置。

□专家品宝

鸦片战争
现存极少的直接历史物证

这件陶质“虎门火药缸”至今已近两百年，历史价值高，现存数量非常少。作为鸦片战争时期现存极少的直接历史物证，它见证了禁毒先驱林则徐震惊世界的壮举“虎门销烟”，见证了近代中国人民反侵略的斗争，也见证了中国近代史的开端。作为国家珍贵文物，它既是福州市林则徐纪念馆的镇馆之宝，也是广东和福建两地军民联合抗英御侮的友谊之物，还是中国人民勇于反抗、不屈不挠的爱国主义精神的集中体现。

林峰（福建省文物保护中心主任、文博研究馆员）

清青花竹菊纹瓷灯

林则徐传家宝『一灯在壁』的故事

『苟利国家生死以，岂因祸福避趋之』，是林则徐一生襟怀抱负的真实写照。这种融入血脉的爱国情怀与他双亲的谆谆教诲、言传身教是分不开的。

摆放在福州市林则徐纪念馆展厅中的清青花竹菊纹瓷灯，直径13.5厘米，高14.5厘米，是清道光年间福州民间极为普遍的油灯样式。但这盏青花瓷油灯的背后是一则林则徐『一灯在壁』的故事，见证了这位民族英雄少年时砥砺前行的珍贵时光，亦是林家的传家之宝。

"一灯在壁"讲述年少艰辛

清乾隆五十年七月二十六日（1785年8月30日），林则徐出生在福州左营司巷一间破旧的出租屋里。父亲林宾日是一位清贫的教书先生，母亲陈帙靠做女红贴补家用，全家十二口人，生活十分艰难。

林则徐曾在《先考行状》中写道："每际天寒夜永，破屋三椽，朔风怒号，一灯在壁，长幼以次列坐，诵读于斯，女红于斯，肤粟手皲，恒至漏尽……"这段回忆讲的是林则徐幼年时，每当寒夜漫长的冬季来临，外面北风怒吼，在十分简陋的屋子里，墙上挂着一盏小油灯，一家老小依次坐在昏暗的灯光下，父亲悉心教导儿子诵读诗书，母女们剪纸折花做女红，皮肤都起了鸡皮疙瘩，手上冻裂了口子。他们经常就这样熬到深夜。

父母亲不仅鼓励林则徐求学上进，还以实际行动教会他如何为人处世。儿时，林则徐就亲眼看到父亲把米送给一贫如洗的三伯父林天策一家，自己家里人却忍饥挨饿。父亲还告诉他说："你的伯父如果来了，不可以说我们家还没有生火做饭。"在《先考行状》中记录了林宾日许多关心族人、救济穷人、正直做人的事例。这些品质对于林则徐的成长起着春雨润物般的"身教"作用。

父亲还经常告诫他"不妄与一事，不妄取一钱"。有一次，一个"身家不清"的文童出重金请林宾日为之作保（当时考秀才要请廪生做担保人），虽然家贫，但林父还是婉拒了。林家淡泊、仁爱、勤俭的家风，奠定了林则徐的人生观和价值观，为他日后勤政、廉洁打下了坚实的基础。

林则徐玄孙林崇墉在《一盏油灯传家风》中回忆，这盏油灯已经成为林家深具象征意义的传家宝。林家后裔每逢除夕吃年夜饭，长辈总会在桌子上摆一盏油灯，吃一盘素炒豆腐，指着油灯和孩子们说起林则徐年少时的故事，激励后代吃苦耐劳、发愤图强，传承林家的优良家风。

从《先考行状》读林则徐的父子情

林则徐为官清廉，爱国为民，刚正不阿。这与父亲林宾日从小对他的教养是分不开。林宾日是清嘉庆年间的岁贡生，一生未仕，以教读、讲学为生。道光七年（1827），林宾日由福州启程，本想与上任江宁布政使的儿子共聚天伦，然天不遂人愿，行至衢州，突染疾病去世。林则徐闻父讣讯悲痛不已，南归奔丧，在籍守制时写下了前文提到的《先考行状》，缅怀父亲。

这篇长文中记载，林父在林则徐刚满4岁时就对他进行了启蒙教育。父亲每日将他带到罗氏试馆，抱在膝上，口授章句。“府君（指林父）之教，谆谆然，循循然，不激不厉，而使人自乐于向学；讲授书史，必示以身体力行、近理著己之道，罕譬曲喻，务使领悟而后已，然未尝加之笞挞，即呵斥亦绝少。”可见，林父对于林则徐的教导因材施教，循序渐进，不压抑孩子的天性，让孩子享受读书的乐趣。也正是在这种宽松的学习氛围和因势利导之下，林则徐很快就展露出了他的聪颖天资，12岁被选为佾生，14岁中秀才。他参加县试的文章《仁亲以为宝》借晋献公父子关系，阐述了君臣、父子的伦常关系，能从中深切感受到父爱对于林则徐的滋养以及孔子“忠君尊王”思想对于林则徐的影响。其中“表里山河，天下有失而复得之国；墓门拱木，自古无死而复生之亲”“君臣之合本人为，自古原无独私之国；父子之情本天性，天下更无可代之心”等名句流传甚广，也被林则徐好友梁章钜的《制义丛话》所收录。

嘉庆九年（1804），林则徐参加乡试，中第二十九名举人。中举之后，林则徐一边为去北京参加会试备考，一边开始工作。他应厦门海防同知房永清聘请，担任文书，后得福建巡抚张师诚赏识，成为其幕僚。嘉庆十六年他考中进士，入翰林院，从此开启了宦海浮沉的一生。

回忆母亲写下感人的《先妣事略》

“先妣”是对已故母亲的尊称，含有怀念、哀痛之情。清道光四年（1824），林则徐以江苏按察使署布政使任。是年闰七月十七日，林则徐突然接到母亲陈帙在福州病故的噩耗，立即请假回籍奔丧，按照封建礼制，在家乡丁忧三年。八月，林则徐含泪写下追忆母亲的《先妣事略》。第二年二月,因洪泽湖决堤，朝廷命林则徐前往督工。“不得为忠，安得为孝？”林则徐不顾自己正“为痁疾所缠”毅然接受谕令。督工期间，他身着素服，不加顶戴，每日奔走在泥泞的工地上。

《先妣事略》语言质朴而有感染力，在追述亡母生前之事时，林则徐流露出异常悲痛之情。林母陈帙出自书香门第，为闽县岁贡生陈时庵第五女。林则徐文中记载母亲18岁嫁给父亲时，因家中旧债很多，父亲教书的酬金仅够偿还债务，母亲经常忍饥挨饿而不让他知道。即使父亲因廪生津贴而收入稍丰，但对于人口多的林家而言，仍是杯水车薪，母亲必须从事女工“以佐家计”。即使如此，林母也没有放弃过林则徐的学业。《先妣事略》中记述了一个这样的故事：

懂事后的林则徐看到母亲和姐妹们每天起早贪黑、忙于做活，深感不安，提出“请代执劳苦，或推让饮食”，表示要分担生活重担。母亲却正色说道：“男儿务为大者、远者，岂以是琐琐为孝耶！读书显扬，始不负吾苦心矣。”意为男儿志向要远大，只有刻苦攻读学业才不辜负父母的期望。“读书显扬”，这是出身于书香世家的陈帙对知识的敬畏，也是她作为一个母亲的深谋远虑。

即使在林则徐出仕之后林家的家境有所改善，林母仍旧勤于做事（《先妣事略》中记载，“先妣于女工之事未尝一日辍也”），节衣缩食，接济亲族乡党。林则徐为官“无一日不治事，无一事不尽心”，无疑正是传承了这一家风。

□专家品宝

清廉家风一脉相承

这盏小小的油灯看似简单，实则不平凡。它历经两百多年的风雨，向世人生动地展现了林则徐一脉相承的清廉勤俭家风。林则徐不仅身体力行、严于律己，更是将优良的家风传给子孙后代。如今，林家子孙们不论身在何处，始终不忘先祖遗训，秉承优良家风，兢兢业业、清白做人，在各行各业发挥着重要作用。

林江（福州市林则徐纪念馆党支部书记、副馆长）

父諭吾兒汝舟拱樞知悉余服官中外已三十餘年並
無經營田宅之暇惟
祖父母在時每歲於俸廉中酌留甘旨之奉
祖父母不肯享用略置家鄉產業除分給汝四姊外有
留歸余名下者載在道光丙戌年分書汝等亦已
共見嗣於庚寅年起復再出至今未得回閩惟汝
母中間回家一次添買屋產幾處合計前後之產
或斷或典田地不過十契行店房屋亦僅二十三所
原不值再為分析而吾兒三人長已成名少亦舉
業爾等多圖遠大當不藉此區區但余年已六十有三
汝母亦屆六旬且有腰疾安能更為爾等勞神照管
汝輩既已長成自應酌量分給俾其各管各業
除文藻山住屋一所及相連西邊一所仍須留為
歸田棲息之區毋庸分析外其餘田屋產業各

林则徐留给子女哪些家产

在中国传统社会中，家长将家产均分成数份载入文契，令诸子以拈阄的方式确定各自所能继承的那份产业，这种文契称为『析箸阄书』『析产阄书』。在福州市林则徐纪念馆里，珍藏着一份道光二十七年(1847)林则徐在陕西巡抚衙署养病期间给三个儿子立下的《析产阄书》。这位清朝官至一品的名臣，到底留了哪些家产给子女？

“督抚二十年，家私如此”

阄书本质上是一种在家族亲人见证下，秉持相对公平原则，进行分家析产的契约文书，具有一定的“公证”性质。追溯历史，早在唐代，分家阄书就已广泛地应用于民间，这从遗存的敦煌文书可以得到印证。

福州市林则徐纪念馆内珍藏的《析产阄书》是林则徐写给三个儿子的。阄书横31厘米，纵14厘米，全文506字，写于道光二十七年正月（1848）。当时六十三岁的林则徐眼见三个儿子“长已成名，少亦举业”，而此时自己与妻子年岁已高、疾病缠身，便在陕西巡抚衙署养病期间立下了《析产阄书》。从中我们可以感受到林则徐清正廉洁的一生和严谨节俭的家风。

在阄书开篇，林则徐首先交代了这些田宅的由来。宦海浮沉四十年，他无暇亲自经营田宅，现有家产，一部分是父亲林宾日生前收到他寄回家贴补家用的银两后省吃俭用，以余款略置田地、房屋，死后留给了他一份。这从林则徐父亲林宾日于道光六年（1826）所立的《阄书》（同样珍藏在福州市林则徐纪念馆）中也可知一二。另一部分是林则徐妻子郑淑卿（郑淑卿是乾隆年间进士，曾任河南永城县令、泌阳知县的郑大谟之女）在回家时买的几处零星产业。“合计前后之产，或断或典，田地不过十契，行店房屋亦仅二十三所”。

“除文藻山住屋一所及相连西边一所，仍须留为归田栖息之区，毋庸分析外，其余田屋产业，各按原置价值匀作三股，各值银一万两有零，即每股或有多寡，伸缩亦不过一二百两之间，相去不远。”林则徐只留下“文藻山住屋一所及相连西边一所”，作为自己回福州安享晚年之处，其余的“各按原置价值匀作三股”分给三个儿子，每人所得甚少。林则徐官至一品，先后担任过湖广总督、陕甘总督和云贵总督，但留下的财产尚不及他一年的“养廉银”，且无现银可分，足见其为官清廉。后来，曾国藩闻知林则徐阄书时曾感慨：“闻林文忠公三子分家各得六千串。督抚二十年，家私如此，真不可及。吾辈当以为法。”

林则徐给子孙所留家产虽然不多，但他给子女留下了严谨、节俭的宝贵家风。在《析产阄书》中，他嘱咐儿子们道：“产微息薄，非俭难敷，各须慎守儒风，省啬用度。”他还告诫：“凡我子孙，当念韩文公所云‘辛勤有此，无迷厥初’之语，倘因破荡败业，即非我子孙矣！”林则徐一生不仅个人为官清廉，而且对家人要求极严，家教严谨，家风悠远。

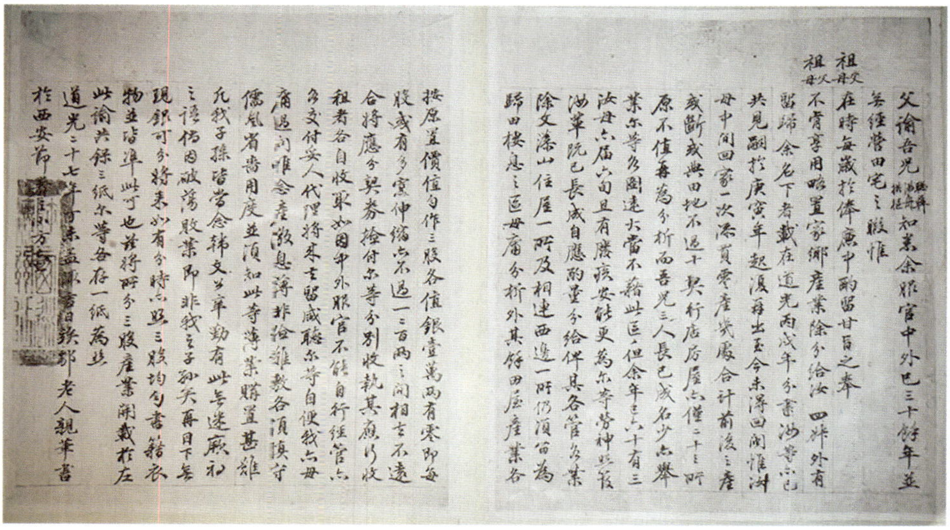

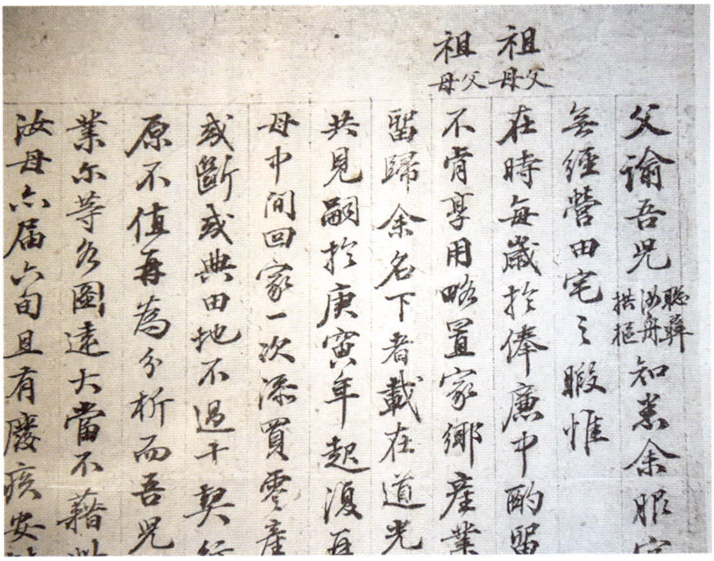
父諭吾兒聰彝、汝舟、拱樞知悉：余服官
無經營田宅之暇，惟
祖父、祖母在時，每歲於俸廉中酌留
不肯享用，略置家鄉產業
留歸余名下者，載在道光
共見。嗣於庚寅年起復
母中間回家一次，添買零產
或斷或典，田地不過十契
原不值多，爲分析，而吾兒
業亦等多，圖遠大，當不藉此
汝母亦屆六旬，且有腰疾，安

宦海四十年，始终廉洁爱民

广东禁烟、虎门销烟是林则徐一生的高光时刻，但廉洁自守、刚正不阿、一身正气的品行，更是其备受世人敬重缅怀的重要原因。

林则徐出身于贫困的下层知识分子家庭，父亲林宾日是一位私塾先生，母亲靠做女红贴补家用。他从小在父亲“不妄与一事，不妄取一钱”的言传身教与母亲“男儿当自奋发，岂甘以贫废学耶?”的生活态度影响下成长。林则徐从为官任职到人生弥留之际，四十年的宦海生涯始终闪耀着廉洁爱民的光辉。

林则徐所处的时代是清政府开始走向衰落的多事之秋，官场风气腐败，“三年清知府，十万雪花银”是当时官场的真实写照。而林则徐出淤泥而不染，始终保持一身正气、两袖清风。

清道光十年（1830），林则徐即将出任湖北布政使，未到任就发布了一封告示《由襄阳赴省传牌》，宣布途中一切费用自理，当地官员不得用公款阿谀逢迎，不准迎来送往，劳民伤财，更不准借机从中得利。如若违犯，立即严办。告示的发出不仅杜绝了当地官员从中牟利的想法，也充分显示了林则徐清廉刚正的风范。

无独有偶，道光十九年（1839），林则徐受命钦差赴广东禁烟。临行前，林则徐又一次给沿途州县驿站发出《奉旨前往广东查办海口事件传牌稿》，申明自己到广东“并无随带官员供事书吏”，只带几名“随身行走”；交通工具自行解决，自付费用，随从“不许暗受分毫”礼物钱财；至于临时食宿，“只用家常饭菜，不必备办整桌酒席，尤不得用燕窝烧烤，以节靡费”；最后，传牌强调“言出法随”，要求沿途各州县驿站官吏严格遵守，违者严惩。林则徐的这道传牌，不仅意在杜绝行路中的送礼行贿，也有效防止了地方官吏借迎送之名敲诈勒索百姓，甚至震慑了广东十三行的洋商们。十三行总商伍绍荣“愿以家资报效”，企图以巨额贿赂脱身，却被林则徐厉声痛喝“本大臣不要钱，要你脑袋尔”，将伍绍荣等人斥退。

对于林则徐的品行，即使英国人也不得不承认，“他的手从来没有被贿赂玷污过”。一个叫宾汉的英国人在回忆录中写道：“在中国的政治家中，这种情形（林则徐的清廉）是闻所未闻的。”

“海纳百川，有容乃大；壁立千仞，无欲则刚”，这是林则徐在两广总督任上写下的楹联，悬挂于堂前，时刻提醒自己要有海纳百川的胸怀，去除私欲，坚守廉洁。这种浩然正气也深远影响着林氏儿女，滋养着生养林则徐的故乡福州，成为今天一种备受认同的城市精神。

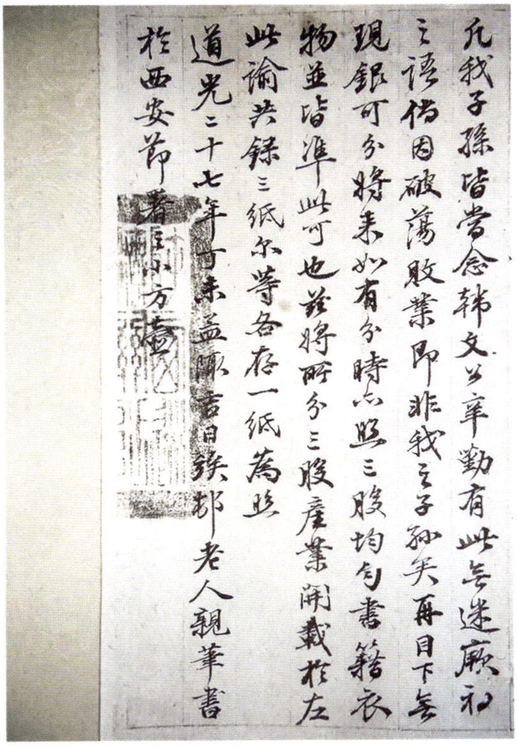
凡我子孫皆當念韓文之辛勤有此無迷厥初
之語倘因破蕩敗業即非我之子孫矣再目下無
現銀可分將來如有分時亦照三股均勻書籍衣
物並皆準此可也茲將所分三股産業開載於左
此諭共録三紙爾等各存一紙為照
道光二十七年丁未孟陬吉日竢邨老人親筆書
於西安節署

□专家品宝

穿越时空　浸润心灵

林则徐是中国近代杰出的政治家、思想家，他在清朝污浊的官场中行走而从未沾染贪腐恶习，始终身体力行地践行着林家清廉俭朴的家风。穿越时光隧道，林则徐的廉洁家风不仅影响着林氏子孙，也浸润着世人的心灵，成为中华民族奋勇前行的不竭动力。

陈继勇（福州市林则徐纪念馆原馆长）

镌石流芳

恩赐琅琊郡王德政碑

这里藏着『天下四大碑』之一

祭祀闽王王审知的闽王祠，位于福州市鼓楼区旗汛口庆城路中段，飞檐厚壁，古朴庄重。

闽王祠原本是王审知府第，后晋开运三年（946）改为庙，宋开宝七年（974）福州刺史钱昱奉钱俶之命重修。现在的建筑为明代所建，清末及民国初重修，1981年修复后对外开放。祠堂内有晚唐至明代的多个碑刻，为福建省级文物保护单位。

“德政碑”被誉为“天下四大碑”之一

在闽王祠内的碑刻中，数前庭的“恩赐琅琊郡王德政碑”最为珍贵。该石碑高4.9米，宽1.87米，厚0.29米。碑沿有精美的纹饰，成椭圆形覆莲状，边壁环镌朵朵吉云。撰文的是唐朝礼部侍郎于兢，书写者为弘文馆的王倜，碑文楷书，行文严谨。

该碑立于唐天祐三年（906），距今已1100多年。随着岁月的流逝，石碑有一小部分已风化，但碑文仍清晰可见。碑文主要记述王审知接掌福建军政期间的军事、政治、经济、文化、对外贸易等方面的成绩。清代著名学者郭柏苍在其《竹间十日话》中称赞它为“天下四大碑”之一。1961年被列为省级文物保护单位。

王审知（862—925）是五代十国时期闽地的统治者，他原为河南光州固始人。唐末政治混乱，各地起义此起彼伏，王氏三兄弟加入了王绪的军队。由于势力较弱，他们被迫南下。王绪心胸狭窄，手段残忍，引发兵变，王审知之兄王潮被推为主将。王氏兄弟进入福建后归顺福建观察使陈岩，被派往泉州任刺史。陈岩过世后，其内弟范晖掌握大权。此人骄纵奢侈，众叛亲离，于是王氏挥兵攻打福州，战事历时近一年，终于攻占福州，四方归顺。

唐景福二年（893），唐昭宗任命王潮为福建观察使，王审知为副使。乾宁四年（897），王潮过世，王审知执掌军政；次年，唐授王审知为节度使，后来更进一步封他为琅琊郡王。唐亡，后梁立，王审知向后梁进贡称臣。后梁开平三年（909），封王审知为中书令、闽王。后唐同光三年（925），王审知去世。后世尊其为“开闽尊王”“开闽圣王”。

王审知主政福建军政的故事

闽王祠中的“恩赐琅琊郡王德政碑”是唐天祐三年（906）敕建的，自然不足以概括王审知的一生功业。王审知是五代十国时期一位明智的政治家，他执掌福建军政大权的前后近30年，成为福建发展史上极其重要的篇章。

王氏兄弟入闽时，许多地方田园荒芜、人烟寥落。王审知执政后，号召流亡在外的农民还乡生产，派人帮助回归的流民修复房舍，并借贷给他们置办耕牛、犁耙、种子等，以鼓励农耕。同时，他还大力兴修水利，提倡围海造田，以扩大农业生产，力争旱涝保收。他鼓励农民种植茶树，发展茶叶生产。那时鼓山的茶叶还成为贡品。

王审知为了广纳人才，在福州和泉州设立招贤院，招揽四方博学多才之士。这样，一方面使在外做官的闽籍人士先后返闽任职，另一方面引得中原各地的名士也纷纷入闽。他还在福州“建学四门，以教闽士之秀者”，“聚书兴教，使民知礼义”，把文化教育推广到民间。

王审知投入大量人力和物力，开辟甘棠港。“德政碑”中提到“闽越之境，江海通津，帆樯荡漾以随波，篙楫崩腾而激水”，“乃以公之德化所及，赐名其水为甘棠港”等多处记载了海外贸易相关内容，说明早在一千多年前，福州已成为重要商港。

“乞土胜地”碑

左为嵌在墙上的“重修忠懿王庙碑铭”

唐末中和年间，福州三山还在城外。唐天复元年（901），王审知扩建福州城墙，在子城之外建罗城，周围长四十里，筑有大门、便门和水门，并挖护城河，建有通津门桥、去思桥等；后梁开平元年（907），又在罗城南北两面，扩筑南夹城与北夹城，形如半月，又称南北月城。第二年，在福州正街毛应桥南筑还珠门，又建安泰桥和沙合桥（九仙桥），此外对福州城的内河沟渠也进行了整修与改造。扩建后的福州城面积比旧日扩大七倍多。

王审知主政时广修塔寺庙宇，鼓山涌泉寺、闽侯雪峰寺和福州白塔都是那时兴建的。

“闽王祠”中其他珍贵碑石

闽王祠坐北朝南，依次为碑院、大殿、后座。门墙为牌楼式，墙檐有宽幅彩画博古花边，红墙青瓦。辟三门，中门前有一对抱鼓石，旁有石狮，门上嵌竖碑“奉旨祀典”，横碑“忠懿闽王祠”。左右边门石额分别为“崇德”“报国”。

闽王祠内保留着从唐代到明代历代修葺闽王祠、褒扬闽王的石碑，如前庭立有“恩赐琅琊郡王德政碑”，西侧立着明万历年间的“重修忠懿王祠碑记”和东侧“乞土胜地”碑，大殿后侧有北宋“重修忠懿王庙碑铭”。

“重修忠懿王祠碑记”立于明万历三十一年（1603），碑为白花岗岩，高3.04米，宽1.04米。碑文记载王审知功绩及重修缘由与经过，碑侧刻楷书“道光八年岁次戊子孟冬吉旦重镌”。

“乞土胜地”这块石碑非常特别，它是后人缅怀王审知劝农教谕而设立的。历代福州主政官员每年立春都会带人来祠庙取土，捏制春牛抬着四处巡游，告诉百姓春耕开始了。

五代十国末年，闽国为南唐所灭，旋即又被纳入吴越国的版图。第三任吴越国王钱弘佐长子钱昱任福州刺史时，有感于闽王王审知德政深入民心，遂将王审知旧居略加修饰，辟为庙祀。北宋开宝九年（976）宋太宗下诏修复王审知祠，刺史钱昱承吴越国王钱俶之命缮新，并竖立石碑。这便是“重修忠懿王庙碑铭”。

“重修忠懿王庙碑铭”现嵌于闽王祠后墙。碑以黑色页岩为料，呈圭形，高3.58米、宽1.8米，龟趺高0.45米，宽1.83米，残长1.9米。全文47行，足行86字。碑额篆书“重修忠懿王庙碑铭”，碑文楷书。该碑原本置于庙前东侧，民国年间倾倒，断裂为数段，后移嵌于后墙今址。其中记述了王审知生平、治闽功绩及吴越国王为之修庙缘由等，是研究唐末五代史的珍贵资料。

恩赐琅琊郡王德政碑

□专家品宝

珍贵的文字资料和实物证明

闽王祠中历代碑刻的突出价值体现在它们有明确的纪年，有文献可考，为研究唐、五代、宋、明时期的历史提供了珍贵的文字资料和实物佐证。闽王祠里的碑刻大都碑身高大，历史悠久，纹饰精美，用材考究，是历代碑刻中的精品。碑刻书法尤佳，有极高的欣赏价值。

“开闽王”王审知是福建历史上有巨大贡献、影响久远的统治者。他尊奉中央，营造“民不见兵革殆卅年”的社会环境；他发展教育，使“蛮荒之地”成为“海滨邹鲁”；他大兴农工，留下不少水利工程；他扩建城池，奠定福州城市格局；他鼓励通商，航线远达今印度尼西亚苏门答腊岛一带，将福州发展成为“海上丝绸之路”重要的港口城市。闽王祠中碑刻内容为了解王审知丰功伟绩及其时代背景提供了重要的参考资料。

陈静（福州闽王祠保管所所长）

『重修福州孔庙崇圣殿记』碑

『重修福州孔庙崇圣殿记』碑

萨镇冰重修崇圣殿往事

福州文庙（又称福州孔庙）位于福州南门兜圣庙路10号，是古代祭祀教育家、儒学创始人孔子的场所。如今在福州文庙内保留着一块近百年的石碑，碑文题名为『重修福州孔庙崇圣殿记』，记录了时任福建省省长萨镇冰带头重修崇圣殿的故事。该碑为青石材质，底座已经缺失，高1.5米、宽0.63米、厚0.15米，正文共计275个字。

福州文庙1200多年不变址

作为地方文庙，福州文庙很有历史延续性。该庙始建于唐初，是福建省内最早的文庙，也是国内最早一批兴建的地方文庙之一。据史料记载，唐大历八年（773），福州观察使李椅将州学从福州城西北移建今址，迄今已有1200多年。此后历代都是在此处修缮、重建、扩建，并设置官方教育机构，如五代后梁龙德元年（921），闽王王审知在此“建学四门”，传授儒家经典。五代吴越王的子弟来到福州，把这里作为新宫，称为使学。北宋太平兴国三年（978），转运使杨克让重建孔庙。景祐年间，在庙旁增设府学，隶属孔庙。此后历经明清两朝，福州文庙不断完善。

现存福州文庙建筑建于清咸丰元年至四年（1851—1854），坐北朝南，占地面积约7552平方米，建筑面积约4000平方米。南北依次二进院落，沿中轴线左右对称，由南往北依次有棂星门、前埕、大成门、庭院、月台和大成殿；两侧则有廊庑、乡贤祠、名宦祠和东西两庑等。2006年5月，福州文庙被列为全国重点文物保护单位。

2020年，为迎接第44届世界遗产大会在福州召开，福州文庙进行了一系列展陈工程提升，新增《邹鲁名邦　文脉流芳——福州古代教育史展》《科举鳌首　大魁天下——福州历代状元展》《识礼明仁　闻乐知德——礼乐文化展》三个展览，帮助人们更深入地了解文庙内涵。2024年3月开始的福州文庙大成殿修缮工程，是清咸丰年间修建后，170多年来的首次大修。

崇圣殿碑文背后的故事

“重修福州孔庙崇圣殿记”碑文记录了1924年夏天，闽江北源建溪发生大洪水，导致省城福州受灾。福州文庙内的崇圣殿因大水浸泡，墙倒殿塌。1924年秋文庙丁祭时，福州本地官员和乡绅商议重修崇圣殿，并希望福建省财政厅能出资，但财政厅没有同意；到了第二年，即1925年春文庙丁祭，继续请求财政厅出资修复崇圣殿，但依然没有得到批准。此事为时任福建省省长萨镇冰所知，他感到十分忧虑，甚至说没有把文庙崇圣殿修好，都是自己的责任。

于是，萨镇冰带头捐赠百金用于崇圣殿重修。在他的倡议下，其他人也出资出力。1925年农历八月，文庙崇圣殿重修完毕。

此次重修崇圣殿主要倡议者是崇孔会会长于君彦、副会长谢叔元等人。他们认为如果没有萨镇冰带头捐款，在当时尊孔之风日渐衰微的背景下，崇圣殿是很难顺利重修的。同时，他们也坚信孔子及其学说能恢复社会好风气，

俯瞰文庙

提高人们的道德修养。为了将来主政福建的行政长官能知晓萨镇冰的功绩，他们特地立碑记载此次重修始末。

顺带一说，崇孔会会长于君彦和副会长谢叔元都是清末民初福州知名的文化人。于君彦，字幼芗，闽县人，光绪二十九年（1903）癸卯科会试第二甲一百三十八名，授翰林院编修，曾任福建官立商业学堂监督；鼓山摩崖有其楷书题刻："诸恶莫作，从善奉行。"谢叔元，字希庵，后改字希安，侯官人，光绪十九年（1893）举人；位于漳州角美的中国第一家民间"国际邮局""天一总局"的牌匾便是由谢叔元题字的。

萨氏家族与福州文庙的关系

萨镇冰（1859—1952），字鼎铭，早年进马尾船政学堂学习驾驶，后作为船政留学生赴英国学习，回国后任天津水师学堂教习、北洋水师帮统兼"海圻"舰管带、广东水师提督、清政府海军统制等职；1917年、1919年两度出任民国海军总长，曾经暂代过国务总理；1922年至1927年任福建省省长；南京国民政府成立后，挂名为海军部高等顾问；中华人民共和国成立后，任全国政协委员。萨镇冰作为海军著名将领，带头捐资重修崇圣殿，也因为福州文庙与萨氏家族颇有渊源。

萨氏家族世代书香，仅清康熙至光绪间登第者即达五十余人。萨镇冰的父亲萨怡臣也考中了秀才，深受传统儒学教育的影响。萨镇冰自幼秉承家学，七岁入塾读书，受业于名师王崧辰。这让萨镇冰从小接受孔孟思想教育，受传统文化熏陶，自然也就崇孔尊孔。

父亲萨怡臣中秀才之后，在科举道路上屡次碰壁，不得不以塾师为业，勉强维持一家人的生活。萨镇冰八岁时，萨怡臣的菲薄收入日渐难敷家计。此时，福州文庙给了萨家物质和精神上双重的帮助。

晚清福州文庙每年春秋丁祭时，都请萨怡臣充当赞礼官，指挥童生、乐生演习礼仪。当时祭孔是官府行为，盛大而隆重，有经费保证，萨怡臣担任赞礼官也是有一定报酬的。这笔收入具体多少，今已不可考，但是对于萨家来说，可谓雪中送炭。此外，对于一个科场失意的儒者，或许只有在每年祭孔时，才能得到一些精神安慰。因此重修崇圣殿，某种意义上代表着萨镇冰对父亲的怀念和一种感恩。

福州文庙外景

□专家品宝

碑文让福州文庙研究更有厚度

当前对萨镇冰的研究，主要集中在他的海军生涯、政治生涯和晚年生活，此碑文的发现，让我们了解萨镇冰在文化方面的贡献。萨镇冰捐百金重修崇圣殿，在当时是一件大事，但无论是后人研究还是萨氏族人的回忆录，均无这方面的记载。这也从侧面反映了这位海军名人的高尚情操。

一块碑记，一段历史。若没有这块碑记，或许后人不会由此入手，发掘出萨镇冰家族和福州文庙的渊源；若不是这块碑记，当年萨镇冰带头捐资重修文庙崇圣殿的事迹，或许就湮没在了历史的烟尘之中。

关于文庙的史料不多，传世碑文更是凤毛麟角。“重修福州孔庙崇圣殿记”碑文，不仅为研究福州文庙修缮提供了史料依据，更彰显了萨镇冰人格之高尚、感召力之巨大，让今人充满敬意。

林立杰（福州文庙保管所所长）

黃花岡中學碑
廣州黃花岡為先烈死難葬地也自此死難國人始知革命革命始告成功國
府崇節推功既尊祠誠享矣然格於歲時固於士夫非所以持久常感眾庶也
余辦此校蓋寓顧名思義隨地立教之意校始於桂林繼南寧繼柳州衡陽而
吾州則由南興還至白泉庵迄三年卒業若千人僉曰不可無碑乃伐石鑿辭
表余之尚且使行人矜式焉長樂林素園記
中華民國三十五年七月七日立

黄花岗中学碑

林素园『黄花岗中学碑』

爱国情怀与赤子之心

于山风景区内有个大士殿，现为福州辛亥革命纪念馆。大士殿由真龙庵、大士殿、护国寺三座并排的古建筑群组成。从真龙庵中厅前往后厅，在石阶的右边，矗立着一块『黄花岗中学碑』。这是长乐人林素园（1890—1967）于1946年7月7日立的，借以缅怀黄花岗起义中牺牲的烈士，它也见证了林素园的爱国情怀和拳拳赤子之心。

福州人与辛亥革命

1911年4月27日广州起义爆发，黄兴率130余名革命党人直扑两广总督署衙门，但终因兵力单薄，起义失败。为震慑民众，官府将死难烈士陈尸于空地上。革命党人潘达微以《平民报》记者的身份，冒死收敛了72具烈士遗体，史称“黄花岗七十二烈士”。后经查，除了72名烈士之外，尚有14名烈士牺牲于广州起义，而这86名烈士中有福州籍烈士林文、方声洞、林觉民、林尹民等23人。

广州起义揭开了辛亥革命的序幕，全国各地纷纷响应。革命党人在1911年10月10日成功发动了具有划时代意义的武昌起义，使清朝走向灭亡。

受武昌起义鼓舞，同盟会福建支委联合学界、商界、政界、军界等，建立了广泛的革命大联盟。革命军以于山为总攻阵地，在大士殿设前敌总指挥部，由同盟会会员许崇智任总指挥，1911年11月9日拂晓向清军驻地发起攻击，打响了福州光复的第一炮。

“黄花岗中学碑”的发现

“黄花岗中学碑”是20世纪80年代初期，福州进行文物普查时发现的，原本放在于山戚公祠内。2007年10月福州市博物馆进行“辛亥革命在福州”陈列更新时，经考证，认为该碑的内容可充实展陈内涵，于是将其移至于山大士殿内。

《黄花岗中学碑》碑文为“广州黄花岗为先烈死难葬地也。自此死难，国人始知革命，革命始告成功。国府崇节推功，既专祠诚享矣。然格于岁时囿于士夫，非所以持久常感众庶也。余办此校，盖寓顾名思义、随地立教之意。校始于桂林，继南宁，继柳州、衡阳，而吾州则由南屿迁至白泉庵迄三年，卒业若干人。佥曰不可无碑，乃伐石系辞，表余之尚，且使行人矜式焉。长乐林素园记。中华民国三十五年七月七日立。”

此碑道出了林素园把黄花岗烈士的英勇事迹转化为对后人进行爱国主义教育的由衷愿望。林素园作为一名具有爱国主义情感的知识分子，在那动荡岁月里，将自己的救国理想寄予“立教”，辗转各地办学，且均以“黄花岗”命名，激励鞭策年轻人为寻求真理、拯救中国而努力学习。

林素园其人其事

林素园，无党派爱国民主人士，辛亥革命老人（同盟会会员），教育家，1953年受聘为福建省文史研究馆馆员。他出生在长乐甘墩（今金峰镇）联开村，曾祖父辈、祖父辈、父辈均有多名秀才，可谓耕读传家、四世书香。林素园年轻时在榕学习期间，受革命党人影响，参加了中国同盟会福建支委。他虽未参加广州起义，但“黄花岗七十二烈士”中的福州籍烈士不少是他的同志与师友。

辛亥革命后，林素园从福建优等师范学堂毕业，先后任长乐吴航小学训育主任、胪峰小学校长。他还在家乡创设“家族自治社”，积极实践社会革新，以移风易俗为己任。当时时局动荡，他深觉郁闷，于是东渡扶桑留学，入早稻田大学政治经济系，获学士学位。留日期间林素园汲汲求知，广泛接触新思想，爱国主义和革命民主主义思想有进一步发展。他曾作为七名留日学生代表之一，1919年回国面见国务总理段祺瑞，要求出示北洋政府与日本签订的秘密军

福州辛亥革命纪念馆外景

事协定，并借机公之于众。

毕业后，林素园回到北京，积极组织七省自治运动联合会，宣传和推动各省自治运动；又与高一涵、沈钧儒等人一起创办《自治周刊》。之后他一度客居洛阳，在吴佩孚手下任幕僚。这期间，他与中共早期领导人李大钊有过较密切的交往，参加了中国共产党领导的民权运动大同盟。1925年，林素园回到北京，主要从事教职，1926年底曾短暂担任北京女子学院师范大学部学长（校长）。

1929年秋，林素园返乡省亲。当时长乐属于海军势力范围，海军成立了莲柄港溉田局，负责水利工程。他们趁天旱之机加倍收取水费，甚至动用武力勒收，引起民愤。林素园得知后义愤填膺，发动各乡联合抗缴，并同其弟林鹗如等人动员十三乡民众成立民团自卫。这之后便引发了轰动一时的十三乡抗捐反暴起义，但最终失败。

此后林素园蛰居上海，深受章太炎、马相伯等前辈影响，也积极参与了“上海文化界救国会”。1936年，林素园赴广西面见李宗仁，表示愿以一介书生同赴国难。他曾作为第五战区司令长官部参议，随军驻郑州、徐州，负责动员民众。徐州陷落后，他历经艰险撤回桂林，继续从事抗日工作，并以李宗仁秘书的身份，保护到广西从事抗日救亡工作的文艺界进步人士。

1939年，中国共产党领导的“厦门儿童救亡剧团”在东南亚各地开展募捐活动后，辗转来到桂林，次年在福建旅桂同乡会、第四战区参谋长吴石帮助下，合作创办了黄花岗纪念学校，林素园任校长。据说吴石曾交代林素园：“我们闽人多志士，光黄花岗七十二烈士中闽籍人占了很多人。要好好栽培我们的下一代。”除了剧团团员，闽人子弟也可以免费入学。此后林素园在南宁、柳州、衡阳等地创办三所学校，均以“黄花岗纪念学校”为名。

1941年，从广西返回福州后，林素园又与闽侯南屿乡贤陈岱琨等人筹集资金办了黄花岗中学，自任校长。他还写了《黄花岗中学校歌》，讴歌烈士精神，“勉尔诸子，革命自强”；创办校刊《黄花岗》，在创刊号上题词作序，支持学生反对专制。福州第二次沦陷时，学校内迁至永泰葛岭廨院寺复课开学；抗战胜利后，迁校于仓山白泉庵，至1948年停办。办校期间，林素园暗中保护在学校任教的中共地下党员，支持学生组织抗日示威与宣传游行。抗战胜利后，林素园在苍霞荔枝弄购置了一座青砖楼房。中共地下党员曾以此地为联络点，利用他的社会关系做掩护。

林素园素以“教育救国”为志，他在长乐老家也屡次兴学。1941年他在长乐故里创办联开小学，并将30余亩“书田”（旧时宗族为培养读书人而设置的公有田产）捐出，让家乡学童免费入学；1945年在长乐金峰办了“私立德成初级中学”。

林素园工诗词、擅书法，晚年致力于“红学”和文史研究，著有《摘星集》诗稿四卷和《台湾纪要》《中菲交通简史》《〈红楼梦〉唯物史观》等。《台湾纪要》是他1948年初赴台湾游历考察时，收集当时最新的台澎资料，回福州后整理编写的。这是台湾地区被日本侵占50年回归祖国后，第一部全面介绍台湾的专著，并附有台湾本岛和澎湖的地图，对了解、研究台湾具有重要价值。林素园1967年去世，享年77岁。

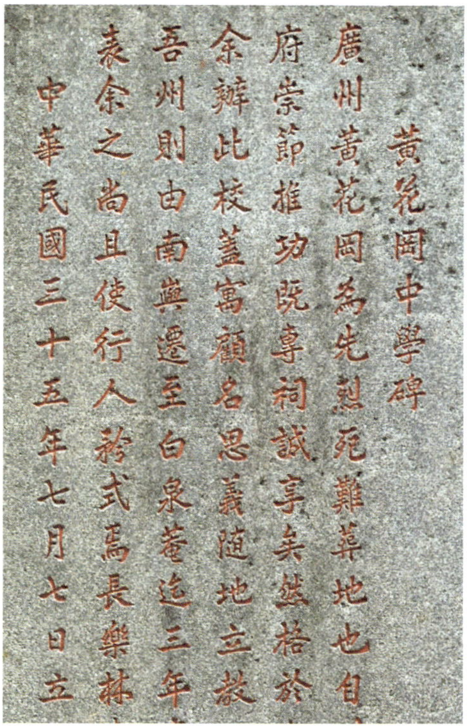

□专家品宝

透碑见人　透碑见情

林素园先生一生饱读诗书，铁骨仁心，以“达则兼济天下，穷则独善其身”作为自己的人生理想。在四处危机、动荡不安的年代，他担负起匹夫之责，以志士热血投身教育救国事业，谱写出壮丽的生命乐章。

林素园为纪念“黄花岗七十二烈士”，立志办学，立教救国。他把“黄花岗”三个字镌刻在自己的心里，铭记在自己的脑里，根植在自己的骨子里，以毕生之力矢志不渝、踔厉笃行、躬身践行。

“黄花岗中学碑”的发现，是林素园将“立教救国”作为自己一生座右铭的真实写照和缩影。透碑见人，透碑见情，透碑见精神。

陈萍（福州辛亥革命纪念馆副研究馆员）

吉金华彩

三千多年前的宝物『意外落户』

商代兽面纹双兽耳衔环青铜方罍

它世所罕见，却因何未能入列国家一级文物？它并非出土于福州，也与福州历史没有直接关系，又是如何进入福州市博物馆成为『镇馆之宝』？

公交车上的市民立功了

在福州市博物馆，有一件文物甚是特别，它就是商代兽面纹双兽耳衔环青铜方罍。

在专家口中，它也被简称为铜方罍。罍是中国古代大型盛酒器和礼器，读为“lěi”。

青铜是铸成它的材质，方是它的造型。内行人知道，因为铸造工艺等原因，方的青铜器可比圆的要稀罕得多。如今存世的铜方罍加起来，总数也许只有两位数，而福建则仅此一件。

但福州从未出土过铜方罍，这件商代兽面纹双兽耳衔环青铜罍又是怎样来到福州市博物馆的呢？

它的现身经历要从20世纪80年代讲起。改革开放后，社会上开始出现了文物贩子。一天，有个鬼鬼祟祟的人用厚麻袋装着个奇怪的东西上了福州的公交车，这引起了市民的警惕，于是有人通知了公安。在公安和工商的协力下，文物贩子落网，他携带的铜方罍也被送到了福州市博物馆。

这个市博的“意外来客”并非一进馆就亮相。20世纪90年代它被送到南京博物院，修复了口沿和罍耳，2000年元旦过后才正式与福州市民见面，并且因为诞生的年代早、存世量稀少、工艺精湛，就此在市博文物中唱上了主角。游客逛市博，进到“闽都华章”厅，可以很容易地在显眼位置找到被单独陈列的它。

缺憾之美与身世之谜

定名为“商兽面纹双兽耳衔环青铜方罍”的这件宝贝，高41.5厘米；口长14.5厘米，宽12.3厘米；底长16.8厘米，宽14.7厘米；足高6.5厘米。平口，方唇，直项，弧形肩，直腹下敛，胫呈覆斗状舌形。项、肩、腹、胫的四角及当中都有条出戟。颈部四壁饰夔凤纹，肩部前后饰螭龙纹，当中出戟改为立体螭首，而左右还饰有夔凤纹。腹部饰饕餮纹，胫四壁饰夔凤纹。所有纹饰的底部都以不间断回纹为地，回纹精细清晰。胫部中空。器物造型风格稳重，纹饰活泼，动静相宜，端庄华丽。

以上是从专业视角对这件罍的描述，普通人要理解它的工艺精湛，知道一点就足够了：造型纹饰如此繁复的它，器身最薄处却不过三四毫米；考虑到它铸造于距今三千多年的商代，其工艺水准就很令人惊叹了。而它没能成为国家一级文物，原因其实也很简单：它不完整，还缺个盖。

当时的文物贩子没能交代清这件铜方罍的出处。但无独有偶，湖北也出土过一件造型几乎一模一样的铜方罍，现藏武汉市博物馆；并且，那一件也没有盖子。正因为两者高度相似，专家认为咱们这件铜方罍的家乡或许也在湖北。两地的文博人员调侃说，什么时候一起去团购两个盖子配上。

另一个铜方罍的故事

讲了铜方罍的模样和来历，大多数人可能还是不理解为何它被视为“镇馆之宝”。要想了解商代青铜方罍的价值，先来认识一下另一件知名的铜方罍吧。

在湖南博物院，有一件曾上过2018年播出的《国家宝藏》第六期的宝贝，那就是被称为“方罍之王”的皿方罍。据考证，皿方罍是1919年在如今湖南省常德市桃源县架桥镇栖凤山村，被村民艾清宴无意中发现的。几年后商人石瑜璋出重金收购，却只掠走了器身；器盖则被作为孩子的学费，送到了新民学校，后又为军阀周磐私藏。皿方罍的器身和器盖就这样分开了，开始了各自颠沛流离的命运。

皿方罍器身在七八十年间辗转多个藏家之手，直至2001年出现在纽约佳士得公司的“春拍”上。得到这个消息，上海博物馆和保利艺术博物馆联手筹集巨款，赴美参加竞买，但未能如愿——皿方罍器身被一位法国买家高价拍得，成交价创下了当时中国青铜器在国际拍卖市场上的纪录。

到了2014年，皿方罍器身再度现身佳士得。这一次，政界、文博界、企业界、收藏界通力合作，带着3D打印的器盖模型，组团赴纽约进行洽购。经过艰苦谈判，双方终于达成协议。湖南博物院接回了国宝，也创造了一种海外文物回归的新模式。

单看图片，皿方罍与福州市博物馆所藏的铜方罍非常相像，只是皿方罍器形更大，也更为精美，且镌有铭文。二者都是令世人惊艳的中国青铜器。

□专家品宝

福地结福缘　宝地藏宝藏

罍属于青铜礼器，主要用途是祭天祀祖、宴飨宾客、歌功颂德。正所谓“藏礼于器”，礼器是奴隶主身份和地位的象征，是奴隶主为了维护统治秩序，体现森严等级的产物。该青铜方罍器形凝重，气魄沉雄，铸造工艺精湛，纹饰繁复怪异，给人一种狞厉美与震慑感。器身上装饰的怪异的兽面纹，是一种神圣王权的象征。君主掌握了兽面神器，即成为神权的化身，意味着人神合一，至尊高贵。这些冷峻的纹饰传递给人威严神秘之感。

青铜罍大多盛行于商晚期至西周早期。在中国历史上流传时间较短，出土的数量有限，故弥足珍贵。其优美的造型、华丽的纹饰、精湛的工艺、独特的风格，在中国乃至世界艺术史上占有独特地位。作为“镇馆之宝”收藏于福州市博物馆内，真不愧为福地结福缘，宝地藏宝藏。

张振玉（福州市博物馆原馆长、文博研究馆员）

唐飞鸟菱花铜镜

映照大唐盛世之美

铜镜，亦称『铜鉴』『照子』。铜镜可以说是中国古代金属器物中沿用时间最长、使用范围最广的实用器物。一面面铜镜，折射着古人的日常生活，倒映着当时的社会风尚和审美情趣。

韶光易逝，倩影难留。通过福州市博物馆珍藏的唐飞鸟菱花铜镜，我们或许可以穿过时光隧道，去瞧一瞧那正梳妆的才子佳人，去一睹铜镜中的大唐之美。

菱花镜之名从何而来?

这面唐飞鸟菱花铜镜为国家二级文物，镜面直径13.35厘米，缘厚1.3厘米，镜钮径1.85厘米、高0.7厘米。

镜正面八瓣菱花形，圆钮，边沿外撇。镜背一圈弦纹，弦纹内、钮四周以天鹅、喜鹊、大雁、绶带鸟为主要纹饰，间饰一对折枝海棠和一对折枝灵芝纹。弦纹外围、菱瓣内以四对折枝灵芝和四对飞蝶纹为饰。

镜背表面有“黑漆古”包浆，镜面微凸光亮，有水银镜面亮光，部分有绿色铜锈。采用浅浮雕技法雕刻珍禽花草图案，图案纹饰细腻利落，结构布置疏密合理。小小镜面也留出一定空间，使得花鸟蜂蝶栩栩如生，彼此呼应，完整而和谐，令人赏心悦目。

唐代菱花镜一名的缘起，出自唐代诗人韦应物和刘禹锡等人的诗句。韦应物《感镜》诗中云：“铸镜广陵市，菱花匣中发。”刘禹锡《和乐天以镜换酒》诗中则有“把取菱花百炼镜，换他竹叶十旬杯”。诗人们提到的“菱花镜”究竟何所指？学界至今争论不一，有人提出是根据铜镜的形制命名，有人提出是根据纹饰命名，更有学者认为是唐代诗人借用“菱花镜影”典故来颂扬唐铜镜晶莹明亮的质地。但无论如何，诗人们对这类铜镜的不吝赞美都体现了花鸟铜镜在唐代的盛行。

气象万千的唐铜镜

“夫以铜为镜，可以正衣冠；以古为镜，可以知兴替；以人为镜，可以明得失。”唐太宗这句话不仅是千古名言，也说明了铜镜在唐代社会生活中的重要性。

随着手工业发展达到了前所未有的高度，唐代铜镜的制作技术和艺术水准也随之到达顶峰。在工艺上，唐铜镜中锡和银的合金比例加大，使镜面更加光洁，映影更加清透；造型上新颖多变，突破了传统的圆形模式，出现了菱花形、葵花形、方形、八角、亚形等镜式；装饰上多采用浮雕式，不施地纹，构图简洁美观；纹饰摆脱了两汉以来神秘怪诞的气氛，更贴近社会现实，内容多为鸾鸟、瑞兽、花卉及人物故事等，工艺精湛娴熟，展现出富丽堂皇、雍容大气的风采，折射出欣欣向荣的大唐气象。

唐铜镜高峰的到来和当时的社会风尚有着密切的联系。“狂风吹却妾心断，玉箸并堕菱花前。”诗仙李白的《代美人愁镜》一诗写的正是菱花镜。在李白活跃的盛唐时期，华美精良、大气厚重的铜镜成为风靡一时的高级工艺品，备受人们珍视，还作为礼品用于社会交往。

据传这一风气始于唐玄宗，他将自己的生日八月初五定为“千秋节”。这一天，各地官员要进献精美的铜镜，唐玄宗也要赏赐铜镜给四品以上大臣。从他《千秋节赐群臣镜》一诗中“铸得千秋镜，光生百炼金。分将赐群臣，遇象见清心”的描述可知，唐玄宗赐铜镜给群臣，是告诫他们为政须清廉。后来，送铜镜在民间也延伸出了祝福长寿的寓意。

映照千年璀璨文化

“刻画之精巧，文字之瑰奇，辞旨之温雅，一器而三善备焉者，莫若镜也。”中国近代考古学家、古器物专家罗振玉先生一语道出了铜镜的艺术魅力。

铜镜的诞生，代表着古人对容貌的重视和审美意识的增强。这种审美也反映在铜镜本身：从最早齐家文化时期的几何纹饰，到战国采用分铸、镶嵌等工艺，再到汉至隋唐的浮雕、鎏金、金银平脱、嵌螺钿，甚至能在镜背上见到“练形神冶，莹质良工，如珠出匣，似月停空；当眉写翠，对脸傅红，绮窗绣幌，俱含影中”这样用词讲究的铭文。这些纹饰华丽、铭文隽永、形制美观、铸作精良的铜镜，既是百姓常用的日用品，也是贵族阶层彰显身份的奢侈品，更是如今珍贵的古代艺术品。

铜镜纷繁多样的纹饰，寄托了古人对吉祥如意、安宁康健的向往。圆形的铜镜还代表着相聚团圆，比如大家耳熟能详的“破镜重圆”典故。铜镜多为爱美的女子梳妆使用，自然也成为爱情的见证，尤其是汉代的铜镜常有寄托对爱情美好祝祷的铭文。许多古代女子会将自己的铜镜送给即将远行或出征的丈夫，寄托牵挂。自然，铜镜还代表着明察秋毫，称颂官吏清明、断狱公正为“明镜高悬”……

今天，铜镜虽然早已退出历史舞台，但是它的艺术和文化价值并未随时间的流逝而消失。青铜器研究专家马今洪曾总结说：“如果说铜镜是中国青铜器的一缕灿烂余晖，那么灵秀的战国铜镜、精致的两汉铜镜、绚丽的隋唐铜镜、世俗繁杂的宋元铜镜，更是几千年来我国的传统文化缩影。”

□专家品宝

盛唐风韵的上佳之作

作为中国古代文明的象征，青铜器以其制作精美、技艺精湛闻名于世，而铜镜是百花争艳的青铜艺术园中的一束奇葩。

福州市博物馆珍藏的唐飞鸟菱花铜镜镜面平整光洁，镜体厚实古朴，浓郁的“黑漆古”包浆漆黑锃亮，具有光滑晶莹的玉质感，几乎完美地保留了盛唐时期的原始铸相。镜背上装饰的花鸟纹饰争奇斗艳，柔美自然、寓意吉祥，是当时人们对理想的追求，呈现浓郁的“盛唐气象”，也是唐代高超铸镜艺术水平的缩影。综观该铜镜的品质、工艺、内涵，极具“鉴若止水，光如电耀，仙客来磨……写态征神，凝兹巧笑”的唐镜神韵。

张振玉（福州市博物馆原馆长、文博研究馆员）

明万历释迦牟尼铜立像

造像艺术的经典之作

『湖田播种重收谷，道路逢人半是僧。城里三山千簇寺，夜间七塔万枝灯。』这是宋朝曾任福州太守的谢泌写的《福州即景》中的诗句，当时福州人对佛教的热衷可见一斑。南朝以降，佛教在福州长盛不衰。明万历释迦牟尼铜立像为国家二级文物，它见证了明代晚期汉传佛教和佛像艺术复兴势力的强盛。我们也可以由此说开去，讲一段福清黄檗山万福寺的故事。

它是其他佛像的“标准器”

这尊释迦牟尼铜立像为明代铸造，通高43.5厘米，身宽14.65厘米，座高7.44厘米。铜像的背部錾“万历戊午孟夏佛弟子叶道卿敬造”，即这尊铜像造于万历四十六年（1618）。专家认为这尊铜像对于佛像断代有着重要意义，是万历年间的标准器。一般来说，雕刻（书写、记载、佐证、地层）有确切年代、保持历史原貌和状态的无争议器物才能被称为断代标准器；可以以它为依据，多方参考，推断出其他作品的年代。

“相当多的造像是没有明确纪年的，所以这一尊佛像才难能可贵，对于研究万历年间和前后时期的佛像造像具有重要意义。此外，造像形象饱满，体量硕大，工艺精湛，也是它被定为国家二级文物的重要原因之一。”厦门博物馆研究馆员张金颖说。

明代铜佛造像的经典

铜像头绾螺髻，宽额面阔，细眉长目，眼睑下垂，白毫相，双耳垂肩，颈部三道蚕节纹，表情庄重而不失柔和；身材匀称协调，身披袈裟，着长裙，伸右手结说法印，跣足立于仰覆莲座；袈裟衣缘浮雕缠枝莲纹花边，裙摆边则錾缠枝灵芝纹，形神完美。

这尊佛像造于明万历戊午年（1618），是明神宗在位的晚期。“细节写实、圆润的仰莲花瓣、衣服边缘的流畅阴刻线等元素都烙印着明代造像的时代特征。同时，这尊佛像虽造于明晚期，却没有受到社会经济衰退引起造像比例失调的影响。”张金颖说。

明晚期最为突出的变化还在于造像台座发展出了一些新的样式。如佛和菩萨像的台座普遍采用仰莲座形式，这是从宋元造像继承而来的，体现了汉传佛教的复兴。区别于永乐宣德时期宫廷中盛行的汉藏风格造像，万历时期，因明神宗及其母亲慈圣皇太后崇佛，汉地造像艺术迅速崛起，昌盛一时。目前，国内外现存这一时期的造像实物甚多。

有专家称，此为阿弥陀佛

这尊明代铜佛像虽然被定为释迦牟尼佛，但张金颖有不同观点："这尊造像的准确名称应该是接引佛。从其手印来判断，跟一般泛称的释迦牟尼佛有区别。"

接引佛，又称阿弥陀佛接引佛，这是净土宗的概念。阿弥陀佛，是西方极乐世界净土的教主，是五方佛之一。因其能接引念佛人往生西方净土，故又称接引佛。明清时期，佛教普遍流行"行在弥陀，教归天台"的风气，阿弥陀佛受到各宗派、各阶层的普遍信奉，在福建地区尤为明显。

净土宗是中国佛教宗派之一，宋代以降，伴随着净土思想和信仰的盛行，净土造像题材如阿弥陀佛、观音菩萨和大势至菩萨等也普遍流行。它们以各种不同的艺术形象和造型姿势，被大量塑绘出来，供奉于大江南北的寺庙佛堂之中。这无疑也解释了今天福州地区乃至整个闽南地区阿弥陀佛的盛行。

中日佛教文化交流

说到闽地的崇佛之风，在这尊佛像被铸造出来的四年前，还发生了一件对本地寺院来说意义深远的事——福清黄檗山万福寺两代僧人中天正圆、鉴源兴寿、镜源兴慈先后赴京请赐藏经，历经十五年的不懈努力，终于在当时的内阁首辅、福清人叶向高的帮助下，于万历四十二年（1614），得到朝廷赐予的《大藏经》678函，紫袈三袭，同时赐额“万福禅寺”。

这座黄檗山万福寺创建于唐贞元五年（789），历史上几经兴废，今天仍是汉族地区全国重点寺院。而万福寺在历史上最浓墨重彩的一笔，是它见证了中日两国佛教文化的交流。

清顺治初年，日本长崎华僧所建的“唐三寺”（兴福寺、福济寺、崇福寺）多次联名邀请万福寺的住持隐元禅师东渡弘扬佛法。

顺治十一年（1654）七月，隐元率徒众三十人抵达日本长崎。到达日本后，以自己的高深德行逐渐获得了日本朝野僧俗的尊敬，得以谒见当时的日本天皇和德川家纲将军，并获赐地、钱财等，在京都宇治建寺弘法。隐元不忘故山，将新寺庙命名为黄檗山万福寺，并创立新宗派——黄檗宗。这一从中国传来的独特禅法不仅在日本站住了脚，也大大刺激了已处于停滞状态的临济和曹洞二宗，最终使日本禅宗三派鼎立，长盏不衰。后来日本黄檗宗的僧侣就称福建福清的祖寺为“古黄檗”，称京都宇治的新寺为“新黄檗”。

禅宗的东传，也让中国传统文化在日本得以进一步传播。时至今日，中日黄檗宗之间的佛教文化交流依然繁盛。

□专家品宝

明代佛教造像中的精品

这尊佛陀造像体量虽大，但细节处理精致、规范，不失为明代佛教造像中的精品，特别是錾刻有明确的纪年，成为鉴定这一时期造像的“标准器”。

王永平（福建省考古研究院院长）

陳氏祠堂

明嘉靖双耳三足铜炉

存世极少的明代青铜珍品

明代十分流行铸制较大型的金属供器或祭祀器皿，在宫廷、贡院、官署、寺庙、道观及望族宗祠等地方使用。这件长乐区博物馆馆藏的明嘉靖双耳三足铜炉（下文简称『铜炉』），是二级文物，体形巨大。炉体造型、文字、装饰花纹等的艺术风格相当典型，为明代中后期大型铜、铁等金属鼎炉类的标型器，是存世极少的明代青铜珍品。

铜炉体形巨大

这件铜炉原属江田陈氏祠堂所有，后被长乐区博物馆所收藏。

铜炉口径41厘米、腹径150厘米、通高67.5厘米，重达53.4公斤，体形巨大。质地为青铜，口沿为双层圆口、折平沿、宽方唇，束颈，鼓腹，圜底，底部中间有圆孔。肩颈部至口沿以上有一对朝冠耳，下腹部有三个兽首长腿圆蹄足。铜炉表面氧化为灰黑色，内底有烟炱痕残存。

铜炉的颈部两侧都铸有文字，一侧中间四个大字为“陈氏祠堂”；右侧抬头竖列为“奉政大夫江西南安府同知署”；左侧落款为“赣州府印二十三世孙陈锭铸”。

另一侧格式相同，中间的四个大字是“南阳世泽”；右边的抬头是“大明嘉靖叁拾年岁次辛亥春”；左侧落款为“正月望日捐俸铸于处墓公署”。外底一侧还铸一长方印框，内有铸字两行“上杭房二十三世孙陈锭铸”。

据介绍，明代存世青铜器中，体形庞大的不多，铸有纪年款的更为稀少，因而此炉尤为珍贵。

铸炉者为何人？

根据传承至今的《南阳陈氏族谱》，出资铸炉的陈锭，属于南阳陈氏第十八世陈志到第二十五世陈源的世系。从河南南阳迁闽的陈氏家族，在迁徙的过程中不断分家，在不同的居住地分出不同的支系（房），陈锭这一支最后迁到了长乐的江田。

这一支从第二十世陈斌开始直到第二十三世陈锭，都有一官半职。到了陈锭，据记载，他历经“正德己卯举人，仁化县教谕，汝宁府通判，南安府同知署，赣州府知府，封郎中，叠赠大夫、南京光禄寺卿”。这时是明代中期，这支家族十分兴旺，建了规模宏大的祠堂，与宏大祠堂匹配的大型青铜香炉也专门铸造了出来。大铜炉上所铸的落款文字与《南阳陈氏族谱》里的记载相对照基本一致，只是族谱中对陈锭之前中举、官职升迁的记录更为详尽而已。

陈锭是正德己卯年（1519）的举人，这个铜炉铸造于明代中后期的嘉靖三十年（1551），此时，他的官位已至南安府同知署及赣州府知府，所以才有足够的财力和资格来铸造如此规格的铜香炉，以示“祖上有德，福泽子孙”。

器物时代特征突出

在器物造型方面，该铜炉既承袭了我国商周时期大型青铜圆鼎的风范，又未完全模仿古器，在继承传统之中又有形式的创新，具备了整体造型沉稳厚重、线条优美流畅、铸文规范端庄、纹饰细致精湛的特点。

此炉的一对大长耳从腹颈部开始，越过炉口，伸向上方似冠翅，有托举之感；宽长的颈部中浮雕般突出的铸字一目了然，格外显眼；扁圆的炉腹上铸了繁密的主纹和地纹，一周用突棱纹分成六区，每区又分上下两段；三只粗犷的炉足，呈拱形外撇，稳当地支撑着沉重的炉体。

铜炉的纹饰主要体现在炉腹部分，炉腹一周分上下各六格，上腹部每格都布满纹饰，地纹是细密的几何形花瓣；主纹是两条尾部相交、两首相对的三爪夔龙，夔龙头大身细，龙身线条屈回流畅，装饰风格浓厚。下腹部是线条流畅、细密的卷云纹饰。

铜炉下腹三个兽面蹄足的形制也极富特色。足上部交接炉腹处的兽首是狮首形象，底足则是马蹄形足。狮首的风格与当时流行的石雕狮子造型一致，大眼、大鼻、大嘴、龇牙，时代特征非常突出。

这件铜炉的腹底在铸造时专门留了一个大洞，为了日后方便掏炉灰。铜炉在铸造时采用的是模铸法，铸好后炉里遗存部分内范尚未全部清理掉即投入使用，至今仍保留着部分遗存，如外翻的唇口内侧的泥范，炉足的中空部分的原装泥范亦未掏出。当然，这些隐蔽部位的泥范并不影响铜炉的美观和使用，反而对铜炉起到了很好的保护作用。

□专家品宝

具有双重价值

明代从朝廷到各级官府流行铸造、使用大型铜器、铁器。到了明代中后期，这种铸大器用于祭祀的风气更为盛行，因而庙宇、道观多有使用，官宦富户之家祠亦有跟进。在这种时代背景下，已经几代官宦的陈氏家族斥巨资铸造了这件有纪念意义的精美铜炉。

此炉是陈氏家族祠堂的重要传家宝，炉上的铭文款识是长乐江田的陈姓望族源自河南南阳的重要实物证据，也与当地传承至今的族谱互相印证，具有历史和艺术的双重价值。

李丽清（长乐区博物馆副馆长）

鼎

明代福州府儒学文庙祭器

文庙祭祀用什么大有讲究

中国素有『礼仪之邦』的美誉，敦礼重义，为世人所称道。古代的祭祀名目繁多，祭祀要有专器。福州市博物馆藏有一批明代铜器，共有17件，器身均有『福州府儒学文庙祭器』『成化丁亥年造』等铭文，具有清晰、明确的器物用途和年代标识，器形包括『豆』『笾』『铏』『簠』『鼎』等。这批铜器与成化三年（1467）巡按御史涂棐重铸福州府儒学祭器的文献记载相吻合，是研究明代福州文庙祭祀和晚期铜器的珍贵实物资料。

文庙祭孔自古有传统

文庙是纪念和祭祀我国伟大的思想家、教育家孔子的祠庙建筑，历代又被称作孔庙、夫子庙、至圣庙、先师庙、先圣庙、文宣王庙，尤以“文庙”之名更为普遍。

福州文庙始建于唐初，唐大历八年（773）从城西北移建今址，现为福州市鼓楼区圣庙路10号。北宋太平兴国三年（978），转运使杨克让重建孔庙。北宋景祐年间，在庙旁增设府学，隶属孔庙，此后不断扩展。现存建筑建于清咸丰元年至四年（1851—1854），2006年6月被国务院公布为全国重点文物保护单位。

孔子生前就已被弟子们圣化，作为精神偶像。孔子去世于公元前479年，鲁哀公亲制诔文悼念孔子，诔文中称孔子为“尼父”。孔子去世后，不少弟子为之守墓3年。公元前478年，鲁哀公在孔子旧宅立庙，岁时祭祀，拉开诸侯祭孔的序幕。公元前195年，汉高祖刘邦以太牢祭祀孔子，是天子祭孔的开始。公元59年，汉明帝下令“学校皆祀圣师周公、孔子，牲以犬”，这是国学、郡学祭祀孔子的开始。

由于孔子创立的儒家思想对于维护社会统治秩序所起到的重要作用，历代封建王朝对孔子尊崇备至，把修庙祀孔作为大事来办。到了明清时期，每一州、府、县治所在地，差不多都有孔庙或文庙。

各地文庙祭孔的方式依礼而行，大致相同。祭器有焚香的香炉，装牲宰的俎，放膰肉和汤的登、铏，盛谷物的簠、簋、笾、豆，摆放币帛的篚等。因为祀典包括礼、乐、歌、舞四种形式，因而对乐器、舞器的种类和数量，以及执事、歌童、舞生、乐工人员的定额和分工都有相应的规定。

福州文庙祭器的特点

福州市博物馆馆藏的这批福州府儒学文庙祭器总计17件，根据器物铭文，器形有豆、笾、铏、簋、鼎等5种，其中铜豆3件、铜笾4件、铜铏1件、铜簋8件、铜鼎1件。大部分藏品保存状况较好，器形完整，纹饰、铭文较为清晰。这批物件内均有四行共十六字铭文，如：“福州府儒学　文庙祭器　豆　成化丁亥年造。”

豆，在古代是食肉器，形似高足盘。福州市博物馆馆藏的铜豆高18.2厘米、口径16厘米、底径15厘米，重1.92千克，由承盘、柄和圈足底座三部分组成。

铏

承盘敞口外撇、浅直腹、平底，圆柱形柄，下接喇叭形圈足。承盘外壁饰开光缠枝莲纹，下部饰一周二方连续式雷纹。柄的上、下部各饰一周二方连续式雷纹，中部饰缠枝莲纹。圈足自上而下以两组宽弦纹间隔，饰如意云纹、开光缠枝莲纹和覆莲瓣纹。

笾，似豆，盘平浅、沿直、矮圈足，祭祀宴飨时常用于盛果脯等食品。馆藏的铜笾高19厘米、口径16.2厘米、底径14.9厘米，重1.70千克，亦由承盘、柄和圈足底座三部分组成；承盘直口、深腹、平底，圆柱状柄，下接喇叭状圈足；通体饰竹编纹。

铏是古代盛羹的鼎，两耳三足，有盖，常用于祭祀。馆藏的铜铏口径16.5厘米、腹围45厘米、通高23.6厘米，重2.58千克。其器形如甗，上下两部合铸成一体。上半部如甑，平沿，立耳，深直腹向下微收。颈部饰一周二方连续回纹；腹部以两组宽弦纹间隔，饰如意云纹和双重莲瓣纹；下半部如鬲，浅腹微鼓，平档，三袋足，足跟较短；腹部饰如意云纹，腹部和三足连接处饰简化双目兽面纹；铭文、纹饰清晰。

簋是古代祭祀、宴飨时盛放黍、稷、稻、粱等饭食的器具。馆藏的铜簋口径12.3厘米、底径7.6厘米、高16.9厘米，重2.33千克，双耳三足，器形如鼎。凸唇，口沿内方外圆，束颈，窄溜肩，深弧腹，平底。肩、腹部饰双螭耳，腹下部饰三兽足。颈部饰一周卷草纹，肩部、腹下部各饰一周菱格几何纹。

鼎是古代用以烹煮和盛贮肉类的器具，一般来说鼎有三足的圆鼎和四足的方鼎两类，又可分为有盖的和无盖的两种。馆藏的铜鼎口长16.7厘米、口宽13.7厘米，底长12.2厘米、底宽9.5厘米，通高18.6厘米，重2.23千克。长方形鼎身，凸唇立耳，口沿外方内圆，颈部略比腹部突出，斜直腹，腹部四角置扉棱，底内凹，扁夔形四足。颈部饰一周二方连续回纹。腹部以条状凸棱分隔为左右两半，自上而下以弦纹间隔，有缠枝莲纹、重环圈点纹和复瓣仰莲纹三层纹饰带。

史料文献印证其是明代祭器

从这17件铜器上的铭文可知，这批福州府儒学文庙祭器均铸造于成化丁亥年，即成化三年（1467）。

考证史志文献，弘治《八闽通志》卷四十四《学校》“福州府府学”条载：“成化三年，巡按御史涂棐以国初所须铜铸祭器如尊、罍、铏之属，皆岁久刓弊，因命工并笾、豆、簠、簋俱范铜而重铸之。”正德《福州府志》卷二十《学校志》“福州府儒学”条亦载：“成化三年，巡按御史涂裴，以国初所颁铜铸祭器，皆岁久刓弊，并笾豆簠簋俱范铜而重铸之。”器铭与文献记载相吻合，福州市博物馆馆藏的这批铜器应该是成化三年巡按御史涂棐下令“范铜而重铸福州府儒学文庙祭器”中的一部分。

同时，根据文献记载，成化之前的福州儒学祭器，仅“尊、罍、铏之属”是铜器，而“笾、豆、簠、簋”等祭器应非铜铸，是成化三年才用铜新铸的。此外，对于这批铜器的器名，豆、笾、铏、簋、鼎等均为饪食器类，“豆”“笾”“鼎”的器形与常见的此类器物一致，但合甑、鬲二器为一体的甗形器自名为“铏”，双耳三足、器形如鼎的器物自名为“簋”，则显得有点名不副实。这个问题值得专家们进一步探究。

豆

簋

□专家品宝

以物叙史，见证福州千年文脉

文庙是历代各地祭祀孔子的礼制建筑，往往与府学、州学、县学、书院、贡院等合为一体，承担了儒学教育中心的职能。福州文庙是唐代以来福州尊儒祭孔、崇文教化的主要场所，其间屡经兴废，延续至今，承载了福州千年文脉。

福州市博物馆收藏的这批文庙祭器历经明、清两代至今，数量众多、器形丰富、铭文清晰、用途明确，保存状况较好，均为国家三级文物。它们与明成化三年（1467）巡按御史涂棐重铸福州府儒学祭器的文献记载相吻合，是明代福州文庙祭祀用器的珍贵实物资料，对研究明代地方州府文庙祭祀制度和明代铜器铸造工艺具有重要价值。同时，这批祭器也是福州人尊儒祭孔、崇尚教育的实物见证，昭示今人要更好地传承尊师而重道、弘文以兴邦的传统美德。

戴小巧（福州市博物馆文博馆员）

『国姓府』铜铳

郑成功水军的兵器故事

1662年，郑成功率部驱逐荷兰殖民者，收复宝岛台湾，为中华民族立下不朽功勋。福州连江定海湾出水的『国姓府』铜铳，则是这一历史事件的重要见证。

什么是铜铳？枪和炮的前身

“国姓府”铜铳，现藏于连江县博物馆，为国家二级文物。该铜铳为圆竹筒形，长短共四节；总长80厘米，总重10.537千克；前后两端均有孔，前为炮膛孔，外径5.5厘米，内径2.5厘米，后座装木柄孔，径4.2厘米；中部左右各一实心圆棍状耳，长各2.5厘米，径2厘米；两耳间铳壁上有一引火孔。

火铳是金属管形射击火器的通称，小口径火铳是枪的前身，大口径火铳是火炮的前身。火铳用铜或铁铸成，以铜铸较多，称为铜铳、铜火铳。据记载，铜铳又称“手铳”，结构上分为前膛（铳膛）、药室和尾銎，使用时点燃由药室引出的药线，引燃药室内的火药，借助火药燃气的爆发力将预装入前膛内的石弹或铁弹射出，杀伤敌人。明代时，火铳开始大规模装备军队。

从何而来？系定海湾水下文物

据连江县博物馆原副馆长骆明勇介绍，20世纪80年代，筱埕镇不少渔民从事扒壳作业——打捞海底贝壳，用于制作石灰。1989年9月，定海村一扒壳船从海底打捞出这件“国姓府”铜铳，同时出水的还有陶钵、青瓷碗等。

“我们接到这一消息，第二天就赶了下来，劝说渔民把它移交给文物部门保管。”骆明勇回忆说。之后，渔民陆续将文物移交给了文物部门。同年11月，经福建省文物局鉴定小组评定，“国姓府”铜铳为国家二级文物。

为何定海湾会出水文物呢？骆明勇介绍说，定海湾是连江著名的“三湾”之一，海域面积135平方公里，扼闽江口、敖江口，素称“闽江北喉”。它是古代福州港的海上门户，也是船只进出闽江口靠泊、补给的第一个地点，因而也是我国古沉船分布最密集的水域之一。

自1989年以来，中外海洋考古工作者在定海湾海域开展了一系列水下考古调查、勘测与发掘工作，发现了“白礁一号”等沉船遗址，出水宋、元、明、清等不同历史时期的瓷器、铁器、铜器等沉船文物。

“我国水下考古工作取得一系列重要成绩，开展的重大水下考古工作，都有从定海湾走出来的水下考古人员的身影。”国家博物馆原副馆长、水下考古学中心主任张威曾评价定海湾为“中国水下考古摇篮”。

为何有“国姓府”三字？系郑成功水军武器

值得一提的是，该铜铳尾部近火门处，凿刻有阴文“国姓府”三字。郑成功被称为“国姓爷”，“国姓府”三字可证明此铜铳是郑成功部队的兵器，因此显得弥足珍贵。

郑成功（1624—1662），本名森，后因南明隆武帝赐明朝国姓“朱”，改名成功，故又称“郑赐姓”“郑国姓”“国姓爷”等。1662年，他率军驱逐荷兰殖民者，收复台湾。至此，沦为荷属殖民地38年之久的台湾又重新回到祖国的怀抱。在收复台湾的战争中，郑成功展现了卓越的政治、军事、外交才能，立下不朽的功勋，为后世所怀念。

有专家认为，当时台湾人民为庆祝光复、彰显郑成功功德，因而在其所用的部分兵器上刻上了“国姓府”。值得注意的是，“国姓府”三字中的“国”，并非繁体字“國”。《闽粤沿海出土“国姓府”铭铜铳与郑成功的海洋活动》一文中给出了这样的解释：我国古代某些汉字有正字和俗字之分，正字是合乎规范的汉字，而俗字则是流行于民间、因书写便捷而形成的简笔字或异体字。如此看来，“国姓府”铭文应是出自民间工匠之手。

为何在连江发现？郑军曾在榕作战

这铜铳又为何会出现在定海湾呢？经专家考证，该铜铳系郑成功水师当年在连江海域与清军作战使用过的小型火炮。据记载，郑成功长子郑经曾与清军在定海湾展开过一场激战，战船被清军击沉，诸多兵器沉没海底。“国姓府”铜铳的出水，为郑成功在福州的军事活动提供了实物证据。

连江文史专家吴用耕在《郑成功在连江史迹寻踪》一文中梳理相关史料，大体勾勒出那段历史：清顺治十三年（1656）八月，郑成功大举北伐，部署停当后率水师从厦门驶往连江沿海，九月初三攻克闽安镇，并将壶江岛作为临时指挥部所在地。明代时壶江设有水寨巡检司，是当时福建沿海防线“五寨七游”之一。之后，连江沿海各地清军与郑军屡有激战，顺治十八年初的黄岐海上之战便是一例。《韩尚亮为黄岐地方拿获郑军船只事塘报》显示，清军缴获郑成功部连江守军战船七只，从大炮到大刀等各类武器数百件，俘郑军数十人，其中绝大部分为连江籍。

《闽粤沿海出土“国姓府”铭铜铳与郑成功的海洋活动》一文也指出，郑成功在抗清过程中不断扩大基地，从闽南扩展到闽东和广东，频繁地在福州、东山、潮汕等地活动。出水的“国姓府”铭铜铳，无疑是有力的佐证。

□专家品宝

展示两岸历史文化的变迁

“国姓府”铜铳系连江县博物馆的镇馆之宝，具有极高的历史文化研究价值。

郑成功是两岸共同的民族英雄，“国姓府”铜铳是郑成功收复台湾以及在福州地区军事活动的重要见证，是展现两岸历史文化紧密联系的重要载体。

同时，“国姓府”铜铳与定海湾出水的宋元青瓷碗、黑釉瓷盏等，也印证了连江作为福州港的门户，是海上丝绸之路的重要组成部分。如今，定海湾已被列入福州市海上丝绸之路史迹保护名录。

骆明勇（定海水下考古参与者、连江县博物馆原副馆长）

饶玉继美

—饶玉继美—

汉弦纹双系灰陶匏壶

收藏与捐赠，一个温暖的福州故事

在福州市博物馆琳琅满目的各类文物当中，谁有资格成为福州两千两百多年建城史的见证者？并不起眼的泥质灰陶壶，为何在专家眼中却是那样美丽且神秘？它因何险些被毁，又经历了怎样的曲折而最终成为国宝？

一箱啤酒救下珍贵文物

在20世纪一个炎热夏天，福州金鸡山的一处工地上，工人们无意中从土里挖出了一个球身长颈的陶壶，这个沾满泥巴灰不溜秋的东西在工地上引发了一场争执。有人认为它八成是件随葬品，挖到这种东西不吉利，赶快砸掉；也有人觉得陶壶有些年头了，没准是啥文物，或许还有点价值。争执不下，谁也不敢贸然处理，就暂时把它丢在了工地上。

金鸡山挖出陶壶的消息传到了一位对闽都历史颇有研究，也酷爱收藏的中年人耳朵里。大中午他顶着烈日，骑着自行车赶到金鸡山，找工人问到了这个壶。一看，可不得了，这是个汉代的陶匏壶！

这位中年人如获至宝，兴奋地告诉工人们这可是件有价值的文物，还不忘科普了一番中国人“事死如事生”的传统观念和文物保护的知识。最后，他掏腰包买了一箱啤酒，感谢那几位暑天里施工的工人，说服他们将满是泥巴的陶壶交给了他。

平凡而又不凡的捐赠者

这只险些被砸碎了的陶器，就是汉弦纹双系灰陶匏壶。它被带走后并未出现在文物交易市场上，数年之后，它进了新建成的福州市博物馆。

当年从工人铁镐下抢救出陶匏壶的中年人叫林利本，毕业于北京大学政治经济系，是福州市委党校的一位副教授，也是中国古陶瓷研究会会员、福州市民间文艺家协会常务副主席。他生活简朴，参与保护和抢救了许多福州的文物古迹。除了陶匏壶，林利本还曾从修路石匠的锤下救出宋代“河神呈祥”的画像石雕，牵头捐资重建福州“四大名亭”之一——五旦亭。

陶匏壶是林利本心爱的藏品，朋友描述他“做梦醒来都要摁亮电灯鉴赏一番”。但他并未将其据为己有，在福州建城2200年（1998年）时，他主动提出将收藏多年的陶匏壶无偿捐给福州市博物馆。

林利本对当时接收这件陶匏壶的专家说，搞收藏至高的境界是将藏品捐给国家，让宝贝属于公众，这才是它们应有的归宿。

不仅如此，他还带头倡议市民向福州市博物馆捐献自己的藏品。当年，福州市博物馆收到了一百多件民间藏品。经专家鉴定，其中品相最好、文物等级最高的就是这件汉弦纹双系灰陶匏壶。

这位“有温度有情怀”的林利本副教授已于2011年9月去世，但他捐出的陶匏壶将永远地珍藏在福州市博物馆，向公众讲述悠远的闽都文明。

陶质纯、工艺精、颜值高

匏是古人对葫芦的一种称呼，匏壶也就是形似葫芦的器物，按照材质的不同主要有铜、陶两类。自春秋以来，陶匏壶就是人们常用的盛酒储水之器。而短颈、大腹的陶匏壶，更是福建和两广地区秦汉墓中常见的随葬器物。

福州市博物馆的这件陶匏壶高21厘米，口径3.5厘米，腹围18厘米，底径12厘米；为泥质灰陶壶，微侈口，长颈，广弧肩，肩部有对称的桥形双耳，鼓腹，最大径近肩部，下腹斜收，平底微内凹。

它造型简洁疏朗，美观实用，具有西汉中期闽江下游陶器的风格。陶匏壶缩腰的弧度、比例，和弦纹装饰，对制作工艺要求非常高，而这一件可谓达到了完美。足证在汉代，福州制陶技术、轮制技术发展已经达到了相当高的水准。

更让人不可思议的还有，作为易碎的陶器，这个陶匏壶历经两千多年却非常完整。

介绍这件陶匏壶的专家评价道，在他看过的一百多件陶匏壶中，这件“颜值最高，工艺最精湛，陶质也最为纯净”。

写在陶匏壶上的祈祷

曾让林教授夜半灯下痴迷端详的汉弦纹双系灰陶匏壶，究竟有着一种怎样的美？

陶匏壶亦是礼器，《礼记》中说：“器用陶匏，以象天地之性也。”其内装酒，谓之“玄酒”。作为盛酒的礼器，陶匏壶承载着在祭祀中祈天地、敬鬼神的作用，寄托着古人对于上天与祖先的敬重和希冀。

陶匏壶除了本身的灰色，没有任何附加的色彩，仅在肩与上腹部饰有四组弦纹，每组三道。这些弦纹极其流畅也极尽朴实，体现了古人非常纯净的审美观。

这一看似简单的装饰，其实还蕴含了古人与天地沟通的“密码”。这种弦纹的灵感来自江河中连绵不断的水波纹，它们寓示着生命的延绵不息。在与自然艰难抗争的古代，家族人丁的延续繁盛就是古人虔诚而朴实的愿望。

两千多年前的福州人写在陶匏壶之上的祈祷，今天的我们读懂了吗？

□专家品宝

福州建城史的实物佐证

陶匏壶，盛酒器，是古代祭天地的器物之一。据《礼记·郊特性》载："器用陶匏，以象天地之性也。"品鉴该陶匏壶，器型端庄，比例匀称，是一件融严格的淘泥工艺、成熟的轮制技术、朴素的原始审美于一体的文物精品，是福州建城2200多年历史的实物佐证。历史悠久、工艺精湛、品相颜值俱佳，这件汉弦纹双系灰陶匏壶不愧为福州市博物馆的"镇馆之宝"。

穿越时空，寻找记忆，似乎能从陶匏壶中闻到醇香的酒味，似乎能从陶匏壶上触摸到林利本副教授收藏保护并捐赠给市博的情怀温度，让我们油然而生对宝藏守护者的敬畏之感。

张振玉（福州市博物馆原馆长、文博研究馆员）

晋青釉双耳鸡首壶

小小一把壶，寄托吉祥与和平

鸡飞狗跳、缚鸡之力说的是鸡，闻鸡起舞、金鸡独立说的也是鸡。鸡是古人的吉祥物，因『鸡』与『吉』谐音，常寓意着吉祥安宁。

鸡首壶，又称鸡头壶、天鸡壶，晋时称『罂』，得名于壶嘴流部的鸡首形装饰。鸡首壶最早出现于三国末年，流行于两晋至隋代，唐初渐渐被执壶取代，淡出了历史舞台。流行了数百年的鸡首壶从侧面反映了魏晋南北朝社会大动荡时期人们对祥和生活的祈盼。福州市博物馆就有一件鸡首壶珍品——晋青釉双耳鸡首壶。

造型工艺堪称同类器物中的精品

1997年，福泉高速公路福州南台岛秀宅段铁头山上出土了这件晋青釉双耳鸡首壶。此壶鸡首为实心，是随葬的明器（专门为随葬而制作的器物）；通高22厘米，壶高20厘米，口径7.7厘米，底径8.3厘米，腹径15.5厘米；盘口，束颈，溜肩，鼓腹，平底。细细品赏，这件鸡首壶在造型、工艺上都堪称一绝。

首先，鸡首高昂，鸡目圆睁，鸡冠挺拔，造型逼真。这件壶颈部较长，腹部浑圆，平底，肩的一侧为凸起的鸡首形壶嘴，另一侧为曲形把手，连接口部与肩部并稍高于壶口。壶肩部另外两侧各有一桥形系孔，可以穿绳系挂。此壶造型别致新颖，鸡首上昂仿佛正在引颈眺望，与把手一高一低，遥相呼应。

其次，壶身曲线极其优美，壶嘴、壶身、壶底比例恰到好处；线条流畅，尤其是壶腹上半部的椭圆弧度适中，给人一种饱满、圆润之感。其壶身的曲线和鸡头的神韵极具时代特色。

再次，该壶的精彩之处还在于它的釉色。壶身通体施青釉，釉层丰厚，釉面滋润，其发亮的釉面有较强的玻璃质感，可见其形成于较高的温度下，器形十分规整。由于釉色肥厚，加上别致的造型，仔细端详该鸡首壶，犹如一只嗉囊饱满、昂首挺胸、扇着翅膀、尾巴翘得高高的雄鸡。

古人为何喜欢鸡首壶

鸡首壶的出现，与我国自古崇鸡的文化现象有关。中国是世界上最早养鸡的国家之一，距今七八千年的新石器时代遗址如河北武安磁山、江西万年仙人洞，就曾出土驯化后的家禽鸡骨。在距今五千年的大汶口文化中期，就有外形像鸡的陶器出现。鸡在古代是吉祥之禽，“鸡”与“吉”谐音，公鸡的“公”与“功”、鸡冠的“冠”与“官”、鸡鸣的“鸣”与“名”也是谐音，因此古人常以鸡的形象兆示吉祥、生命、阳刚，也以鸡寓意“功名”或“封官晋爵”。

西汉初期韩婴《韩诗外传》中记载了鸡的“五德”：“头戴冠者，文也；足搏距者，武也；敌在前敢斗者，勇也；见食相呼者，仁也；守夜不失时者，信也。”即“文、武、勇、仁、信”五德。这可谓对鸡的极高褒扬。魏晋南北朝是中国历史上政权更迭最频繁的时期，长期处于割据和连绵不断的战争中。这一时期流行的鸡首壶造型结合了动物元素，足见古人的生活情趣，更重要的是反映了

战乱年代人们对吉祥安宁生活的祈盼。

鸡首壶最早出现在三国时期的东吴，是越窑、瓯窑的新产品，以后全国各地瓷窑都有烧制。永嘉之乱后，晋室“衣冠南渡”，把中原文明和先进的生产力带到南方。这当中，大批士族南迁入闽，以“林、黄、陈、郑、詹、邱、何、胡”八姓居多，史称“八姓入闽”，这也是北方汉人与闽人的一次重要融合。随着南迁的推进，福建的陶瓷业特别是青瓷的烧造水平有了显著提升。在福建的六朝墓葬中出土了大量青瓷，品种丰富，与江、浙、湘、赣具有相同的时代特征，所以青釉鸡首壶出现在福州铁头山的六朝墓葬里也就不足为奇了。

鸡首壶从祭祀走进生活

具有鲜明时代特点的鸡首壶除在江浙大量出土外，福建、两广、两湖、川贵、山东等地也都有发现，分布范围广泛。从出现到逐渐消亡的过程中，鸡首壶因时代的发展而有所变化，这些变化也成为考古工作人员对墓葬进行断代的重要依据。

从器形演变来看，西晋时期的鸡首壶，壶身较矮，壶颈较短，鸡尾较小，有矮胖敦实的特征；东晋时期的鸡首壶，壶体略高，鸡首有了颈部，鸡尾被曲柄取代，壶身更为浑圆；南北朝时期的鸡首壶瘦高，装饰也从简到繁；隋唐时期，鸡首壶数量剧减，造型结构、比例尺度都趋于失调。

从器物的实用功能来看，最初鸡首实心不通，是一种殉葬的明器，而不是实用之物，鸡首应有祭祀意义；后来演变成鸡头可通水、鸡尾变成龙形柄，可实际使用之器，这时的鸡首则有装饰美化作用；再到后来，因实用性强，开始大批量生产，追求快捷、简便，壶上捏塑的鸡首、龙柄等动物形象逐渐消失。至此，鸡首壶从随葬明器演变为酒器、茶具等生活实用器。唐以后，随着国家统一、社会安定、经济繁荣，鸡首壶逐渐淡出了人们的视野，但以“流”倾倒液体的造型并未随之消失，而是被执壶延续。

总之，小小的一把鸡首壶不仅寄托了战乱时期人们对美好、安定生活的向往，同时也体现了中国陶瓷历史悠久、工艺精湛、科技内涵丰富、艺术表现多彩的特点。

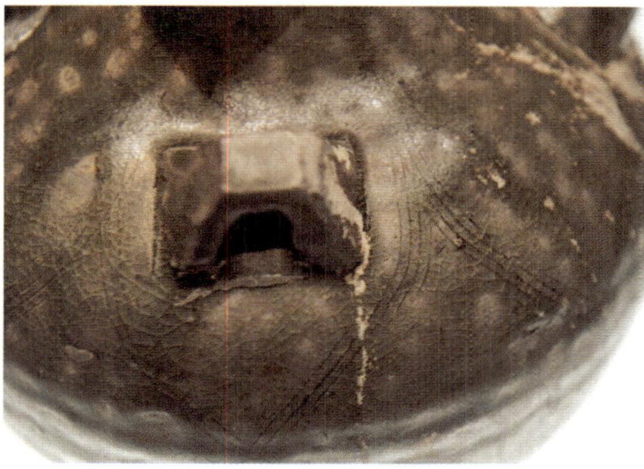

□专家品宝

祈盼吉佑的吉祥之物

鸡虽然不是十二生肖中最凶猛的，但它很有个性。鸡的“五德”，是古人对其最为具象的评点。从古至今，“鸡”与“吉”的寓意寄托着人们对美好生活的向往，人们祈求着吉祥如意、吉瑞祥福、吉星高照、吉昌顺康等吉愿。

从工艺造型看，该文物造型独特，匀称端庄，没有繁缛的装饰，给人一种素净典雅的简约之美；从设计理念看，把鸡首这一特定部位设计成打鸣的状态，鸡打鸣正是拂晓之时，寓意着人们对新的一天充满向往、憧憬，体现出个性之美；从设计的效果看，把鸡首设计成壶嘴，把鸡身设计成壶身，把鸡尾设计成壶把，体现出制作者的匠心，给人一种特色之美。因此，该鸡首壶不愧为有福之州、福地宝城祈盼吉佑的吉祥之物。

张振玉（福州市博物馆原馆长、文博研究馆员）

南朝青釉瓷唾壶

1500多年前，福州人的文明生活

作为台江区博物馆的一个组成部分，南公园内的台江民俗馆，收藏着一件有1500多年历史、保存完好的青釉瓷唾壶。该宝物出自南朝墓葬，2003年在台江区学军路龙岭小学教学楼基建施工中被发现，现在是国家二级文物。它为研究当时人们的生活、经济文化以及丧葬习俗提供了实物资料。

从唾壶看古人的生活习俗

唾壶又称“唾盂”“唾器”。关于唾壶的作用，有人认为是承唾之器，还有人认为是古代贵族宴饮时盛放鱼骨或兽骨的容器，是魏晋、南朝时期常用的随葬陶瓷器。

目前发现的最早的唾壶是安徽阜阳双古堆西汉汝阴侯墓所出的漆唾器，因器物底部署有“女阴侯唾器六年女阴库欣工延造”等铭文，故又名“唾器”。

那时的古人一般坐在矮床上，唾壶就放在近床处，方便使用。从三国两晋开始，不同时期唾壶的形状和装饰也在不断发生变化，反映出当时的流行元素。

三国、西晋的唾壶一般为撇口、扁腹、高圈足，那时道教思想流行，故流行用铺首、仙人、狮形辟邪等图案装饰，并且在肩部、腹部装饰菱形方格纹、连珠纹等，图案繁复华丽；东晋时渐成盘口、垂肩、圆腹、平底或假圈足；南朝至隋代时期的唾壶器身较扁，有的还配有盖和托盘，那时的唾壶造型简洁明快，器身多光素无纹，仅用釉色来表现器物的高级之美。

唐朝的唾壶又逐步演变成撇口，但撇口更大，已明显大于壶身；宋朝恢复为盘口，扁腹、圈足，不过口径一般大于器腹，早期圈足外撇；明代则进化为大敞口，短颈，扁腹，圈足外撇。明清时期的唾壶外形与近代放在地上的痰盂已十分相似了，流行用山水、花鸟和人物故事等装饰。

目前珍藏在台江民俗馆的南朝青釉瓷唾壶，口径8.4厘米，腹径11.1厘米，底径7.6厘米，高10厘米；撇口盘形，缩颈，扁鼓腹，假圈足；青灰釉，底露胎，有线切痕。该唾壶造型端整，釉色纯净，扁矮敦实，素雅古朴。

宝物得来有故事

2003年5月，福州台江区学军路龙岭小学教学楼在基建施工时发现了两个南朝墓，其中一座在墓室前部券顶处有一处盗洞，另一座保存完好。这是两座砖构券顶单室墓，平面呈“刀”形，这种墓葬形制在福建地区南朝墓葬中是比较常见的。墓的结构分墓门、甬道和墓室三部分。甬道和墓室前部放置随葬品，后部放置棺柩。墓壁用花纹砖平铺错缝叠砌而成。两座墓葬共出土随葬器物43件，包括盘口壶、四系罐、灯盏、焦斗、陶灶等。从配套齐全的生活用具等来看，这是一个当时身份等级较高的士族墓地。

在古人的观念中，“事死如事生”，因此要为死者配置一套日常生活所需的器具。从墓中发现了这件青釉瓷壶，说明这件器物在当时人们的生活中扮演着重要角色。

这件青釉瓷壶出土时也引来众人猜测，这到底是花瓶？酒壶？还是别的什么物件？最终在文物专家的鉴定下，才确认这件青釉瓷壶实际上是唾壶。2014年在全国第一次可移动文物普查工作中，这件唾壶被认定为国家二级文物。

台江民俗馆还有这些宝物

这件南朝青釉瓷唾壶有着丰富的文化内涵。三国两晋南北朝时期，中国一直处于分裂割据状态。这时的中原地区战乱频繁，百姓流离失所，而当时地处东南一隅的福建地区政局相对稳定，因此，大批中原百姓南迁来闽。“衣冠南渡，八姓入闽”，这些移民带来了中原文化和先进的生产技术，促进了福州地区经济社会的发展。这为闽江下游成为闽地政治、经济中心奠定了基础。台江区学军路发现的南朝墓葬无疑是有力的佐证。

2003年，福州市考古队将在龙岭小学教学楼基建施工工地抢救性清理中发现的43件文物移交给台江区文物管理部门，2014年认定其中二级文物2件（另一件是南朝青釉瓷敛口钵）、三级文物19件、一般文物22件。2016年台江民俗馆开馆，这批文物在民俗馆公开展出。

□专家品宝

千年前福州人精致生活的缩影

这件出土于台江南朝墓的青釉瓷唾壶保存完好，距今已有1500多年的历史。唾壶是古代的一种卫生用具，从它的器形、材质可以窥见南北朝时期人们的审美倾向。它也是传统文化中的礼仪制度融入福州人日常生活的体现。

史以物存，物以证史。这件南朝青釉瓷唾壶是南北朝时期福州地区历史发展的见证，是古时福州人文明、精致生活的缩影，是研究当时人的生活及丧葬习俗的重要实物资料，为今天我们挖掘、传播台江民俗文化提供了有效的实物载体。

叶红（台江区博物馆馆长）

南朝青釉瓷博山炉

福州古人的熏香文化

『博山炉中沉香火，双烟一气凌紫霞。』李白曾在诗中描绘了博山炉熏香时香烟缭绕的迷人意境。在台江民俗馆中有一件有着1500多年历史的青釉瓷博山炉。该藏品炉口径9.5厘米，盘口径12厘米，盘底径11厘米，通高16厘米。炉呈深腹，浅盘底，盖呈覆盆形，火焰纹，四穿孔；青灰釉，盖壁内侧和盘底露胎。这件青釉瓷博山炉造型端整，素雅古朴，青釉沉静，现为国家三级文物。

这件青釉瓷博山炉，和本书中的南朝青釉瓷唾壶、南朝青釉陶舟形灶“系出同门”，都是2003年在台江区学军路龙岭小学教学楼基建施工中被发现的，出自南朝墓葬。

福建地区南朝时期的墓葬中经常出现博山炉，数量众多，且分布地域广。福州市博物馆也藏有一件南朝青釉瓷博山炉，器形大体相似。博山炉包含着浓郁的宗教色彩，极具地方特色，为研究福建地区当时的丧葬习俗、宗教发展和社会经济状况提供了重要的实物资料。我们也能从中感受千年前古人的熏香文化与升仙信仰的精神追求。

中国人的用香历史最早可以追溯到商周时期。古人在祭祀活动中使用香料，同时香味又可以驱除蚊虫、净化空气、除潮去湿、治疗疾病，如《周礼》中就提到过，“以莽草熏之，凡庶虫之事”。渐渐地，用香演变成一种雅致的生活习俗。

西汉之前，人们主要使用茅香，将其放置在熏炉中直接点燃，虽然香气馥郁，但烟火气很大，使用不便。汉武帝时通西域、平南越、开海路，南方和西域的香料开始传入中原。这些香料如龙脑、苏合香等，多为树脂类香料，可以制成香丸或香饼，放置在其他燃料上熏烧，香味浓厚而烟气不大。传统的用香方式因此由“燃香”转变为“熏香”。

博山炉正是为了适应这一转变从高足豆形熏炉发展而来。它的炉体深度更深，方便放置炭火。上面有盖，盖高而尖，镂雕峰峦、云气。将香料置于炉腹内燃烧时，烟气从层层交叠的镂空山形炉盖缓缓散出，袅袅上升，给人如临仙境之感。秦汉时期神仙方术文化盛行，贵族阶层对长生不老和神仙之术有着执着的渴望。博山炉的造型特点正与这种思想契合，是古人精神追求在生活器具上的生动体现。因而“博山”逐渐被认为象征海上仙山。炉座常为盘形，有的可以盛水，焚香时吸附烟尘，增加周围空气的湿度，让香气润而不燥，也被认为“象海之四环”。

两汉时期，博山炉流行于宫廷贵族之间，多为铜质，外表有鎏金的，也有错金银的；以短柄博山炉最为常见，其器身较短，较适合当时人们席地而坐时置于席边床前或帏帐之中。

南朝时期，佛教的流行和制瓷业的发展使得瓷质熏香用具更加普及，新式造型的博山炉也开始出现，如炉盖上带有乳尖状凸起、扭曲尖锥、火焰尖突等，或将炉体塑成莲瓣样式。这类变体博山炉在福州、南平地区多有出土。这一时期得益于海上丝绸之路的发展，进口香料的品种和数量日趋增加，福建地区出土的熏香器具可谓见证了香料贸易的兴盛。

唐代之后，随着用香方式的变化，主流的香具不断推陈出新，而博山炉不再流行，后来逐步成为赏玩性文玩。

□专家品宝

博山炉的“升仙”“祥瑞”意义

汉代前期丝绸之路开通，大量来自中亚地区的香料进入中原内地，加之中国古代焚烧草本、木本植物熏香的传统，香文化逐渐在社会上层流行开来。博山炉是熏香文化发展到特定阶段与社会精神信仰结合的产物，是一个重要里程碑。

博山炉作为香器中的一大代表，它特有的形制被赋予“升仙”“祥瑞”的意义，用以承载人们的寄托和祈福诉求。

古时候熏香文化在福州十分流行，福州先民为后人留下了许多很有文物价值的博山炉。这件出土于台江南朝墓的青釉瓷博山炉，无疑是研究我国古代消毒、除秽、熏香习俗及升仙信仰的珍贵实物。

叶红（台江区博物馆馆长）

南朝青釉陶舟形灶

“以舟为车”的濒海习俗文化

在台江民俗馆的展品中，有一件有着1500多年历史、保存完好的青釉陶舟形灶。

这件南朝青釉陶舟形灶，总长24.5厘米，宽8.7厘米，通高9厘米，夹砂灰陶；灶口近方形，方孔并附一挡火板，门右侧踞坐一抱柴人物；灶台附前后两灶，其中配甑一件，灶尾为尖状，后部拢合上翘如船头形，有排烟孔；造型生动逼真，充满了生活气息。

这件青釉陶舟形灶是研究福建濒海习俗文化的珍贵实物，也为研究当时福州人的社会生活、饮食文化以及丧葬习俗提供了丰富的信息。

陶舟形灶出自南朝墓

2003年5月，福州台江区学军路龙岭小学教学楼在基建施工时发现了两个南朝墓，福州市文物考古工作队组织开展抢救性清理，共出土随葬器物43件，包括盘口壶、四系罐、灯盏、陶灶、五盅盘等。

《礼记·中庸》中写道："事死如事生，事亡如事存，孝之至也。"在"事死如事生"的思想影响下，古代墓葬中往往随葬大量明器，这是专门为随葬而制作的器物。而古人对灶非常重视，认为灶是"生养之本"，故而陶灶模型便是其中常见的明器之一。

当时这件青釉陶舟形灶出土时，众人就感叹船形陶灶符合福建濒海近水的生活环境。专家也指出，船形陶灶出土分布地点主要就是南方水域交通发达之处。舟船作为当地重要的交通工具，其造型反映在随葬品上也合乎情理。2014年在全国第一次可移动文物普查工作中，这件南朝青釉陶舟形灶被认定为国家三级文物。

古代灶具发展简史

陶灶作为慰藉逝者、寄托生者美好祝愿的生活明器，不仅揭示了古人的丧葬习俗，还在很大程度上帮助我们了解古人使用炉灶的真实状况以及生活习惯、饮食文化等方面的信息。从考古资料来看，中国古代的灶具是伴随着人们的居住环境、饮食习惯、社会文化的变化而逐步改进的。

新石器时期里，我们祖先普遍采用的炊事方式，是在自己居住的半地穴式草房里，挖一个凹下地面的灶坑，把陶釜架在上面做饭。因此《说文解字》中说："灶，炊穴也。"距今7000年左右的浙江余姚河姆渡文化遗址出土了

簸箕形的灰陶灶。这种单体可移动陶灶可以更为方便地与陶釜、陶甑配合使用，因而为后世所继承，并发展出炉灶。以陶灶为明器，目前所能见到的最早实物出土于关中地区战国时期秦地墓葬中。到了两汉，陶灶逐渐成为墓葬中常见的明器。此时，灶已经成为烹饪活动的中心。

在出土的秦汉时期文物中，有形制多样、品种繁多的灶具。这个时期的灶膛空间较前期增大了许多，提高了柴草的燃烧率，最大程度利用了热量。灶台布局也趋于科学合理：这个时期的灶具大多为单灶门，在火力最大的火眼上置甑，在火力较小的火眼上置釜，用来蒸煮；在离灶门最远的火眼处置罐，用来温水。

出土文物中，三国两晋南北朝的灶具相对较多，隋唐时期的较少，形制也基本沿用前朝，因而可以将这两个时期的灶具归在一处考察。在这个时期，灶具的改进最为显著的特征，一是为了改善饮食制作环境，提升了挡火墙的高度；二是开始出现火钳和息薪炭罐，将没有燃尽的柴火用火钳取出，存放起来，留待下次继续使用，既提高了安全性，又节约了能源。

宋元明清时期的灶具更加完善，灶具开设多个灶门，灶门与灶眼对应；蒸笼、铁锅取代了甑釜，还出现了风箱，通过压缩空气产生气流，使得灶火旺盛，柴草能更加充分地燃烧。

为何将灶做成船的造型

各地出土的陶灶数量众多、形制多样，有方形、长方形、梯形、曲尺形、圆形、马蹄形、半椭圆形等，而船形灶的出土地点主要在南方。福建多家博物馆都藏有船形陶灶。为何要将灶做成船的造型?

闽人擅操舟，“以船为车，以楫为马”，也以水生之物为生活来源，船在人们的生活中与“生养之本”的灶有着同样重要的地位。舟形陶灶作为明器十分流行，反映的正是福建先民的生产生活方式和习俗文化。舟船在福建地区的葬仪祭祀中运用得很广，除了船形陶灶外，船棺葬、送王船、划龙舟等也是典型例子。更多地了解舟船文化，或许是我们更深入了解福建地区文化传统的一把钥匙。

□专家品宝

陶灶明器与闽越人生活习性有关

“事死如事生，事亡如事存”，古人的这种观念推动了厚葬文化的盛行。灶在日常生活中是必不可少的，为了能让死者过上舒适、安稳的生活，人们制作陶灶模型，放入墓室中。出土的陶灶明器反映出火灶的发展变化轨迹和时代地域特点，与区域生产生活方式有着密切关系。

这件出土于台江区南朝墓的青釉陶舟形灶，从出土地点及形制上看，与古代闽越人的生活习性有关，对于研究福建地区当时的丧葬习俗、社会文化和经济状况也有着重要的意义。

叶红（台江区博物馆馆长）

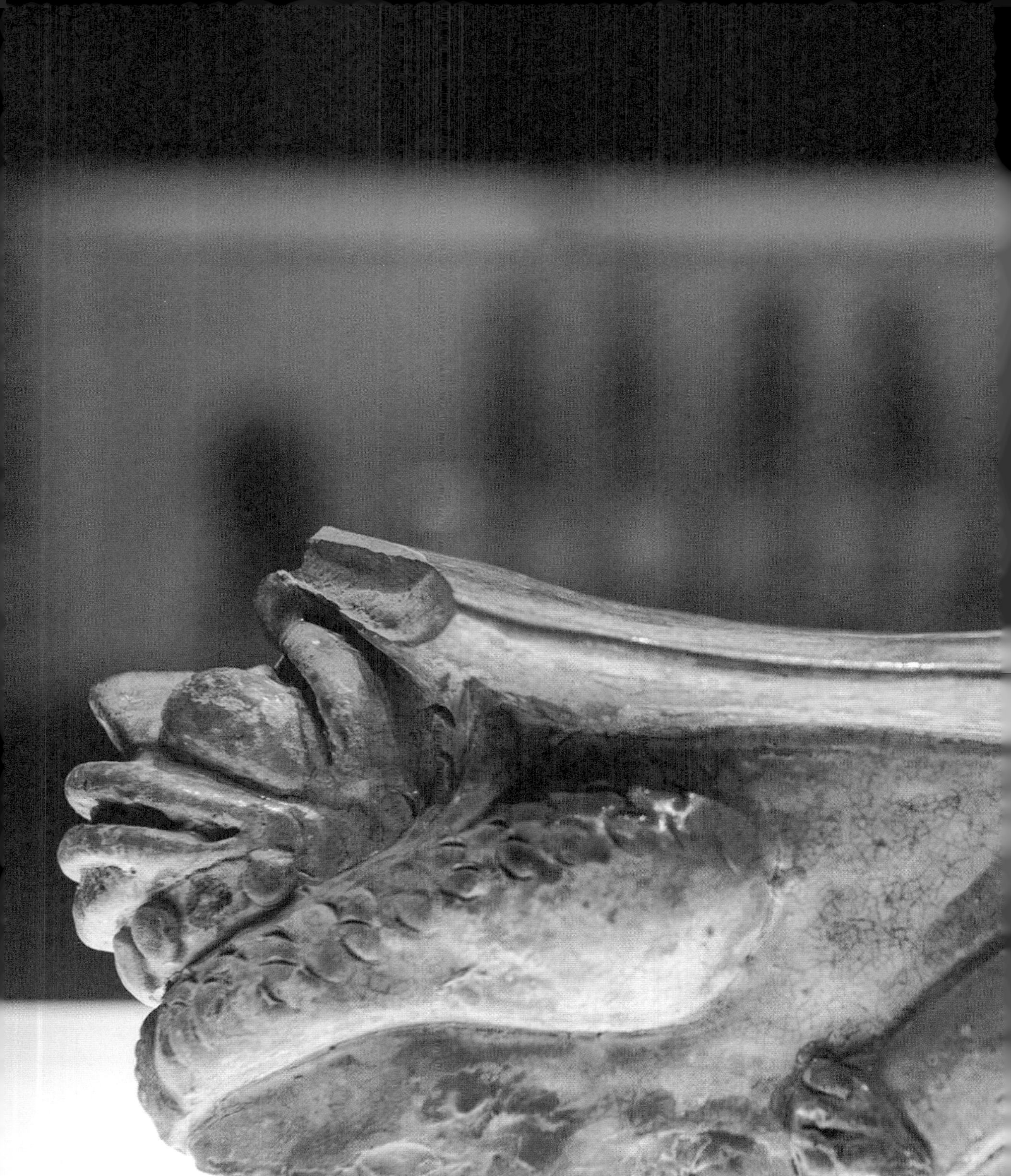

唐青釉虎形瓷枕

虎枕中的古人智慧与匠心

老虎作为百兽之王，受到先民的崇拜，是中华民族的古老图腾之一。自古人们畏虎、敬虎、颂虎、爱虎，虎的形象威武勇猛，有辟邪祈福、惩恶扬善的寓意，所以文物中有很多『虎』，比如福州市博物馆馆藏中就有一个唐青釉虎形瓷枕。那么，老虎和瓷枕的组合有什么讲究？福州的博物馆里还有哪些与虎相关的文物？

湖中沉宝？唐代青釉虎枕现身福州

1982年冬，在福州市东湖宾馆内距地面3米处，考古队员发现了由单条石南北横向叠砌的古河道驳岸。在靠岸的河泥中，出土了一件空心的青釉虎形瓷枕。

瓷枕通高8.5厘米，长19.6厘米，宽10.7厘米，胎厚0.5至0.9厘米；通体施釉，釉色青中闪黄，晶莹润泽，釉面略有不规则的冰裂纹；内腹及底沿露胎，胎质细腻，表色灰黑，从形制上看，当是套模翻制后修整成形。虎枕釉色质地与福州地区唐墓中出土的青瓷器颇为相似，也许是本地窑口的产品。

这次考古发现印证了福州东湖地名的由来和东湖的所在地。在《福州府志》《闽都记》里都记载福州原有东、西二湖，位于冶城东北、西北，为西晋晋安太守严高建筑子城时开凿，用于灌溉农田和泄洪排涝。但东湖到了宋淳熙年间逐渐淤积成了农田。青釉虎形瓷枕在东湖宾馆工地出土，有人推测这里原先是东湖湖面所在，有可能是当时的世家大族在泛舟游玩时，不慎将虎枕掉入湖中。谁能想到这样一个发生在唐朝福州东湖的小插曲，竟意外地为后世子孙留下了一件珍贵的文物。该青瓷虎枕现为二级文物，藏于福州市博物馆。

走进展厅，一眼就能看到这个形态活灵活现的青釉虎形瓷枕。老虎用虎背承托起的枕背为不规则的长圆形，一面略为内凹，一面成半圆形向外凸出，中心较低，两端略为上翘。枕面虽小，但完全适合人睡觉时头部颈部的需要。

老虎形象逼真，匍匐在地，缩颈抬头，颈部装饰有鼓针项圈；两眼圆睁，眉骨粗大隆起，鼻孔上翻，身躯肥硕，结实有力，粗短的前肢垫于颌下，双耳平贴于两侧；前肢刻划有虎爪指纹，增加了老虎跃动的气势。老虎虽然背上承受重压，但泰然自若，呈欲站起状，虽然形象是静止的，但神情却有动态，动静结合，不失情趣。

福州市博物馆原馆长张振玉说，这件唐青釉虎形瓷枕是庆祝中华人民共和国成立35周年时进京展出过的精品文物，因考古证明其为淮安窑系众多瓷器文物中唯一一件瓷枕珍品，所以它也成为福州“海上丝绸之路”重要启泊地当之无愧的历史物证。

何为瓷枕？古人有智慧有匠心

枕头是人们日常起居的重要生活用具。中国古代的枕头最早是以天然石块制作而成，后又逐步扩大到木、玉、铜、竹、瓷等材料。其中历代留存下来数量最多的就是瓷枕了。那么瓷枕为何在古代如此流行，以至于富贵贫贱无不喜好，连皇宫中也多用之？

“久枕瓷枕，可清心明目，至老可读细书。”药圣李时珍《本草纲目》里的记载应该是最佳答案。古代人睡瓷枕和当代很多人喜欢睡硬床板看来是一个道理，图的就是有益于身心健康。

除此之外，古人还认为瓷枕质坚而又清凉，爽身怡神。在没有电风扇和空调的中国古代，炎热的夏季是很难熬的。瓷枕自带凉气，又多为空心结构，空穴之处可以通风，四周也透气，凉意从颈部传递至全身，自然凉爽快意。再加上羽扇、凉席的夏日组合，怪不得宋词婉约派代表词人周邦彦会写下“薄纱厨，轻羽扇。枕冷簟凉深院。此时情绪此时天。无事小神仙”的千古佳句。

既然瓷枕与人们的生活息息相关，中国古代的能工巧匠又怎能不在这上面做些文章？瓷枕最早出现于隋代（河南安阳隋张盛墓出土的瓷枕是目前已知我国最早的瓷枕），唐五代以前的瓷枕多以模印细刻绞胎为主；唐朝时瓷枕开始大量生产，以三彩绞胎枕最为主流，世界各大博物馆多有收藏；自唐以后，各朝代烧造不绝，宋元最为鼎盛，以绘画为主，出现了更为复杂的装饰技艺。

经过一千多年的衍变，瓷枕的造型品类越来越丰富，有福州青釉虎形瓷枕这样的兽形枕；有被列为“九大镇国之宝”的定窑白釉孩儿枕这样的人形枕；还有长方形、八方形、椭圆形、银锭形等几何式样或者腰圆、鸡心、云头、花瓣等形状的瓷枕。随着制瓷业在工艺技术、造型装饰手法等方面的不断改进，瓷枕所展现出的艺术成就也越来越辉煌。

宋枕以北方磁州窑系所烧的瓷枕最具有代表性。宋代工匠还常在枕面上书写“金句”：“众中少语，无事早归”“为争三寸气，白了少年头”“有客问浮世，无言指落花”……这些指点迷津的“枕边读物”也体现了宋人哲学里主张身心放松、与世无争的一面吧！

去哪儿看？藏在榕博里的“老虎”珍品

在中国传统文化里，老虎是驱邪避灾平安吉祥的象征，与之相关的艺术作品数不胜数，也留下了许多文物瑰宝。故宫博物院曾推出“吉虎迎瑞——虎年文物专题”数字展览，其中有虎纹瓦当、虎符、虎钮、虎纹玉佩、虎纹镜、虎枕等180件与虎有关的藏品。而福州各博物馆中收藏的与虎有关的文物也远不止唐青釉虎形瓷枕。如福州市鼓楼区博物馆收藏的隋双虎纹铜镜，福州市博物馆收藏的饰有虎、熊等图案的东汉绿釉印纹三足陶奁、青釉酱彩堆贴虎纹盖瓶、清代闽籍悍将甘国宝的“指虎画”等。福州市博物馆还有一组宋代寿山石石雕，雕的是中国古代的天之四灵——青龙、白虎、朱雀、玄武。石雕中，白虎拧紧眉头、四肢有力粗壮，线条沉着有力、棱角分明，简洁的刀法带出几分天然的威势。这无疑是非常有本地特色的虎文物。

□专家品宝

祈福辟邪的珍贵文物

虎被誉为“百兽之王”，是中国民间普遍尊崇、喜爱的吉祥物。该青瓷虎枕，其匍匐前行的威严架势，其抬头凝视的无畏神态，给人一种威风凛凛的感觉；其祈福和辟邪的寓意，给人无穷的力量和美好的向往。以卧虎为枕，让人枕虎而眠，堪称人与自然和谐共处的典范。这是一件融陶瓷工艺与创意思维、艺术造型与使用舒适为一体，在唐五代流行且极具特色的生活用瓷，寄托着人们对消灾辟邪的美好祈愿，更是难得一见的珍贵文物！

张振玉（福州市博物馆原馆长、文博研究馆员）

宋酱釉薄胎陶罐

日本茶道重器竟产自福州

它产于福州西郊名不见经传的洪塘窑，看似朴实无华，却漂洋过海，在日本成为备受追捧的茶道重器——『唐物茶入』，享有与被称为『唐物天目』的建盏同等至尊的地位，深远影响了日本的茶道文化。它就是酱釉薄胎陶器。这只宋酱釉薄胎陶罐被精心摆放在福州市博物馆『海丝门户 有福之州』展厅的显眼位置，它有着怎样的身世之谜呢？

一次中日交流揭开"庐山真面目"

这件宋酱釉薄胎陶罐高5.7厘米，口径5.4厘米，底径3.1厘米，腹径6.9厘米；小圆唇外翻，短颈，鼓腹，平底，除下腹及底部外，其余部位均施釉；以酱釉为主色调，有灰亮的窑变，釉色明亮且丰富；用细腻的灰泥作胎，制作十分规整。这件品相完整的薄胎酱釉陶器1998年出土于福州市湖东路三嘉房地产公司工地。而在此之前，福州地区的考古工地已陆续发现薄胎酱釉陶器的残片或器物。但由于发现量少，陶器本身造型简单、形象质朴，并没有引起研究者的太多关注。

1994年，福建省博物馆与日本里千家茶道资料馆、MOA美术馆在京都合作举办"唐物天目"展。参与展览工作的福建学者在此期间参观、考察了日本传世的各种茶器，发现其中有一类被称为"唐物茶入"的薄胎酱釉小罐，用于盛放茶粉，数百年前深受日本茶人、权贵的推崇。"唐物"是日本对来自中国的舶来品的总称，泛指唐宋元明时从中国传入的书画与工艺品。在日本的茶事活动中，"唐物"被奉为珍宝。福建建窑所产的天目茶碗和贮放浓茶粉的茶入，更是长期居于茶道具之首。"唐物茶入"依形态不同，可分擂座、大海、文琳、茄子、肩冲等十九个种类，造型大致以褐釉小壶为主，并配以象牙材质的盖子。在日本风起云涌的战国时代，"唐物茶入"是财产与权力的象征，是将军们不惜为之征战的宝物。

考察归来后，研究者又先后在福州城市遗址、古寺庙遗址、墓葬遗址中发现了近200件与日本传世的"唐物茶入"相似或相同的薄胎酱釉小罐，其中就有福州市博物馆收藏的这件宋酱釉薄胎陶罐。

在福州地区的考古遗址中出土了这么多薄胎酱釉陶器，那是不是意味着生产这种"唐物茶入"的窑口就在福州?

带着种种疑问，参考之前对福州地区古窑口的考古调查资料，考古人员将目光聚焦到了福州市西郊的淮安半岛区域。1999年3月，考古人员对这里的古窑遗址进行了二次考古调查。根据此次调查中采集到的细胎标本，结合前期城市建设工地出土的同类器物等资料推测，日本传世的"唐物茶入"，大部分来自宋代福州市郊淮安县治地（今仓山区建新镇洪塘村）的一些窑厂，即洪塘窑。这一考古发现成果也得到了日本研究者的肯定。这不仅为最终解决"唐物茶入"的产地和窑口问题提供了重要线索，也为中日茶文化交流史，

特别是福州和日本的茶道文化交流史补充了重要的章节。

漂洋过海成为“茶文化使者”

1323年，一艘从中国开往日本博多的商船，途经韩国西南端的全罗南道新安海域时不幸沉没。1975年，一名渔夫的偶然发现，使这艘满载22000多件中国陶瓷的福船在近700年后重见天日。2012年9月，浙江省博物馆与韩国国立光州博物馆合作举办“大元帆影——韩国新安沉船出水文物精华”展，展品中有一只薄胎酱釉小罐，展签上标注：“洪塘窑黑釉小罐。”它与福州市博物馆的宋酱釉薄胎陶罐造型类似，口沿外翻或外卷，短颈、折肩或弧肩、鼓腹、平底，这类器型的薄胎酱釉小罐在日本被称为“大海”。

新安沉船考古资料显示，出水的洪

塘窑小罐原本是盛放香料丁香的容器，唇口的设计便于盛贮丁香时封口。丁香除了可以合香外，还有药用功能，宋元时期非常流行以丁香为原料的各种汤饮，日本也深受其影响。丁香需“贮以新罐”，所以这些销往日本、用于贮存丁香的小罐都是新的，品相也不错。在丁香用尽之后，很自然地被再次利用，作为盛贮茶粉的用器。宋元时期以点茶为时尚，使用的主要是团茶，饮前须将其捣碎、研成细末，然后用沸水冲点，搅拌成茶汤而饮，正需要一种合适的容器来存放茶粉。有研究者推测“新安沉船是福船，有可能是从福州起航”，船上的洪塘窑黑釉小罐是有力的证据之一。

自晚唐五代起，从福州出发的航路就将福州怀安窑的陶瓷运送到日本九州的博多，受怀安窑影响很大的洪塘窑也是通过这条线路从福州港直接输出到日本的。史籍中关于福建商人在博多活动的记载与考古发现的陶瓷遗存，都可以佐证福州与博多的贸易渊源。

日本统治者热衷淘中国古董

1451年，日本与明朝的贸易在一度中断后恢复，大批中国瓷器通过贸易运抵日本，其中就包括许多“唐物茶入”。质朴简素的“唐物茶入”成为当时的日本统治者足利义政喜爱的茶具，命专人从中国采购、收集、筛选。

但有趣的是，元朝因江南风行煎煮芽茶，建盏、薄胎酱釉器等宋人茶器已渐渐被弃用，更能衬托煎煮芽茶茶汤之美的景德镇和龙泉窑的斗笠盏、束口盏等茶碗茶具更为流行。这与考古专家推断洪塘窑生产年代上限是北宋，延续至南宋或元代是一致的。所以，足利义政当时命人来淘的已是中国的“古董”了。

正是在这样的大背景下，“唐物茶入”迎来了“第二春”，作为茶道用具被大量收罗到日本。它的珍贵和拙朴的审美取向确立了其在日本茶道道具中的地位，也让我们今天依然能从日本茶道中依稀感受中国宋代的点茶技艺。

如今，福州薄胎酱釉器制作技艺不断发展革新，2015年被列入福州市非物质文化遗产名录，2017年列入福建省级非物质文化遗产名录。

□专家品宝

茶道文化的瑰宝

福州作为古代世界三大茶港之一，茶叶贸易历史源远流长。俗话说好马配好鞍，好茶也要有好茶具。日本人称为“唐物茶入”的酱釉薄胎罐，被誉为茶道文化的瑰宝。它与“唐物天目”一样被视为稀世奇珍，是一种价值连城的艺术品，财富、地位与权力的象征，也是福州作为海上丝绸之路战略支点城市的重要实物佐证。该文物质地细密，胎体坚薄，器形规正，火候高、窑变奇，流釉自然，极具个性之美。透物见神，与茶道所追求的质朴自然、清闲淡雅的意境高度融合，诠释出茶长在山中，采在筐中，藏在罐中，醒在杯中，永远留在记忆中的独特文化魅力。

张振玉（福州市博物馆原馆长、文博研究馆员）

宋青釉褐斑带盖多嘴瓷壶

『多嘴』，多子多福的祈愿

多嘴壶是一种以多嘴或多角为主要装饰特征的明器。福建地区墓葬中使用多嘴壶随葬始于唐、盛于宋、没于元。多嘴壶壶嘴的数量为什么多为五的倍数？多嘴壶常用于什么场景，又有何寓意？

既是宝塔，又是谷仓

1997年，在福州市郊凤丘鹤林山宋墓出土了1件通高48厘米的宋青釉褐斑带盖多嘴瓷壶。出土时釉面光亮，壶身完整，让在场的考古队员们大为惊喜。

这件宋青釉褐斑带盖多嘴瓷壶现藏于福州市博物馆，属谷仓明器，是唐宋时期多嘴壶中的精品。壶身俊秀挺拔，形似宝塔，分五层，每层等距离环列5个上翘长嘴，共 25个壶嘴。每一个嘴皆施黄釉，且都有开孔。25个壶嘴与壶身连接紧密，没有出现裂痕，可见当时制瓷工艺之精湛。

这只多嘴瓷壶造型别致独特，内敛圆形底座，五层塔形壶身，自下而上逐层内收；壶盖为屋顶状，上有五道脊棱，顶部为宝珠顶。若把多嘴壶视为塔形，那这个壶盖就是造型别致的塔顶，宝珠犹如塔刹镇住宝塔；若把该多嘴壶视为谷仓，那这个壶盖就是造型别致的圆形仓顶。

多嘴壶寓意仓廪丰足、多子多福

多嘴壶又称多嘴陶仓、尖角罐、多角瓶、多角罐等，是唐宋时期南方地区墓葬中普遍使用的一种以多嘴（角）为主要装饰特征的明器。它是在汉代五联罐、陶谷仓，唐代塔形罐基础上发展演变而来的。

从发掘出来的部分多嘴壶的器身刻有“仓庄常满”“钱库长满”“典库当开”“酒库大吉”等铭文，可以看出多嘴壶是一种仓库性质的储物明器，可根据储物类别有不同的称呼：用其储谷物，可称为谷仓；用其储铜钱，可称为钱库；用其储酒，则称为酒库，都表达了世世代代五谷丰登、仓廪丰足、子孙富贵的祈愿。

多嘴壶以多嘴为主要装饰，多嘴代表子孙多，以多嘴壶随葬，含有祈求死者仍能享受“多子多福”带来的荣耀，同时也保佑子孙世代繁衍的深意。

目前福建地区出土的多嘴壶壶嘴的数量多为五的倍数，且器身也以五层居多，这“五五之数”富含深意。《说文解字》中说：“五，五行也，从二。阴阳在天地间交午也。”将“五”字与阴阳五行联系起来，引申为天地之间阴与阳的纵横。《文心雕龙·宗经》中提到“致化归一，分教斯五”。“五”作为数词，常用来描绘世间万物。天有五位、地有五方、季有五气、山有五岳……因此，多嘴壶也蕴含了丰富的哲学内涵和宇宙万物观。

沿江向海，福州瓷走向世界

闽东地区出土的多嘴壶多集中于福州地区。福州市博物馆现藏有多嘴壶7件，均为宋代烧造，陶、瓷兼有，釉色丰富，有青釉、酱釉、铅绿釉等，其中不乏宋青釉褐斑带盖多嘴瓷壶这样造型独特、做工精美的珍品。同时，在福建省博物院和福州市各区县博物馆也藏有为数不少的多嘴壶。由于用作明器的多嘴壶大多产自本地窑口，从这些制作精湛的多嘴壶可以看出宋代福州的制瓷业已经有了相当水平。

宋代福州的政治、经济、文化都迎来了一次飞跃发展，陶瓷工艺也是如此。从福州地区考古工地发掘出的宋代陶瓷文物有青釉罐、钵、碗、壶、瓶等，造型更加多样化；与前朝相比，胎质更为细腻，釉质更加莹润，玻璃质感强，瓷器的坚硬度更高。福州洪塘窑、连江浦口窑、闽清义窑、北郊宦溪窑、福清东张窑等都是宋代福州地区的著名窑址。其中福清东张窑是福建省宋代四大瓷窑之一。这

些窑烧制的瓷器有的还作为外销瓷，销往海外。

陶瓷的生产离不开水，运输也以走水路更有效率。宋元时期，“福建一路州军，建州、南剑州、汀州、邵武军连接两浙、江南路，乘船下水，三两日可至福州城下”，“闽中诸州，皆福州属根本”，且福州港是海上丝绸之路的重要节点。除了学界研究较多的福建地区陶瓷远洋航线之外，福州市考古队蔡喜鹏还认为，福州陶瓷沿着入海水系进行生产，并通过近海航路进行海上运输，由此构建出稠密的近海贸易网络，是进行海外贸易的基础。

蔡喜鹏拿闽江举例，闽江口是一个陆相强潮河口，潮区界可抵城内，“潮上百川皆倒行”，即海潮上涨时，可顺潮而上，直抵福州城；当海潮退去时，船只又可以顺潮退出城外。“南北舰困载，欻至城外。其诸货宝回往，不可名计。浮于海、达于江以入于河，莫不有潮次云”，由此可见，闽江航运条件便利，福州城内水运系统发达，成为陶瓷货物流通的重要基础。从闽江干流及支流沿岸分布着数量如此之多的窑址和出土文物，都可以看出陶瓷从内陆水系经由下游口岸到其他港口的近海贸易过程。

大量制作精美的福州瓷顺着发达的内陆水道，沿江向海，跨越海洋，走向世界，使福州成为“海上丝绸之路”上重要的陶瓷生产基地和陶瓷供货地。

□专家品宝

饱含庇佑子孙的深意

古人有“事死如事生”的观念，认为人死后同样能享受在生时所享受的一切，并希望得到死者的庇佑。福州市博物馆馆藏的这件宋青釉褐斑带盖多嘴瓷壶，整体俊秀挺拔、造型独特、工艺精湛、保存完好，堪称唐宋时期多嘴壶中的上乘之作。25个细长上翘的嘴（角）分五层等距离环列分布，其独特的造型蕴含了安死者之魂，慰生者之望的用意，表达了世代仓廪丰足、子孙富贵的美好祈愿，保佑子孙世代繁衍、人丁兴旺的深意。

张春兰（福州市博物馆副馆长）

宋青白瓷执壶

900多年前的『中国颜色』

『天青色等烟雨，而我在等你；炊烟袅袅升起，隔江千万里。』这首《青花瓷》唱得街知巷闻，歌词中的天青色让人浮想联翩。而比天青色稍淡，比纯白又多抹青色，莹润如玉，又是怎样的一种瓷色？那大概就是闽清义窑青白瓷的颜色。

闽清义窑是福建宋元时期规模最大的青白瓷产地，也是古代海上丝绸之路的重要实物见证。作为福州重要的『海丝史迹』，闽清县博物馆内的青白瓷执壶，记载着一段历史烟波。

福建宋元时期青白瓷的最大窑址

这件出自闽清义窑的青白瓷执壶口径11.5厘米、足径9厘米、高29厘米；唇口，长颈内束，溜肩，长鼓腹下收，圈足；耳式扁带执柄安于颈肩，与其相对应一侧为弯管长流；邻侧颈间部对称粘拱圈系；胎骨灰白坚致，器表施釉，釉色青白，均匀光亮；肩部饰两道弦纹；圈足素胎，显火石红。

青白瓷器，由江西景德镇窑首先烧制成功，因其釉色青中泛白或白中闪青，介于青白二者之间，故名“青白瓷”，又称“影青”。这种独具风格的瓷器，慢慢被各地区接受并应用，福建的青白瓷器的烧制也是由此而来，且首推闽清义窑。

1958年11月，福建省文物管理委员会在闽清考古调查时，先后发现五处宋代窑址，分布在义由

村、青由村、大箬村、安仁溪村一带。这是福建宋元时期青白瓷的最大窑址，后以闽清义由村命名，统称闽清义窑。经过1983年、1987年、2015年多次抢救性考古发掘，这里共发现100多处古窑址；特别是义由村下窑岗遗址中还有两座保存完整的宋元窑，1991年被列为福建省级文物保护单位。

为什么是闽清?

闽清义窑窑址数量、窑炉规模以及堆积厚度都十分庞大，产品数量惊人，不仅在国内沿海许多城市、港口遗址均有发现，在国内外许多沉船上亦有大量发现。那么，是什么造就了古代闽清制瓷业的兴旺发达?

如今驱车行驶在探访闽清义窑古窑址的路上，可以看见从义由村至青由村，沿安仁溪一带的古瓷窑群遗址连绵十多公里，龙窑一条接着一条，蔚为壮观。闽清自然资源丰富，境内山多、水足、矿富，为义窑的形成和发展提供了得天独厚的条件。

闽清位于闽江中下游，境内水系发达，河流多为闽江水系的山区性河流，主要河流有梅溪、安仁溪、金沙溪等多达16条。水流长年不断，为制瓷提供了先决条件。而发达的水路，又让从义窑生产的青白瓷可由产地直接运出，经闽江顺流而下，抵达福州港，或直接扬帆远航，或再次转运国内外其他港口。

这里群山环绕，四季繁茂，方便义窑就地取“柴”。丰富的泥煤和铁矿资源也为制瓷提供了取之不尽的资源。

和中国南方的众多古瓷窑一样，闽清义窑也是龙窑构造，依山而建。这里处

于戴云山脉，地势起伏，山势产生的高度差助长了窑内蓄积的火力。百米左右的龙窑在闽清义窑的古窑址里并不少见。

制瓷最重要的原料高岭土是闽清县内蕴藏量最大的矿产资源，不仅矿点多，而且质量好。据专家研究发现，闽清义窑与景德镇和德化所生产的青白瓷虽有着千丝万缕的联系，但由于原料不同，在制釉工艺上并非一味地模仿。经过工艺改良，义窑生产青白瓷烧成时变形的情况减少了，瓷器的强度增加了，从而提升了瓷器质量。这也解释了“瓷实”的义窑青白瓷为何成为宋元时期中国出口瓷器的“主力军”。

最远抵达非洲肯尼亚

许多人说，古代世界最丰富的博物馆就坐落于海底。闽清义窑的青白瓷曾大量现身于“南海一号”沉船、西沙“华光礁1号”沉船、韩国新安元代沉船、爪哇岛沉船，显然这是运往东北亚、东南亚各地的大宗贸易品。不仅如此，在日本博多一带、马来西亚、菲律宾各地以及印度洋沿岸地区的考古遗址中，也发现过闽清义窑瓷器的踪迹。

史料方面，曾任福建路市舶提举的赵汝适在《诸蕃志》中多次提到“番商兴贩”用“瓷器”“青白瓷器”和“青瓷器”等贸易，有占城、真腊、三佛齐、单马令、凌牙斯加、佛啰安、细兰、阇婆、南毗、故临、层拔、渤泥、麻逸、三屿、蒲哩噜等国及附属一些地区，远及今非洲索马里以南一带，其范围之广可见一斑。

“闽清义窑的外销线路主要有两条，一是依托福州港，北上到达朝鲜、日本等地；二是通过福州港、泉州港等港口驶向南海，到达东南亚一带。事实上，闽清义窑青白瓷最远到达了东非肯尼亚。”闽清县博物馆原馆长林跃先说。从目前闽清义窑发掘的遗迹可推测出义窑始于北宋末期，至明代中晚期渐烧，宋元时期是闽清义窑烧造的黄金时期。这也正好印证了宋元时期海上贸易的发展、福州港和泉州港的繁荣，促进了福建沿海地区制瓷业的兴盛和大量外销。闽清义窑作为民间日用青白瓷，在这一时期乘风破浪，成为当时对外输出数量最多的商品之一。它连同当时其他类别的输出和输入商品贸易，共同构成了宋元海上丝绸之路上的生产、转运、贸易和消费网络。

2018年，闽清义窑作为对外贸易商品生产基地，被列入福州市海上丝绸之路史迹保护名录，这对福州讲好海上丝绸之路故事、讲好中外交流互鉴故事都具有重要的现实意义。

□专家品宝

古代闽清窑出产的宝贝

执壶亦称“注子”，是一种酒器，也是一种斗茶用具，盛行于唐代和宋代。

闽清窑是一处宋元时期烧造青白瓷的外销产地，其产品以碗盘等日用瓷为主，同时也烧造执壶。而历经千载风雨沧桑，能够完整保留下来的执壶数量是十分有限的。这件闽清窑烧造的青白瓷执壶，通高达29厘米，这般硕大的执壶，不仅在闽清窑产品中少见，就是在同时期的其他窑口也是难得一见。

古代烧造瓷器，首先是窑工进行手拉坯成型，而后施釉，再入窑焙烧成器。在制作较大器型的瓷器时，工匠对坯体的厚薄、干湿、火候、窑温等必须熟练掌握和有效控制，否则就可能造成变形、垮塌。因此，这件执壶器形规整、保存完整蔚为难得，既有较高的文物价值，又有观赏价值和收藏价值。

林跃先（闽清县博物馆原馆长、文博研究馆员）

茶园精品

南宋纱罗对襟女上衣

跨越八百年的旷世绝恋

中国是世界上最早养蚕、缫丝、织绸、印染和刺绣的国家，并以『丝国』闻名于世。宋元时期，以福州、泉州为代表的东南沿海地区成为全国丝织业中心，并通过海上丝绸之路将产品大量销往海外。

『举之若无，裁以为衣，真若烟雾。』让南宋大诗人陆游赞美的，便是丝织物中一种名为『纱』的材质。1972年在湖南长沙马王堆一号汉墓出土的素纱禅衣『一醒惊天下』，足以称为国宝，然而这之后，一直没有发现类似的文物，直到1986年，在福州茶园山宋墓发现宋纱罗对襟女上衣等精美丝织品。这件珍藏于福州市博物馆、堪与素纱禅衣媲美的稀世精品又有怎样的『身世』呢？

跨越八百年的旷世绝恋

1986年8月，福州市文物部门在福州北郊茶园山发掘并清理了一座南宋古墓。该墓建造于南宋端平二年（1235），开棺时，男女古尸依然保存完好，全身关节灵活，服饰色泽鲜艳，并出土了各类精美丝织品400多件，当时轰动了中国考古界。

考古专家判断这是宋朝典型的夫妻合葬墓穴。根据男墓主棺椁中发现的帛幡上的文字、腰间玉带等，并参照历史记载，专家们推测男墓主生前可能是朝廷三品以上的高级武官，死于蒙古大规模进攻南宋的西线战场，距离福州1200公里之外的长江夔门（瞿塘关）一带。

从后续的检测中，我们得知，为了让将军有尊严地返回故里，部下用水银对尸体进行了防腐处理。然而令人费解的是，两具棺木的封土是一样的，说明是同时下葬，那女墓主的死因又是什么？水银是湿尸保存近800年的关键，可是女尸的体内和棺液里不仅没有水银，连普通的防腐措施都没做，又为何能有不腐之身呢？

带着种种困惑，不少人萌生了缱绻旖旎的猜测:会不会是面对逝去的挚爱悲怆心伤而死？难道是忠贞不渝的爱情才让他们生死相随、共同携手跨越了800年的时空？个中缘由直到今天我们仍不得而知，但从女墓主棺椁里发现的精美丝织品、别致的包金月牙形角梳、弦纹葵口铜镜、錾花银盖罐等物品，便能想象这对将军夫妻生前有多恩爱！今天，我们要讲的这件“镇馆之宝”，正是这当中最令人惊叹的一件丝织品——纱罗对襟女上衣。

堪与长沙马王堆素纱禅衣相媲美

这件珍贵的纱罗对襟女上衣，色浅黄，丝织的纤维较挺，采用粗经丝和细纬丝织成，腰宽45厘米，袖宽24厘米，袖口宽21厘米，下摆宽45厘米，襟镶素边宽6厘米。

这件丝织品的珍贵之处在于三方面：第一，重量轻，不足50克。薄如蝉翼，轻若烟雾，轻柔透亮，古诗形容“轻纱薄如空”大概就是这样子吧。第二，制作工艺精巧。这件纱罗对襟女上衣轻盈精湛，孔眼均匀清晰，充分体现了古代高超的纺织技艺；其轻柔稀疏的程度，可与现代轻薄透明的乔其纱织物相媲美。第三，用途特殊。因纱罗的经线和纬丝纤细，交织成的孔眼很大，因此这件上衣轻

薄透明。这样的衣服自然是无法蔽体的，那么究竟如何穿着呢？原来古代妇女喜欢在锦衣的外面罩上这种纱衣，这样既能显示出锦衣的华贵，又不失淑女风范，姿态也更为曼妙。

为什么许多学者都将这件纱罗对襟女上衣与马王堆出土的素纱禅衣相提并论呢？原因有二：第一，马王堆汉墓距今2000多年，而福州茶园山宋墓距今近800年，虽然时间相隔1000多年，历经多个朝代，但全国至今只出土了这两件素纱禅衣。是否这1000多年间，织造素纱禅衣的工艺没能传承下来，到了宋代，该纺织工艺又得以恢复和提高，这实在令人好奇。第二，对比这两件丝织品，其质地、工艺有异曲同工之妙。马王堆汉墓出土的素纱禅衣以纱为质地，茶园村宋墓出土的纱罗对襟女上衣在使用纱的基础上，又加上了罗。纱罗结合制作出来的纺织品，柔韧性、透气性更好，质地更轻，这是对中国古代纺织工艺技术的发展和提升，因而它是继素纱禅衣之后，又一件堪称国宝的文物。

“丝城”福州丝织品远销海外

福州茶园山宋墓出土了400多件丝织品。这些丝织品品种丰富、款式多样、质地各异，还使用了混金、描金、印金、贴金等多种先进的织造技术。它与1975年福州黄昇墓出土的纺织品一道，以实物佐证了福州丝织业在宋代已接近于江浙、四川等地的发展水平，而且许多花样和工艺别具特色，为一方所独有。

为什么是从宋朝开始福州的丝织业迎来了空前大发展？两晋时期，中原战乱，大批士族南迁入闽。“衣冠南渡”将中原地区先进的农业、手工业技术带到了福州地区；隋唐五代，随着福州港的开辟和缫丝纺织技术的进步，福州丝织业进入了发展时期。到了宋朝，特别是南宋在东南立国之后，随着政治经济重心南移，皇族大量聚居福建，对手工业品有较大需求，刺激了福州等地丝织业的快速发展。当时福州等地已出现了规模很大的丝绸纺织绣制作坊。同时，伴随着丝织业的蓬勃发展，福州也有了“丝城”的美誉。

元代，朝廷在福州设文绣局，管理纺纱、织布手工业工场，扩大生产规模，进一步推动了福州丝织业的发展。文绣局设在嘉荣坊，后来这里改名为织缎巷，一直沿用至今，提示着我们此地昔日作坊云集的繁荣景象。宋元时期丝织业的大发展，也为福州在明代成为全国三大丝织中心之一奠定了基础。

在宋朝，福州丝织业发展的另一个原因便是海上丝绸之路的繁荣。这些制作精良的织物，除了满足贵族阶层的需求外，另外一个行销途径，就是源源不断地输向海外。据日本史料记载，北宋崇宁四年(1105)，泉州海商李充带着福建生产的80匹生绢、白绫等丝织品到日本贸易。而宋元古籍《诸蕃志》《岛夷志略》等对丝织品的海外贸易也都有连篇累牍的记述。宋代时中国丝绸外销到11个国家或地区，远至今天的印度、斯里兰卡。这些外销的丝绸无疑有不少是福建地区织造的。可以说，茶园山宋墓留下的这批精美丝织品，不但彰显当时福建丝绸织造的高超水平，也为福州对海上丝绸之路的卓越贡献提供了重要的历史物证。

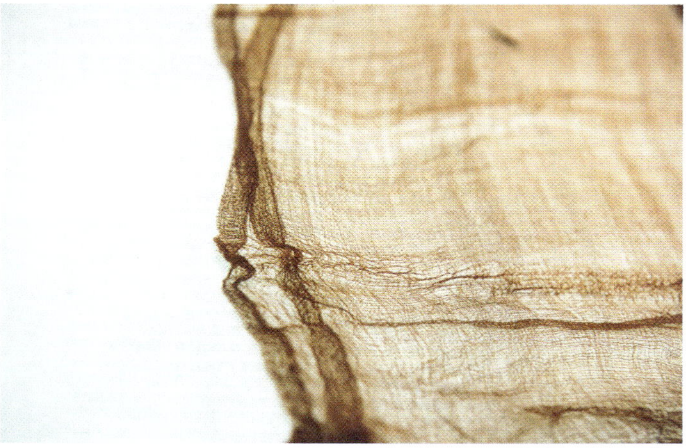

□专家品宝

轻盈雅逸的审美趣味

这款对襟纱罗衫子是宋代女性的“时装”，表现出简约、轻盈、雅逸的审美趣味。其“峭窄型”的风格带有几分清新的现代气息，体现了自南宋而兴的汉民族上层女装“轻装化”的潮流。沈从文先生说此类宋服“类似现代小袖对襟褂子式样的流行款式”，福州市博物馆这件镇馆之宝正可谓鲜活的证明。

张玲（中国传媒大学戏剧影视学院教授、博士生导师）

南宋包金边牛角梳

距今约八百年的定情信物？

古人将头发称为『青丝』，取『情思』谐音，送梳篦亦有互许终身、白头偕老之意。梳子自然就成了古代男女之间的爱情见证。许多人对福州茶园山宋墓印象深刻，这里出土的葵形剔犀漆奁、纱罗对襟上衣曾惊艳世人，也为研究宋朝福州工艺美术及丝织业提供了宝贵的实物例证。同样在这里出土的两把包金边牛角梳，应当也是墓主人将军夫人的珍爱之物。

将军夫妇的定情信物？

1986年8月里的一天，考古队员们在福州市北郊茶园山南宋古墓的发掘现场工作。忽然间，棺椁里出现一块金光闪闪的物件，兴奋的工作人员小心翼翼地用毛刷清理掉周围的碎土，一件半月形、镶着金边、类似梳子的文物终于将全貌展现在大家眼前，引起一阵惊呼和骚动。这是茶园山宋墓发现的为数不多的含有黄金的文物。

出土的包金角梳有两把，每把梳子长7.2厘米，高3.8厘米，牛角制，半月形，密齿，梳背上均匀地镶嵌着金片，金片上刻有文字。相比于10年前在福州新店浮仓山黄昇墓中发现的牛角梳，这两把半月形包金边的梳子显得更为精致。黄昇墓建于南宋淳祐三年（1243），而茶园山南宋古墓建于南宋端平二年（1235），理论上来讲这对梳子的年代更加久远，是福州迄今为止在墓葬中发现的最早的角梳。

专家推测男墓主生前可能为朝廷三品以上的高级武官，死于端平二年（1235）蒙古大规模攻击南宋的西线战场。茶园山宋墓是宋朝典型的夫妻合葬墓穴，墓内的男女古尸历经700多年依然保存完好，女尸甚至未做防腐处理却也拥有不腐之身。这不禁让人产生许多缱绻旖旎的猜测，仿佛是因为忠贞不渝的爱情才让他们生死相随，共同携手跨越了数百年的时空。

这两把包金边牛角梳作为女主人的陪葬品，应当是她十分珍视之物。在中国古代，男子送女子梳子有结发同心之意。这梳子是否真的是将军与夫人之间的定情信物我们不得而知，但在丈夫远赴战场的日日夜夜里，当将军夫人拿起梳子时，一定会回想起丈夫为自己绾青丝的时光，而思念愈浓。

福州角梳享誉海内外

使用牛角梳梳头不易产生静电，可以去垢而不沾，解痒而不痛，温润而不挂发，安神健脑，有促进头发生长的保健作用。从茶园山宋墓和黄昇墓中出土的牛角梳来看，近八百年前牛角梳就已经是福州贵族的钟情之物了。随着福州工艺制造业的发展，牛角梳也逐步进入了寻常百姓家。

清末民国时，福州角梳业进入全盛时期，先后出现“邹振记角梳庄”“李发记角梳店”“润光厚角梳庄”等专业生产、经营角梳的店家。鼎盛时期，福州角梳业曾有多达150家店号。这期间，福州角梳先后在巴拿马、美国、加拿大举办的万国博览会上荣获金奖。

福州角梳的高光时刻是1933年在美国芝加哥举办的以“一个世纪的进步”为主题的世界博览会上，与同获金奖的脱胎漆器和油纸伞并称为“福州三宝”。1935年前后，邹振记角梳庄的创办者邹元华研制成功第一台电动锯角机，并重金聘请漆画师朱庄，运用漆画技法，在角梳齿路上方创新绘制虎、豹、狮、象和古典人物、山水景色。这种“牛角花梳”在国际性工艺品“小吕宋赛会”上斩获金奖，外商和侨胞纷纷订货，供不应求。据说当时已成为东南亚华侨首富的胡文虎曾出价半斤黄金购买获奖的“牛角虎梳”（不到三两重）。角梳贵于黄金，一时被传为佳话。

时至今日，福州角梳依旧是福州工艺美术的杰出代表，2022年被列入福建省第七批非物质文化遗产代表性项目名录。

将军夫人的其他闺中用品

“梳”“篦”“栉”都是古人对梳子的称呼。《释名·释首饰》曰：“梳，言其齿疏也……篦，言其齿细相比也。”篦，是一种梳齿非常密的梳子。古代女子留长发，容易打结，洗起头发来又不是很方便，用篦梳梳头，可以除发垢，也能按摩头支。除了包金边牛角梳之外，茶园山宋墓也发现了一把这样的竹篦梳。

除了梳、篦之外，女主人的化妆用品更是精美，绝不逊色于当代都市女性的化妆盒：柿蒂银粉罐由薄银制成，盖为柿蒂形，出土时罐内仍残留有白色的粉块；錾花卉纹圆形银盖盒，盒盖上刻有缠枝荷花，盒底为写实的折枝牡丹花，令人称奇的是盒内放着绢质粉扑，粉扑顶面勾编镂空呈蕾丝状；素面圆形银粉盒，出土时盒内还装有残留粉末……

福州迄今为止从墓葬出土的唯一一把扇子类文物——雕漆柄团扇，精致的长柄圆铜熨斗，葵形剔犀漆奁，一批工艺精湛的丝织品……这些文物为我们栩栩如生地刻画出了一位福州宋代贵妇的形象和她那精致的生活。

宋代贵族的“掌中宝”

福州角梳闻名遐迩，福州市博物馆馆藏的南宋包金边角梳更是诠释了作为“福州三宝”的牛角梳的精致典雅，以及其中蕴含的闽都特色传统工艺。这两把罕见的南宋包金边角梳有三个特别之处。

一是精巧玲珑。整个半月形头梳，长度才一个成人的手指长、二个指头宽（长、宽分别为7.2厘米、3.8厘米），随身携带，轻巧方便。

二是制作精致。两把角梳所制梳齿，一把为62齿，另一把是64齿。在长仅7厘米多的梳面上密密分布60多根匀称的梳齿，每根梳齿约2毫米，齿头顶部还打磨得圆滑，方便梳发顺畅，不伤人头皮，其工艺精细与制作难度可想而知。

三是贵族气派。物以稀为贵，能用贵重黄金装饰日用品者，非富即贵。这两把角梳用黄金薄片包裹梳背边沿，自属稀罕，明显区别于常人使用的角梳。就连身为南宋状元之女、皇族女眷的黄昇的陪葬品中，虽有款式多样、数量很多的华丽丝织衣物，但随葬的六把牛角梳也没用黄金包边。用放大镜看，这两把角梳边沿一端的黄金片上，都有内容一样、字迹不同，每字仅几毫米的手工阴刻字：贰分贰。专家推断这是标明头梳所使用黄金的重量。按旧制的一斤十六两计重法，这“贰分贰”相当于0.688克。毕竟黄金贵重，在器物上标识黄金用量，既显其价值，又为拥有者显示高贵身份。

这两把包金边角梳，是福州市迄今为止出土的牛角梳文物中年代最早、工艺也最精细的。它们无论是对闽都古代手工艺发展研究，还是福州古代生活风俗研究，都具有独特的历史文化价值。

张斌（福建工艺美术界资深专家、福州市闽都文化研究会专家库成员）

南宋剔犀如意云纹三层葵形盒

台北故宫博物院的稀罕『贵客』

在福州市博物馆，有一件宝贝长年接待络绎不绝的专业研究人士，其中不少还来自境外。

这件宝贝有何特别之处？

它曾上过纪录片《国宝档案》，还曾借展台北故宫博物院，并且待遇特别：被放置在展览最显著的位置，但配的照明却昏暗微弱。这又是因何缘故？

管窥南宋端平年间的贵妇生活

1986年，在对福州北郊茶园山一处夫妻合葬墓的考古中，发现了为数众多、保存完好的丝织品及生活日用品。这些出土文物多数品相完好、工艺精湛，令人赞叹。从出土帛幡上的文字判断，男主人是一名高级武将，墓葬年代应为南宋端平二年（1235）。同时出土的还有精致的包金角梳、银质粉盒、粉扑等物件，可见女主人生前生活的优渥尊贵。

其中引起专家极大关注的是四件漆器。虽然汉至明清时期都有漆实物遗存，但作为漆工艺发达的宋代，却鲜见传世品。由于有一同出土的文字佐证，茶园山的这几件漆器经考证是目前有确切纪年的出土文物中年代最早的雕漆器，是研究南宋雕漆工艺美术最为珍贵的第一手实物资料。四件漆器中，专家们最关注的就是剔犀如意云纹三层葵形盒，又名葵形剔犀漆奁。

奁是古代妇女用来盛放梳妆用品的器具。宋朝张先的《千飞乐·宝奁开》中“宝奁开，菱鉴静，一掬清蟾。新妆脸，旋学花添”，讲的就是闺阁中的女子打开妆奁梳妆的情景。而剔犀漆奁更是贵族妇女才能拥有的极致奢侈品，实至名归的“宝奁”。

在台北故宫博物院的“特殊待遇”

这件南宋葵形剔犀漆奁通高13.9厘米，最宽直径10.5厘米，木胎，直腹，平底，浅圈足；器身分盖、盘、中、底四层，盖及各层间有子母口扣合，严实紧密；盖面及器身均饰如意云纹图案，器表髹褐色漆；刀法娴熟，雕工圆润，清朗流畅，整体风格朴实大方，色泽明亮，制作精美。

很多人不知道，它就是现在福州市博物馆大厅的柱子上，古朴大方的如意云纹图案的原型。

2010年，台北故宫博物院曾举办“文艺绍兴——南宋艺术与文化特展”。策展方向全世界二十多家博物馆商借相关文物。台北故宫博物院器物部一位蔡姓主任，慕名前来福州市博物馆要借展这件南宋葵形剔犀漆奁。但第一次到馆时因为温度、湿度过高，管理人员没有打开库房让这位蔡主任看实物。他便前往福建省内其他博物馆，但看了一圈后又折回福州市博物馆，再次“求见”南宋葵形剔犀漆奁。他表示，只有见到了实物，才能量体裁衣，制定专门的运输及保护措施。

这位蔡主任所言不虚，在后来台北故宫博物院的展出中，南宋葵形剔犀漆奁得到了极为特殊的待遇。它被放在特展进门的显著位置，但灯光调得非常黯淡，让这件展品越发神秘而尊贵。

这当然是为了保护这件稀世珍品，因为除了温、湿度，漆器对光的敏感性较强，尤其是光线中的紫外线，对漆器有强大的破坏力。

这一特展吸引了众多观众，也为媒体广泛报道，这件南宋葵形剔犀漆奁也因此为世界所知。此后就有更多的日本、荷兰等国外学者及研究机构络绎来到福州，只为一睹这一纪年明确的漆器标准件。

曾被蒲松龄“点赞”的“福犀”

也许有人会疑惑，南宋葵形剔犀漆奁珍贵到了如此地步，就连北京故宫博物院都没有可以与之相媲美的藏品吗？专家说，故宫中有不少剔红漆器，但是南宋的剔犀漆器，且有明确纪年的，确实找不出第二件。

20世纪80年代，国家文物局的专家来闽鉴定这件文物，当

时就下了结论：这是一级品中的精品，国宝里的国宝。

它之所以世所罕见，除了有明确纪年外，也与剔犀这种工艺有关。剔犀又称云雕，它的制作过程复杂：工匠先在漆胎上用二至三种色漆髹涂，一种色漆涂至一定厚度，再涂另一种，从而形成几十至上百层堆漆；最后工匠在堆漆上用刻刀侧雕纹样，从而形成浮雕般的艺术效果。它的工艺特色决定了剔犀漆器不仅制作时间长，而且制作难度大——雕刻时每一刀都要“零失误”，因为绝无可能再修补。所以，剔犀漆器在古代仅为上层社会所使用，存世数量稀少。

《聊斋志异》的作者蒲松龄也写过与文玩有关的《家政内编》。他在其中对福州漆器“福犀”有过这样的描述：“剔犀器，以滑地紫犀为上；底如仰瓦，光泽坚薄，色如枣，剔深峻者，次之。福州，旧做色黄滑底，圆花者多，曰福犀，坚且薄，亦难得。嘉兴新作，虽重，少有坚者。黄底者，最浮脆。”

蒲松龄不仅对“福犀”的颜色特征进行了说明，还多有称赞，并与被称为“百工技艺与苏杭等”的嘉兴同类产品做了对比，认为嘉兴的漆器品质逊于福州。“福犀”之精美，在工艺史上的地位由此可见一斑。

但现代人对福州漆器的了解多停留于清代的脱胎漆器，而不知在宋代，福州所产的“福犀”就已驰名于世。

专家认为，福州漆器的发端可以上溯至汉代。由于自然条件十分适合调漆、养漆，加上海上丝绸之路的兴起推动了漆器业的发展。《淳熙三山志》记载，北宋熙宁年间福州就已开办官方漆作坊，至南宋更形成规模。福州漆器自宋以降，一直在对外贸易、文化交流中充当着重要角色。

透过南宋葵形剔犀漆奁，我们可以真切感受一个“百货随潮船入市，万家沽酒户垂帘”的宋时福州。

□专家品宝

大宋漆作——“福犀”漆器

北宋熙宁时，官府在福州设都作院，内设漆作，主要制作“福犀”、剔红和素髹漆器，所制漆器精美绝伦，堪称“官窑”漆器。其中，“福犀”漆器为福州地区所独有。南宋葵形剔犀漆奁就是“福犀”漆器的代表作，是宋代最精美的漆器之一，为国宝级文物。

剧作家李渔的《笠翁一家言全集·偶集》中提及：“游三山，见所制器皿，无非雕漆……八闽之雕漆，数百年于兹矣。四方购此者亦千万亿其人矣。”可见，从宋至清初，福州地区的漆器产品主要是以“福犀”漆器为主的雕漆产品，且影响巨大。

南宋葵形剔犀漆奁经制漆胎后交替髹朱、黄两色漆各四层，再髹褐色漆，以云纹图案进行雕刻后推光，刀工精湛，漆层较薄，表面润滑，与蒲松龄记载的“福犀”漆器特点相符。目前，福州地区共出土了四件“福犀”漆器，分别是福州茶园山宋墓出土的南宋葵形剔犀漆奁、剔犀圆盒，闽清白南村宋墓出土的“福犀”小漆奁、执镜盒，均为漆器珍品。

许德越（福建省漆艺大师）

文物荟萃

宋蓝料菊瓣纹扣银小碟

宋朝料器的登峰之作

文博界将中国古代的玻璃制品统称为料器。料器流光溢彩、变幻瑰丽，以独特的化合方式，传达着中国人精致、细腻、含蓄的审美，诉说着中华文明的博大精深。这件蓝料菊瓣纹扣银小碟就是宋朝料器的登峰之作。

它让文物专家眼前一亮

这件宋蓝料菊瓣纹扣银小碟是1980年在宋代墓群的考古发掘中发现的，现藏于福州市博物馆。它的口径8厘米，底径5厘米，高2.5厘米，可放置于成人的手掌中；其腹部呈24片菊瓣形，宛如一朵盛开的菊花。此碟以孔雀蓝料浇筑成型，器型规整，呈半透明状，颜色纯正艳丽；口沿处镶有银箍，扣银厚度均匀，与器身贴合得比较好，虽然大部分已脱落，但仍显示出宋代成熟的扣银工艺。

福州市博物馆原馆长张振玉介绍，扣银工艺一是为了加强装饰、提升品质，二是为了修口，避免因口沿不规整而影响美观和使用。可以想象，这件蓝料菊瓣纹扣银小碟刚造出来时，浓郁的孔雀蓝缀以雪白光亮的银边，一定是非常漂亮夺目的。

"中国古代的料器用料特殊、工艺复杂、成品率低，每一件都是独一无二的孤品，因此在很长一段时间内，它都为皇室贵族所专用。"张振玉说。20世纪90年代，国家文物局抽调资深专家对全国各地博物馆的馆藏珍品进行鉴定。1995年，当鉴定小组来到福州，福州市博物馆送鉴的这件宋蓝料菊瓣纹扣银小碟让专家们眼前一亮，异口同声地给出了鉴定意见：一级文物！

"我从事文物鉴定工作已有二十多年，走南闯北，亲自鉴定过的文物不计其数，但保存如此完好的蓝料菊瓣纹扣银小碟还是第一次见到。福州市博物馆作为

市一级的博物馆能有如此收藏真是不容易。”张振玉复述了当时一位鉴定专家的原话。

“大都好物不坚牢，彩云易散琉璃脆。”由于原料中所含成分的问题，中国古代料器遇热易碎裂，而且化学稳定性较差，时间长了，大多会失去光泽，因此保存非常困难。这件出土于宋代墓葬的蓝料小碟能够比较完好地保存至今，十分不易。

料器在中国已有三千多年历史

料器，即玻璃器。古人亦称玻璃为琉璃，但琉璃并不专指玻璃。中国的玻璃制造工艺历史悠久。西周时期出现的釉砂可以视为“原始玻璃”、中国古代玻璃的前身。战国以后，中国真正的玻璃制品开始出现。湖北江陵望山1号墓出土的越王勾践剑上镶嵌的半透明、内含小气泡的蓝色玻璃，是目前较为公认的最早的中国古代玻璃。蓝色的玻璃和绿松石一起组成剑格的纹饰，可见那时玻璃的地位与绿松石这样的天然宝石同样尊贵。

沈从文先生指出：“我们可以比较肯定地说，中国工人制造玻璃的技术，由颗粒装饰品发展而成小件雕刻品，至晚在两千两百年前的战国末期已经完成。再进一步发展成日用饮食器物，两千年前的西汉也已经成功。”魏晋南北朝至隋唐时期，罗马、萨珊玻璃器皿和玻璃吹制技术传入我国，带来了本土玻璃的升级，玻璃的透明度和光泽度有了明显提高，也出现了一些新器型，如舍利瓶等。从流传下来的50多首相关唐诗来看，当时的人将琉（玻）璃视为晶莹、纯净、美好的象征，十分珍视、崇尚，比如唐代诗人韦应物在《咏琉璃》中赞道：“有色同寒冰，无物隔纤玉。”

到了宋代，由于制瓷业十分发达，瓷器成为人们日常使用的主要器皿，而玻璃器则多被用在装饰品上，如钗、簪、手镯等，由于色彩明丽、重量轻，很受妇人喜爱；此外还出现了玻璃鹅、玻璃葡萄串等仿动植物形态的玻璃器。

元代和明代的玻璃器生产，文献中都有所记载。元代时设立了制造玻璃的官办作坊。明代的《天工开物》中记载了当时玻璃制作的全过程。而清代是中国古代玻璃制造的高峰，以康熙至乾隆时期为盛，品种繁多，工艺高超。康熙三十五年（1696），康熙帝诏令内务府造办处专设烧造琉璃器皿的作坊，为区别烧制琉璃砖瓦的窑厂而取名为“玻璃厂”。从此，“玻璃”之称广为流传。

中西方玻璃和而不同

中国古代玻璃艺术的发展，承载着中西方文明交流互鉴的悠久故事。在春秋末年和战国初期的古墓，比如湖北随州曾侯乙墓中，人们就发现了产于古代西亚或埃及的“蜻蜓眼玻璃珠”。这里要讲到中国玻璃与西方玻璃的区别了。考古证据表明，玻璃发源于距今4000多年前的两河流域，从成分上说，属于钠钙玻璃，而我国早期的玻璃制品则以铅钡玻璃和钾含量高的玻璃制品为主。铅钡玻璃也是目前国际公认的中国古代最为独特的玻璃系统。当时的匠人借鉴青铜器制作工艺，采用压铸成型等方法制作玻璃器物。同时，中国古代对于玻璃材料的审美认知与崇尚玉石的文化紧密相连，制作玻璃的目的大多为了模仿玉石或其他天然宝石，因此古代玻璃多呈现温润如玉的不透明或半透明的蓝绿色、白玉色。

在漫长的历史长河中，中国玻璃与西方玻璃的制作工艺也在不断交流融合。至晚在公元5世纪时，中国工匠掌握了肇始于古罗马的玻璃吹制技术。而贵族阶层对进口的罗马、萨珊玻璃器物的推崇，也带动了中国玻璃器的发展。吹制而成的高铅玻璃器皿成为另一种中国特有的古代玻璃。

而清康熙年间设玻璃厂，更是任命德国传教士纪理安为技术指导，融合中国南北玻璃生产技法与欧洲玻璃生产技法为一炉，生产出大量玻璃精品，兼采玉器、瓷器等各种工艺器形并有所创新。

宋代为什么流行菊花纹？

这件蓝料小碟以菊花花瓣为造型，这在宋代的日用器皿中并不少见，体现了宋代人对菊花的喜爱。菊花是我国的传统名花，宋代菊花的栽培进入了兴盛时期。在这个时期，菊花由室外露地栽培观赏发展到了盆栽观赏，栽培技术也有了较大进步，使得菊花的品种迅速增加，重阳节赏菊成为一项重要的民俗活动。

在宋代人眼中，秋天开放的菊花象征着怡然自处、高洁脱俗的品格；宋代张敏叔以十二花为“十二客”，菊花为“寿客”，有吉祥、长寿的含义。所以，从宋代开始，菊花纹开始大量出现在各类器物上，成为继牡丹纹、莲花纹之后的流行纹样。

这件蓝料菊瓣纹扣银小碟因其雅致的造型、蓝料的运用和特别的扣银设计而显得与众不同，不仅表现出中国宋代料器制作的高超水平，也向后人展示了宋代人的审美风尚。

□专家品宝

精美绝伦的蓝料精品

玻璃堪称古代的高科技产品，在当时是比黄金还贵的奢侈品。在汉代，玻璃被称为“五色之玉”，元代玻璃仿玉已达到可以乱真的地步；到了清代，康熙皇帝专设清宫造办处玻璃厂，造出的料器被称为“宫料”或“御玻璃”，足见其珍贵。

在玻璃中添加蓝色颜料并加工制作出蓝料器皿，那更是贵上加贵。因为提取蓝色的原材料来源于异国他乡的天然矿石，资源稀少，开采也十分困难，极难获得，故自古以来蓝色在艺术家眼中都是奢侈的色彩。这件精美绝伦、传世千年的蓝料精品，贵气不失稳重，精巧不失品质，品鉴不失神韵。珍贵！珍稀！珍罕！

张振玉（福州市博物馆原馆长、文博研究馆员）

火
水
土
木
金
皇明 賜進士第中順大夫程番府知府進階大中大夫旗峯林公諱春澤字德敷
壽侯官縣四都脩仁鄉中安境地方公生成化庚子十月十四日丑時卒萬曆癸
未年四月十五日申時春秋一百有四今則卜茲宅兆安妥遺皃發下冥錢九萬
九千九百九十九貫零九文隨憑予人張堅固保人李定度前到
武夷山主乾于當山土地處買得吉地一座坐落本縣三都錦溪境地方山坐亥
向巳二至青天下至黃河東至青龍西至白虎南至朱雀北至玄武中央句陳天
光下臨地德藏風聚氣朝海拱辰開建塋堂麒麟王兔章光鳳凰俱合法度消取
萬曆十三年乙酉歲夏四月二十日吉時安塟金雞玉狗依時鳴吠木奴兆畢日
逐夜舞栢人鐵牛功曹傳送勝光神后各治陰陽千年塋冢萬載佳城伏尸故氣
無違絲毫不得干占其地如有一與所間大將軍縛送河伯神奉
太上白鶴仙師急急如律令勅
萬曆十三年歲在乙酉夏四月二十日立契
予人張堅固一
保人李定度一

借一石，晓千年『候官』之辨

明万历林春泽墓买地券

买地券指的是古代置于墓中的地契，是生者为死者在阴间买下一块栖身之所的证明，一般在石、砖、铁、木等材质上刻写。明万历十三年（1585）林春泽买地券材质为端石，宽37.5厘米，厚2.2厘米，通高71.3厘米，为二级文物，藏于闽侯县博物馆。

这块石碑上，既藏有关于『候官』之辨的有趣历史，也道出了墓主林春泽百岁生平里政廉德著的故事。

碑文

“侯”要读“hòu”

蕴藏“候官”之辨的历史典故

这块碑上载明林春泽的生平、生卒日期，墓地的四至、价钱、牙人（古代居于买卖双方之间，从中撮合，以获取佣金的人）、保人（为双方履约做担保的人）以及不容侵占等语。最有意思的是碑上文字一列是正着书写，一列是反着书写，依次交替。碑文第二列头四个字为“居候官县”，印证了闽侯县的“侯”要读“hòu”的缘由，也引出了一段关于“候官”之辨的有趣历史。

福州历史上的候官县（后写成侯官县）最初设立于东汉末年。候官是当时都尉下属的县级军事防务组织，其长官称为“候”。候官除了监察敌情、防御入侵等军务之外，还身兼地方政府的一些行政职能。候官的军事属性，我们从“候”字的原义也可以了解。《说文解字》曰：“候，司（伺）望也。”即“候”本义是指侦察、守望，古代军队里的探子即称为

"斥候"，可见候官不论作为职官还是机构，都源于其军事职能。

"都尉—候官"模式毕竟属于军管性质，待军事压力缓解，社会发展稳定，各种条件成熟后，就难免逐渐被淡化、替代。

东汉之后，全国各地的候官相继撤销，福州地区的候官由军事机构（职官）名，意外地转化为县名——候官县。本已消亡的汉代候官制度以地名的形式保留下来，并存在了近2000年。虽然候官县（后写成侯官县）在民国时期的区划调整中合并消失了，但至今闽侯县上街镇仍有一个千年古村侯官村，这里曾是候官县衙所在地。这个地名继续提醒我们这个曾经的汉代地方军政制度。

相传在清代初年，有官员觉得"候官"很容易被误解为"等候做官"，寓意不好，于是上报朝廷把这个"候"改为"王侯将相"的"侯"字，但读音不变。1913年，闽县、侯官县合并，县名各取首字，成立闽侯县，因此闽侯的"侯"要读第四声——"hòu"。

故居

为典型官宦府第建筑
另有"人瑞坊""六朝大老坊"之称

这通买地券的主人——林春泽（1480—1583），字德敷，号旗峰，侯官县（今福州市）人，是明正德甲戌（1514）进士，历任户部主事、户部员外郎、江西宁州同知、吉州通判、广东肇庆知州、高州太守、贵州程番知府等。

林春泽故居

林春泽故居所在的水西林古建筑群建于明正统至嘉靖（1436—1566）年间，是福建省级文物保护单位，位于福州市高新区南屿镇南旗村。

而“水西林”之名也始于林春泽。相传明正德年间，林春泽与闽县濂浦（今福州市仓山区林浦村）的林炫同为甲戌科（1510）进士，同朝为官（林炫官居吏部尚书，林春泽任户部侍郎）。为便于区别，正德帝按两人家乡的方位，将他们分别称为“东林卿家”“西林卿家”。当地人以此为荣，且这个村只居住林氏一姓，于是将村名改为“西林”。又因锦溪由此流过，在村前受堤坝阻挡，水向西流，所以人们就称其为“水西林”。

水西林古建筑群自西向东，有林氏宗祠、旗峰林公祠、林春泽故居等多座建筑，占地面积约1万平方米。林春泽故居为合院式民居，有歇山顶门楼、前院、正座、后天井、后座、后花园及厢房等。正、后座均面阔五间，进深七柱；门前有抱鼓石一对；门楼外为八字形翼墙；后座又称梳妆楼，木构双层楼阁。这座宅院为典型的官宦府第建筑。

林春泽经历了成化、弘治、正德、嘉靖、隆庆、万历六朝，在其百岁时，朝廷邀请他与新科进士同赴琼林宴（称为“重宴琼林”），被尊为“人瑞（常指百岁以上者）翁”。又因为林春泽的儿子林应亮、孙子林如楚都是进士，都是琼林宴中人，因此林春泽故居也有“三世琼林第、六朝大老家”的美誉，并被称为“人瑞坊”“六朝大老坊”。

生平——

一生为官清廉 体恤百姓
著有《家训》16篇警示后人

据了解，以林春泽为代表的林氏家族不仅人才辈出，而且清廉之风代代相传。

林春泽被提拔为户部员外郎后，负责管理运河北部漕运。漕运是明代时联系北方政治、军事中心和南方经济重心的大动脉，仅官方核定每年须运粮三百万石，实际达到五百万石，沿途政府设关征税，税银可达数百万两。林春泽认为“盖仓廪系朝廷之积蓄，天下之大命也。蓄积之盈亏实由于漕运之通塞，实是系于生民之休戚”，“顷年以来，漕运之规坏少，民几至于颠运也”。于是他致力制定规章制度，疏浚阻塞，加强管理，除恶扬善，上任当年漕运便通行无阻。行旅感谢他，都叫他“林佛”。

林春泽无论是在户部任职还是管理地方，都是一位勤政廉洁、视百姓如手足的好官员。他任贵州程番知府时，当地汉夷杂居，交通闭塞，经济落后，文教不兴。他到任后修桥铺路，改造学宫，起用德才兼备的学士分任少数民族村寨塾师，促进了少数民族的开化和当地经济的发展。“于是夷人从始知汉威仪，骎骎向学，乃今宾兴不乏，则文翁之化也。”

此外，林春泽一生对族人教育非常严格，撰有《家训》16篇，涉及人生立志、家族继承、培育族人、生活习惯等，为水西林氏培养了一代又一代的国家栋梁。百岁时，其子林应亮70岁，为户部侍郎；林应亮的儿子林如楚官居工部侍郎。林春泽于是自题门联：四十登科，甲戌还登甲戌榜；五旬生子，长孙又抱长孙儿。上联指自己昔年登甲戌榜进士，过六十年，又逢甲戌，登百岁榜；下联则指其四世同堂，家族人丁兴旺。

□专家品宝

印证了闽侯历史沿革变迁

明万历十三年（1585）林春泽买地券制作精良，字口清晰，书法古拙，体现了林春泽的身份和地位。明代买地券所载均为格式化内容，墓主生平、生卒日期为真实资料；地价、四至为虚拟数字、虚拟空间；保人、牙人取道教土地神仙张坚固、李定度，从南北朝沿用至明清时期；买地券只强调“买”，未体现“卖”，与现实中的土地买卖契约有根本性的不同。该买地券是了解古代丧葬制度、墓地土地契约制度的实物见证，也印证了闽侯历史沿革的变迁。

周丕铧（闽侯县博物馆馆长）

清代皇帝诏书

他和家人被两位皇帝嘉奖

“奉天承运皇帝诏（制）曰……”在古装影视剧中，我们常常听到这样宣读“圣旨”的场景，然而真实的圣旨长什么样你见过吗？

罗源县博物馆馆藏清代皇帝诏书

四幅圣旨　三代嘉奖

在罗源县博物馆内收藏着四幅圣旨，分别记载了清代道光皇帝、咸丰皇帝对罗源籍官员游长龄及其祖父母、父母、妻子的赏赐。这四件文物是20世纪50年代末从罗源民间抢救回来的，后经文物专家鉴定，评定为国家二级文物。

四幅圣旨均为绫锦制成，呈长条横幅，长度190厘米至250厘米不等，宽度约为32厘米，用满汉两种文字书写。其中两幅为清道光二十五年（1845），皇帝下旨嘉奖游长龄祖父母、父母的诏书，为白绫质地，全文墨书；另两幅为咸丰二年（1852），皇帝下旨嘉奖游长龄父母、游长龄本人及其妻室的诏书，由褐色、深黄、橙黄、淡黄、浅红五个色块织锦组成，褐色织锦上织双龙纹捧“奉天诰命”字样。

由于圣旨材质特殊，且年代久远，十分脆弱。目前只展出了其中一件，以玻璃压片形式保护，其余三件以1∶1复制的图片形式展出。展出的圣旨为咸丰皇帝颁给游长龄及其妻尤氏的诏书，其全文如下：

奉天诰命

奉天承运，皇帝制曰：政先领郡，虎符寄千里之权；职重专城，熊轼表万民之牧。尔前任广西浔州府知府游长龄，才猷卓荦，资性宽和。易俗移风，广德心而登治理；饬躬率属，谨亮节以树风声。巨典式逢，鸿章宜锡，兹以覃恩，授尔为朝议大夫，锡之诰命。于戏！登御屏而纪绩，允励素丝。沛纶诰以推恩，式荣华衮。

游长龄故居

制曰：良臣宣力于外，效厥勤劳；贤媛襄职于中，膺兹宠锡。尔前任广西浔州府知府游长龄之妻尤氏，终温且惠，既静而专。綦缟从夫，克襄素丝之节；蘋蘩主馈，爰流彤管之辉。兹以覃恩，封尔为恭人。于戏！敬尔有官，着肃雍而并美；职思其内，尚黾勉以同心。

前任广西浔州府知府

游长龄本身妻室

咸丰贰年拾月拾捌日

剿匪有功　慧眼识人

游长龄为何许人也，为何两任皇帝前后数次嘉奖他及其家人呢？

据《罗源县志》记载，游长龄，字以昌，号文石，为嘉庆十五年（1810）举人。游长龄先后任广西郁州博白知县、广东肇庆知府、广西浔州知府，在任期间清正廉明，勤勉爱民、移风易俗、声名远播。

据《清实录咸丰朝实录》所载，“咸丰元年，前博白县游长龄，现已降旨补授肇庆府知府。该员剿办贼匪，激励团练，素得民心。如一时未便更易生手，即著留于该处，俟剿办事竣，再赴升任……以剿歼广西逆首刘八出力，赏知府朱德璲、游长龄花翎，余升赏有差。”由此可知，游长龄在广西剿匪有功，不仅被补授为肇庆府知府，赏赐花翎，咸丰二年（1852）还被下旨 “授尔为朝议大夫，锡（赐）之诰命”。

游长龄在广西剿匪期间还有一件功劳。据史书记载，咸丰元年（1851）四月，冯子材投奔“逆首”刘八，并进攻博白县。进攻失败后，冯子材率部众为游长龄收编。游长龄善识人，多次向朝廷举荐冯子材，认为其可为将才。可以说，没有游长龄的举荐，就没有后来的民族英雄冯子材。

出身名门　家风淳厚

游长龄为官清正廉洁，政绩突出，与游氏家风有很大关系。

罗源县游长龄文化研究会秘书长游岳介绍，游这个姓氏出姬姓，源自郑国。春秋时期，郑国第十一代国君郑穆公有个儿子叫姬偃，字子游，史称公子偃；到了公子偃的孙子游皈，便以祖父之字“游”为氏，称姬姓游氏。春秋时，游吉（子太叔）为郑国正卿，颇有作为，《左传·定公四年》记录了“游吉九言”，被后人奉为祖训，传承至今。“游吉九言”为：“无始乱，无怙富，无恃宠，无违同，无敖（傲）礼，无骄能，无复怒，无谋非德，无犯非义。”

罗源游氏肇基始祖为天寿公，南宋时从江西吉水县来到罗源，卜居玉廪（今碧里乡廪尾村）。游氏自迁居以来，恪守祖训，秉承家风，贤人辈出。游长龄为罗源游氏天寿公第二十二世孙，其故居在今天罗源县后张巷51号。

此外，在罗源县境内仍能找到游长龄的墓地，坐落于坝溪南坂学校对面山脚。石砌大墓规模宏伟，墓碑正中刻有“皇清敕授资政大夫显祖文石游公，二品夫人显妣尤氏夫人”等字样。游长龄长子德人及长媳郑氏亦葬于此，墓碑建造者为游长龄之孙，“雍时、隆时、嘉时”三人“同勒石”。据当地村民回忆，墓前曾有一对石狮，如今已不见踪迹。

鼓山留诗　有意归隐

除了罗源县里的游长龄相关遗迹，在福州鼓山也有一处游长龄留下的摩崖题刻。

同治三年（1864）农历正月十五，游长龄回乡省亲，游鼓山，写下一首七律赠予方丈净空禅师。此段石刻行书，纵9行，字径10厘米，位于更衣亭东侧石阶路边崖壁向南处，内容如下：

三升慧日照禅邻，一壑清泉涤众尘。

拄杖毒龙听六法，翻经碧鹤悟三身。

云开般若奇峰晓，草长灵源古洞春。

顽石点头空色相，老松植节有玄津。

赠复山净空上人，时同治三年岁次甲子端月望日，罗源游长龄题。

净空禅师系清代高僧，曾三次出任鼓山涌泉寺方丈。净空三主名山在当时成为佳话，缙绅名士纷纷题诗赠额以示祝贺。鼓山现存的摩崖石刻榜书“慧日辉煌”“心静意空”等都与此有关。罗源人游长龄这首赠净空上人的七言律诗，是众多作品中最知名的一首。诗中，“三升慧日”指净空三主涌泉寺之事；“毒龙听六法”则与涌泉寺来历有关；“般若”“灵源”都是鼓山景点。

罗源文史爱好者谢飞峰认为，诗中的“一壑清泉涤众尘”“老松植节有玄津”等句，透露出游长龄已有归隐之意。致仕后，游长龄回归故里，终老于罗源县后张巷。

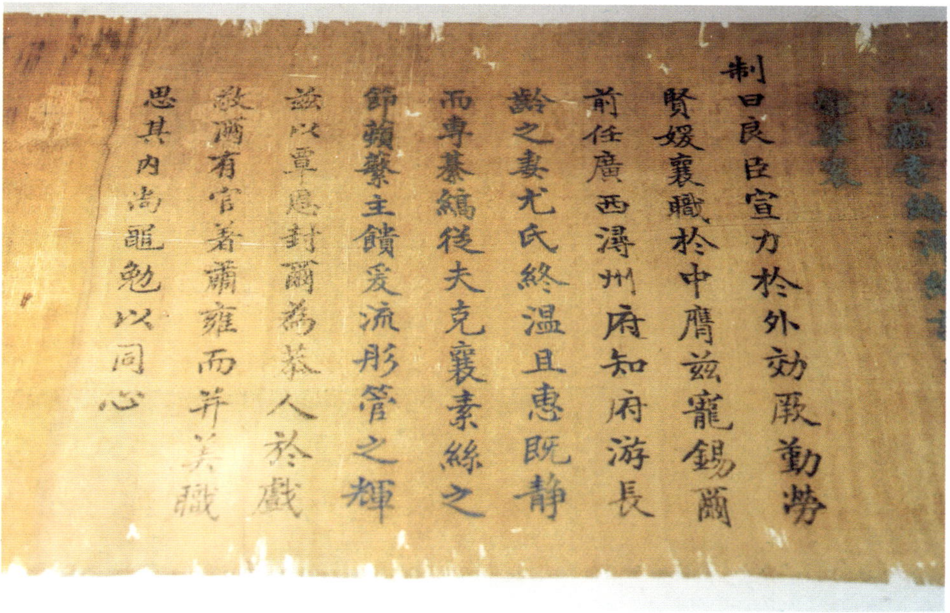
制曰良臣宣力於外効厥勤勞
賢媛襄職於中膺茲寵錫爾
前任廣西潯州府知府游長
齡之妻尤氏終溫且惠既靜
而專綦縞從夫克襄素絲之
節蘋蘩主饋爰流彤管之輝
茲以覃恩封爾為恭人於戲
敬洒有官著肅雍而并美職
思其內尚黽勉以同心

□专家品宝

省内不可多得的清代文书类文物

这四幅圣旨完整地展示了清代罗源籍官员游长龄因政绩突出，先后获得两位皇帝嘉奖的经历；同时也向人们展示了清代朝廷的官员奖励制度，不仅奖励官员本人，还“推恩”至其家人，让我们感受到了古代官场的“温度”。这四件文物保存较完好，主体部分字迹清晰可见，是福建省不可多得的清代文书类文物，也是罗源县博物馆的镇馆之宝。

孙秀清（罗源县博物馆副馆长）

中國人民領袖毛澤東同志

1944年版《毛泽东选集》

最早的《毛泽东选集》与福州人邓拓

上了岁数的人，许多年轻时都读过《毛泽东选集》，还能背诵其中部分章节。绝大多数读者读到的《毛泽东选集》是新中国成立后编辑出版的。其实，早在1944年的晋察冀边区，中国首部《毛泽东选集》就已面世，其主编是福州人邓拓。这套精装版《毛泽东选集》，由邓拓夫人丁一岚捐赠给福州邓拓纪念馆，现在由福州市博物馆珍藏。

蓝缎封面精装版《毛泽东选集》

根据版权页上标注的时间，首部《毛泽东选集》是1944年5月出版的，分平装版和精装版两种。其中平装版分为5册，小32开，785页。精装版为合订本，分别用红缎、蓝缎做封面。目前福州市博物馆珍藏的是蓝缎封面精装版《毛泽东选集》。由于当时精装版印刷数量不多，加上漫长岁月的洗礼，目前存世量极少，已成为中国革命出版史上最珍贵的文物之一。

福州市博物馆这本《毛泽东选集》长20厘米，宽14厘米，厚7厘米，除内文纸已经泛黄外，整体保存状况良好。第一页印有毛泽东肖像，下面铅印：中国人民领袖毛泽东同志。次页为扉页，上方印“毛泽东选集”，下方小字印“晋察冀日报社编”。

该选集系统地收录了毛泽东同志从抗日战争开始至1944年25篇公开发表过的论著，也选收了《湖南农民运动考察报告》等4篇以往的文章，合计29篇，约46万字。

在编排上，按照内容分为五个分卷，第一卷包括《新民主主义论》等5篇，为国家与革命问题的论著；第二卷收录《中国抗日民族统一战线在目前阶段的任务》等11篇，为统一战线问题的论著；第三卷收录《论持久战》等3篇，为战争与军事问题的论著；第四卷收录《论合作社》等3篇，为财政经济问题的论著；第五卷收录《反对党八股》等7篇，为党的建设问题的论著。

该版《毛泽东选集》虽然版权页上标注的时间为1944年5月，但在实际印刷前，临时补充了6月发表的《同中外记者团的谈话》，但版权页未作变更。该版《毛泽东选集》由晋察冀新华书店发行，7月和边区人民正式见面，当时掀起了一股学习毛泽东著作的热潮。此后在这个版本的基础上，进行过四次增订再版。

主编邓拓为选集写了《编者的话》

随着延安整风运动的深入进行，1944年1月10日，中共中央晋察冀分局提出要在干部中特别是高级干部中"建设正确的思想——毛泽东同志的思想，以达到统一党的思想，增强干部党性，巩固党的纪律"。为了贯彻这一指示，晋察冀分局决定编辑出版《毛泽东选集》，由晋察冀日报社社长邓拓任主编。

实际上在第一版《毛泽东选集》出版之前，邓拓及其团队已出版了多种毛泽东著作单行本，为正式出版《毛泽东选集》做好了准备。

1938年，毛泽东同志的《论持久战》在《解放》杂志上发表，邓拓读后激动地说："《论持久战》写得太精辟了！实际、精辟、逻辑性强，通篇充满了辩证法，是指导抗日战争的理论武器，要让边区的干部和人民很快都能读到。抗战一周年就要到了，我们就用'七七出版社'的名义，先印这本书吧！"

此后，凡是毛泽东同志有新作问世，在报纸上发表后都印成单行本发行，这成为晋察冀日报社一项不成文的制度，直到报纸终刊。

邓拓为1944年版《毛泽东选集》写的《编者的话》，实际上是该书的前言。他在文中使用了"毛泽东思想"这一提法，文中说道："我们的毛泽东同志，是近三十年在各种艰苦复杂的革命斗争中久经考验、完全精通马列主义战略战术的、对于中国工人阶级与中国人民解放事业抱无限忠心的、坚强伟大的革命家；他真正掌握了科学的马列主义的原理原则，使之与中国革命实践密切结合，使马列主义中国化。过去革命斗争的经验教训了我们：要保证中国革命的胜利全党同志必须彻底的团结在毛泽东思想指导之下。"

出版过程中鲜为人知的故事

在烽火连天的战争年代，编排印刷过程中的艰难可想而知。当时，中共中央晋察冀分局等领导机关在河北省阜平县，但出版《毛泽东选集》的工作是在阜平县马兰村所属的一个十分偏僻的山村进行的，当时专印书刊的印刷二厂就设在这里。这里距离报社有50多里路，交通极为不便。

阜平县是山区县，当年在敌人的重重封锁下，《晋察冀日报》办报的物资供应成了最大难题，印刷用的油墨、白纸都难以买到。邓拓于是带领大家就地取材、自力更生：没有油墨，印刷工人用猪油、锅底灰、柴草烟灰熬制；没有纸张，报社办起造纸厂，用稻草、谷秆、麻绳为原料土法上马造纸印报，省出白纸印《毛泽东选集》。

《毛泽东选集》的编辑工作由邓拓等人负责；在校对方面，采取四校及外聘专家校勘相结合的制度；为了印好精装版还联合《晋察冀画报》制作了铜版毛泽东像。为了保证印刷质量，从排字、打纸型，到垫铅板、印刷，再到装订，各个环节的工作人员都付出了最大的努力。选集从5月开排，7月出书，9月出齐5卷本，前后不到半年。

“镇馆之物”是如何来到福州的

福州市博物馆珍藏的这本《毛泽东选集》的扉页左边有一方“仓夷”的印章，下方用钢笔写有小字‘1945.6.于晋察冀.阜平县，雷堡村”。这本书是《晋察冀日报》优秀记者、新华总社特约记者仓夷烈士的遗物。

仓夷原名郑贻进，新加坡华侨，原籍福建福清渔溪。1937年，年仅17岁的他回国参加抗日战争，1946年被组织派往北平参加军调部采访工作，8月12日从张家口乘美国飞机赴北平，途经山西大同，被国民党特务谋杀，时年25岁。他牺牲后，此书由他的战友、原《晋察冀日报》编委李肖白保存。1979年邓拓平反后，李肖白将此书转赠给邓拓夫人丁一岚。在该书“编者的话”末尾，有一行钢笔字：“一岚同志惠存，李肖白，1979、10、7”。

1994年2月24日邓拓纪念馆在福州开馆，丁一岚将这本《毛泽东选集》赠给该馆。2006年前，该书一直在邓拓纪念馆展出，2006年9月25日移交福州市博物馆珍藏。

□专家品宝

发挥了坚实的堡垒作用

这个版本的《毛泽东选集》存世量已然不多，且是烈士遗物，弥足珍贵。在当时极其简陋的条件下，短短几个月高质量完成我国革命史上第一部《毛泽东选集》，实属不易。它的字字句句、行行页页，无不倾注着参与人员的心血和汗水。当年任晋察冀军分区司令的聂荣臻曾称赞道：“这是我国第一本系统编选毛泽东同志著作的选读本，为宣传毛泽东思想作出了贡献。”

这部《毛泽东选集》的刊印出版为根据地思想建设培根铸魂发挥了坚实的堡垒作用。它对毛泽东思想研究、中国革命史研究、中国共产党历史研究等具有十分重要的意义和价值。

陈风雨（福州邓拓故居保管所所长）

阮母魏太夫人千古

偉哉阮母

寶婺雖殞

德被里土

範式千秋

生德贈

朱德彭德怀题词

见证海外乡亲的爱国情怀

抗日战争期间，素有爱国爱乡传统的海外福州籍华侨，纷纷积极参与抗日救亡斗争，作出了重要贡献。时光荏苒，如今福州市博物馆收藏的朱德、彭德怀20世纪40年代的三幅题词，便是最好的见证。

题词为福州魏太夫人而写

福州市博物馆收藏着三幅题词，内容分别为“教子有方”“伟哉阮母、德被异土；宝婺虽陨、范式千古”和“彤管昭然”，前两幅由朱德手书，后一幅由彭德怀手书。这三幅题词都有上、下款，是为福州籍印尼华侨阮家金的母亲、福州一位普通的家庭妇女魏太夫人而写的。由于时代久远，题词的纸质已经泛黄，还留有铁锈痕迹。

阮家金（1904—1986），印尼爱国侨胞，出生于福州鼓山镇前屿村，15岁出国，先后在印尼泗水、雅加达、井里汶等地谋生，经过多年打拼，渐有积累，曾在印尼万隆创办过重庆大酒店及金银珠宝企业。由于他热心公共福利事业，被同乡推选为印尼万隆市福州公会主席。

曾有人戏言，“有海水的地方就有福州人的足迹”，福州是著名的侨乡。福州籍侨胞心系家乡，心系祖国，抗日战争中，他们有钱出钱，有力出力，组织抗日救亡团体，为抗日战争的胜利作出了重要贡献。

抗战期间，阮家金在印尼举办活动宣传抗日救国，指出这是每个中华儿女的神圣职责,并带头捐款捐物。受海外乡亲的委托，他将募集到的钱款和前线急需的奎宁丸等药品，通过相关途径，送往延安，支援八路军的抗日斗争。

延安时期，八路军总司令朱德在党内兼任侨务工作，他接到这笔海外侨胞的捐款和药品后非常感动，立即题词一幅，赠给阮家金的母亲魏太夫人，上书“教子有方”。

1947年，阮母魏太夫人去世，中国人民解放军总司令朱德闻讯亲笔题词致哀，称“伟哉阮母，德被异土；宝婺虽殒，范式千古”。同时彭德怀副总司令也题词“彤管昭然”，赞颂魏太夫人教育子女爱国爱乡，为抗战捐款捐物之义举。“宝婺虽陨，范式千古”指魏太夫人虽然去世，但榜样的力量永垂不朽；“彤管”原指古代女史用以记事的、杆身漆朱的笔，典出《诗经·邶风·静女》，以红色表示赤心公正。这三幅题词既佐证了华侨热爱祖国、热爱中国共产党，也体现了中国共产党历来重视侨务工作。

阮氏后裔将题词悬挂在阮公祠

这三幅题词一直被阮氏后人珍藏。2001年，阮氏后裔将它们制成匾额，悬挂于鼓山镇前屿村的“八闽奉旨第一祠——阮公祠”。

阮公祠是为纪念南朝名臣阮弥之而建，旧时官府春秋两季都要派官员前来祭祀。据文史专家介绍，福州2200多年的历史中，有此等官祭待遇的古人只有三位，分别为闽越王无诸、闽王王审知和阮弥之。

汉晋以后，中原民众陆续迁闽。他们带来中原文化及生产技术，带动了福建地区的发展。南朝宋元嘉二年（425），阮弥之任晋安郡（今福州）太守，任上贡献主要有三个方面：在乌山南麓择地30多亩，建20多间房，请中原名士和阮氏后裔来闽讲学，传播中原文化；那时福建时有洞夷海寇侵扰、互相仇杀，阮弥之努力化解仇隙，做到了政清民安；发动闽人垦荒造田，劝农劝耕。阮弥之在福州去世，谥号“忠惠”，因为他传播文化有功，因而有了这座“奉

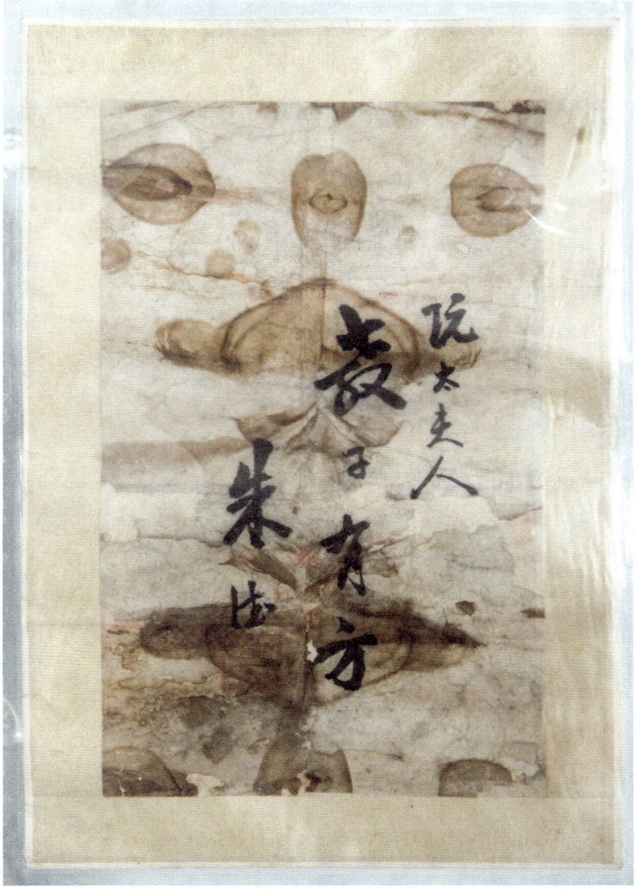

旨第一祠”。

阮弥之的后裔后来分迁漳州、泉州、莆田、宁德、南平等地，还有一部分旅居菲律宾、印尼、越南、日本、美国等国家。如今阮公祠大厅里悬挂着“教子有方”匾额，是阮氏一族优良家风的见证，也是为了让后人缅怀先贤，弘扬爱国主义精神。

原件2010年捐赠给福州市博物馆

阮家金有子女24人，旅居海外各地，其最小的女儿阮幼兰住在香港，她是阮家金和冯祖光（福州市华侨私立小学创办人）之女，曾在福州投资办企业。

2010年2月23日，阮幼兰将朱德、彭德怀这三幅题词的原件捐献给了福州市博物馆。

阮幼兰说："我祖父以前在福州是帮人做衣服的，我的祖母（魏太夫人）是福州东门菜园口农民的女儿。他们有4个儿子，2个女儿，阮家金排行老三。因为家里贫穷，父亲很小就跟着别人去学打金了，因手艺不错，后来跟人去了印尼。他在印尼安顿后，又带了很多福州亲戚、朋友来印尼，后来成了印尼福州乡亲中的领头人。他深知有国才有家，所以在抗日战争时候，他会千方百计捐钱筹药给八路军，号召同乡人为抗日做贡献。"

"文革"期间，阮氏后裔用铁匣子收藏这些题词，埋藏于地板下。可惜因铁匣子部分锈坏，致使同时收藏的周恩来等人的悼词原件未能保存下来，所幸这三件珍贵文物尚斑驳可认。

阮幼兰原本是福州市政协和福州市侨联的委员。有一次她到市侨联开会，聊到这三幅题词，市领导于是动员她捐出来，由有关部门保管。

阮幼兰说："我与兄弟姐妹们进行了交流，他们都同意我的意见，认为这题词应该属于全社会。把这个家里的无价之宝捐给政府，会比自己保存更有价值。我的父亲是福州人，我相信这也是父亲的心愿。从小父母就用福州话对我们兄弟姐妹说：'我们是中国人，要知道自己的根在哪，别把源头忘记了。'"

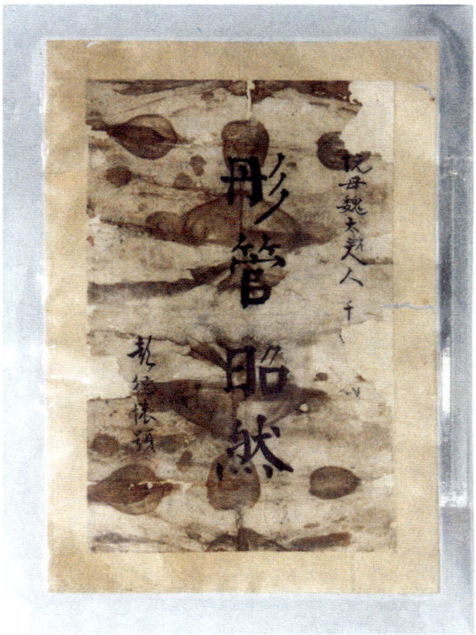

□专家品宝

以物述史，深化革命传统教育

这三幅朱德、彭德怀的墨宝承载着海外华侨支持民族战争的光荣历史，见证了以阮家金先生为代表的海外华侨爱国主义情怀、崇高的民族大义和赤子情深，具有很高的历史价值。这是福州市博物馆成立后首次接收到海外侨胞捐赠，充实了馆藏革命文物资源，是博物馆开展爱国主义思想教育的“镇馆之宝”之一。以物述史，以史溯源，才能深化革命传统教育的“源头活水”，激励我们从中汲取前进的动力。

翁英（福州市博物馆文博馆员）

闽A 70121

劳斯莱斯银刺Ⅱ型轿车

融籍侨领林绍良的桑梓情

劳斯莱斯是英国著名的豪华汽车品牌。在20世纪90年代的香港电影中，我们经常会看到劳斯莱斯银刺的身影，它们常是以顶级富豪的座驾出现。而在那个年代，福清市就拥有这样一辆劳斯莱斯银刺Ⅱ型轿车。这是福建省第一辆、中国第三辆劳斯莱斯。它的主人是谁？如今它为什么陈列于福清侨乡博物馆？它和它的主人又与福清有着怎样滚烫的情缘呢？

银刺Ⅱ——昔日“王者之王”车型

福清侨乡博物馆华侨史陈列第一展厅的中心位置，摆放着一辆劳斯莱斯银刺Ⅱ型号豪华轿车（以下简称“银刺Ⅱ”）。

这辆轿车是美版长轴车型，长5.38米，宽2.01米，铝合金车身，喷涂皇家蓝色车漆，拥有劳斯莱斯标志性的大尺寸前格栅，侧面线条非常流畅，腰线贯穿车身。车前有品牌标识性的“双R”车标和“欢庆女神”雕像车标，复古的轮毂盖上也嵌有双R车标，车尾右侧镶嵌着“SILVER SPUR Ⅱ”的车型标牌。车头的“欢庆女神”立标可缩回舱内，这是劳斯莱斯公司首次在该车型上进行的防盗设计。银刺Ⅱ动力部分采用了劳斯莱斯6.75升V8发动机，转速4300rpm，最大功率达226phb，百公里加速为10.6秒。

轿车内饰豪华，手工缝制的高级犀牛皮座椅、大面积的胡桃木面板，舒适的独立沙发座椅前还配有折叠桌板……处处都彰显着劳斯莱斯的华贵气质。

银刺是英国劳斯莱斯公司于1980年上市的一款高级轿车，银刺Ⅱ是银刺的升级版，于1990年推出，1993年停售，共生产了1658辆。

林绍良为福清招商引资立下汗马功劳

展厅内这辆银刺Ⅱ车前展示牌上的文字揭晓了它的身世：“1992年，福清招商引资、国际交流、外宾接待日趋频繁，但没有一辆高档的接待车辆。作为贵宾接待基地的融侨大酒店刚刚投入运营，也没有能力购买豪车配套。为提升福清形象，林绍良

先生从美国购买了这辆劳斯莱斯汽车运至福清，让融侨大酒店配套接待贵宾使用。新加坡前副总理吴庆瑞到访福清时，就是用这辆车接待的……”

这部银刺Ⅱ的车牌号是“闽A70121”，尾号“21”对于林绍良有着特殊的意义。林绍良出生于福清市海口镇牛宅村，1938年他迎来了人生的第一个转折点。21岁的他远涉重洋来到印尼古突士，从当学徒到开设榨油作坊、贩卖咖啡粉等生意开始，与胞兄三人共同创办了印尼三林经济开发有限公司，凭着诚信经营，一步步发展壮大成为国际化的三林集团，推动了印尼的工业化，如今业务涵盖了从食品到电信等诸多领域，是印尼举足轻重的大集团，而林绍良本人也一度被称为“亚洲的洛克菲勒”。

作为享誉全球的商界巨子，1980年，致富思源的林绍良与10多位海外福清籍乡亲共同出资1000万美元，在家乡率先兴办全省第一家外资企业——清华糖厂。他还与侨领们共同成立融侨基金会，筹集资金4800万港币，用于支持家乡建设；组织以福清籍乡亲林文镜为团长的印尼工商考察团回乡考察，注入巨资建设第一个“侨”字号国家级经济技术开发区——融侨开发区。

“这部劳斯莱斯接待过大量来融考察、投资、创业的海外政要和客商，为福清的经济发展立下汗马功劳。”福清侨乡博物馆馆长毛胤云说，“林绍良先生对祖国、对家乡无比慷慨、无私奉献，捐助家乡兴修水利、修桥铺路、乐育英才等。他凝聚侨力，带领海外融籍乡亲投资建设家乡，支持创建融侨开发区、元洪投资区等，为福清的经济发展作出了巨大贡献。”

中国与印尼的故事还在续写

《习近平在福州》中记录着这样一段故事：1991年，时任福州市委书记习近平在福清市领导的陪同下，到印尼拜访林绍良先生，他将林绍良先生在过去国内暂时困难时期给乡亲们寄回来的米、面、油比作“鸡蛋”，希望林绍良先生与政府合作建设工业园区，一起给乡亲们送只“鸡”，教他们懂得“养母鸡生蛋”。习近平说，不能光是送“蛋”给他们吃，吃完了仍然是“穷光蛋”，要教会他们“养母鸡”，这样就不断有“蛋”吃了。

林绍良先生听后欣然决定与福州市签订开发50平方公里元洪投资区的协议。1992年5月17日，经国务院批准，当时全国规模最大的外商成片开发区——元洪投资区成立。此事在全国引起极大轰动，登上《人民日报》头版头条。2005年9月，元洪投资区核准为国家级综合性投资区；2016年，元洪国际食品产业园启动开发建设，食品产业生态链项目纷纷落地园区。

元洪投资区是习近平总书记在福州工作期间亲自洽谈、指导建立的全国第一个印尼华侨合作开发区。2021年，元洪投资区成为中国—印尼“两国双园”项目的中方合作园区。目前，中方园区已投产项目36个。该项目建设积极践行“一带一路”倡议，促进了中国与东盟的进一步合作发展。

在福清侨乡博物馆里你会看到，融侨富商俞昌檀、融侨集团的缔造者林文镜、印尼“纺织大王”郑年锦、印尼哈拉班集团的创始人陈子兴等福清籍侨民闯荡异域的励志故事。他们以印尼为基点，涉足全世界诸多行业，显示出华人杰出的经营才能和勇敢坚毅的中华传统美德；他们心念祖邦、恩泽桑梓，推动了中国与居住国经济往来与社会发展，这样的故事今天还在下一辈融侨手中继续书写……

□专家品宝

蕴含赤子情怀的珍贵华侨文物

这辆劳斯莱斯银刺Ⅱ型轿车不仅是顶级豪车的经典款，更是福清侨乡博物馆的“镇馆之宝”。它不但见证了福清改革开放四十年的发展变迁，也是实施“以侨引侨、以侨引台、以侨引外”战略的生动案例。旅居印尼的融籍侨领林绍良先生一生简朴持家，但对家乡的发展却无比慷慨。1992年底他捐资400多万元从美国购买这辆劳斯莱斯轿车，用于家乡招商引资、接待外宾。以林绍良先生为代表的融籍海外乡亲为家乡的各项事业发展作出了巨大贡献，家乡人民也永远铭记他们爱国爱乡、造福桑梓的赤子情怀。

毛胤云（福清侨乡博物馆馆长、文博副研究馆员）

图书在版编目（CIP）数据

遗珍：福州馆藏文物背后的故事 / 福州市文物局，福州日报社编. -- 福州：福建人民出版社，2024. 11.
ISBN 978-7-211-09587-2
Ⅰ. K872.757.1
中国国家版本馆CIP数据核字第2024ZT6766号

遗　珍
YIZHEN
———福州馆藏文物背后的故事

编　　者：福州市文物局　福州日报社
责任编辑：陶　璐
美术编辑：白　玫
封面设计：Elro视觉设计
责任校对：陈　璟
出版发行：福建人民出版社　　**电　　话**：0591-87604366（发行部）
网　　址：http://www.fjpph.com　　**电子邮箱**：fjpph7211@126.com
地　　址：福州市东水路76号　　**邮　　编**：350001
经　　销：福建新华发行（集团）有限责任公司
印　　刷：福州报业鸿升印刷有限责任公司
地　　址：福州市仓山区建新北路151号　　**电　　话**：0591-38720782
开　　本：787毫米×1092毫米　1/16
印　　张：23.5
字　　数：380千字
版　　次：2024年11月第1版
印　　次：2024年11月第1次印刷
书　　号：ISBN 978-7-211-09587-2
定　　价：208.00元